www.ingramcontent.com/pod-product-compliance
Lightning Source LLC
Chambersburg PA
CBHW030036100526
44590CB00011B/229
9781917281003

سه ساعت
پس از
پاییز!

جمشید فاروقی

«آن شب خردم را سیاه‌مست کرده بودم. بی‌نوا روی پاهایش بند نبود. تلوتلو می‌خورد و مدام کله‌پا می‌شد. خرد مست که بشود، خوش دارد به دارالمجانین برود و سر سفره‌ی دیوانگان بنشیند. هم‌پیک و هم‌پیاله‌ی جنون بشود و پس از هر جرعه‌ی عرق، از تن فریب لقمه بگیرد. خرد همیشه چیز خوبی نیست. به‌خصوص اگر فریب خورده باشد، یا مثلاً خودمان خاک در چشمش پاشیده باشیم. گاهی شاید بهتر باشد احساس افسار درشکه‌ی زندگی را به دست گیرد.

می‌دانستید خرد ناخالصی زیاد دارد؟ خرد ناب فقط خوراک ذهنی فلاسفه است. صورتکی است که خوش داریم چهره‌مان را پشت آن پنهان کنیم. کدام خردِ ناب؟ خرد معجون غریبی است. فرزند معاشقه مغز با حواس پنجگانه است. گرچه پای سفره‌ی تجربه می‌نشیند، اما در ولگردی‌های گاه و بی‌گاهش، خوش دارد سوار بر بال خیال، از پنجره‌ی همیشه باز پر بکشد و به وادی وهم بگریزد. ابرآموزگارش را می‌شناسیم. جهانی است که به بدآموزی شهره است. با نظرم موافق نیستید؟ می‌گویید انسان موجودی است خردمند؟ حالا این شما هستید که باعث خنده‌ام می‌شوید. پوزش می‌خواهم. ببخشید، گفتید کدام یکی‌شان را می‌گویید؟ مدت‌هاست دل‌تنگ دیدار یک نسخه‌شان هستم. به یاد ندارم چنین کسی را دیده باشم. نه آنکه به دنبال این ابرانسان نگشته باشم. گشته‌ام و نیافته‌ام. می‌گویید شما چنین فردی را می‌شناسید؟ خوشا به سعادت‌تان! حیف در موقعیتی نیستم که به سلامتی این توفیق بزرگ جرعه‌ای بنوشم. قدر مصاحبتش را بدانید! می‌گویند نسل‌شان رو به انقراض است. شاید حتی پیش پای شما منقرض شده باشد.»

فصل‌ها

شوخی با مرگ	۷
پوشه‌ی زرد	۲۳
یادداشت‌های بی فاعل	۳۵
آنجا که بوزینه‌ها زندگی می‌کنند	۵۱
یک قرار عجیب	۶۵
پاداش نفرین شده!	۷۵
نیشتر	۹۱
آخرین خروس‌خوان	۱۰۹
معما	۱۲۳
تماشاگر ابله	۱۳۷
کابوس	۱۴۹
خیانت	۱۵۹
قرص هفتم	۱۷۷
آخرین غروب زندگی	۱۹۳
درباره‌ی نویسنده	۲۱۱

روزی چوانگتسی[1] در رویای خود بدل به پروانه‌ای شده بود. از بستر رویا که برخاست، نمی‌دانست که آیا آن چوانگتسی بود که پروانه‌ای را در خواب دیده بود یا پروانه‌ای بود که چوانگتسی را در خواب دیده بود.

شوخی با مرگ

خیره به چهره‌ام نگریست و گفت بزرگ‌ترین تصمیم زندگی‌اش را گرفته است. لیوان شرابش را بلند کرد و به سوی من گرفت. لبخند بی‌معنایی بر لبانم نشست. لیوانم را به لیوانش زدم. هر دو جرعه‌ای نوشیدیم. نمی‌دانستم موضوع بر سر چیست. نمی‌دانستم به سلامتی چه چیزی می‌نوشیم. تصوری از بزرگ‌ترین تصمیم زندگی او نداشتم، از بزرگ‌ترین تصمیم زندگی یک غریبه. او را نمی‌شناختم. با فراز و فرودهای زندگی‌اش آشنا نبودم. از کجا می‌بایست می‌دانستم که از کدام تصمیم سخن می‌گوید؟ بی‌آنکه از من نگاه برگیرد، با خون‌سردی تمام و با لحن ملایمی، که حتی ولوله‌ای در تن آرامش شعله‌ی شمع روی میز نمی‌انداخت، گفت تصمیم به خودکشی گرفته است.

باورتان می‌شود؟ اصلاً باور کردنی نیست. انتظار شنیدن چنین چیزی را نداشتم. نفسم بند آمد. سخن‌اش منقلبم کرد. پنداری خشکم زده باشد. لبخند لحظه‌ای پیش روی لبانم ماسید. شوک برخاسته از سخن‌اش روحم را در زندان تن لرزاند. دلم می‌خواست چنین چیزی را از مضمون لحظه‌ی پیش پاک کنم. کم پیش نمی‌آید که آدم در زندگی، خود را به نشنیدن، ندیدن و نفهمیدن بزند. منکر همه چیز بشود. اما در آن لحظه چگونه چنین چیزی ممکن بود؟ از خود می‌پرسیدم که آیا مرا دست می‌اندازد؟ نوعی شوخی تلخ است؟ از آن شوخی‌های بچگانه‌ی ایام سالمندی که هیچ کس را نمی‌خنداند؟ در چهره‌اش، در نگاه نافذش، اثری از شوخی به چشم نمی‌خورد. به نظر می‌رسید که آن را جدی گفته است. پیام هم‌نشینی آن واژه‌ها روشن بود. پیامی که بوی مرگ می‌داد. آن را کاملاً جدی گفته بود، تا حد مرگ جدی.

---

[1] چوانگتسی (Zhuangzi) یا استاد چوانگ، شاعر و فیلسوف چین باستان.

در آخرینِ غروبِ پاییز تصمیم به خودکشی گرفته بود. شب یلدا را برای پایان دادن به زندگی‌اش انتخاب کرده بود. پرسیدم چرا شب یلدا؟ چرا شب عشاق؟ گفت چون گفتنی زیاد دارد، طولانی‌ترین شب سال را برای اجرای تصمیم‌اش برگزیده است. آیا نمی‌دانست که با این تصمیم‌اش تاروپود زیبایی خاطرات همه‌ی شب‌های یلدای زندگی‌ام را جر می‌دهد؟ از هم می‌درد؟ صدپاره می‌کند؟ پس از آن، هر سال در شب یلدا به خود می‌لرزم، به خود می‌پیچم، رنج می‌برم و درد می‌کشم. کاش روز دیگری را برای مردن انتخاب می‌کرد. روزهای زیادی در زندگی وجود دارند که خیلی زود فراموش می‌شوند.

اینکه پاییز چه سالی بود را خوب به یاد دارم. اما دانستن‌اش برای شما چه اهمیتی دارد؟ این اتفاق می‌توانست در پاییز هر سالی روی بدهد. اتفاق؟ نه! اتفاقاً هیچ اتفاقی در کار نبود. کارگردان صحنه را برای پایان زندگی آراسته بود. میز شام را برای کرکس‌های آسمان چیده بودند، برای پایان فصلی از یک سال نفرین شده، برای مرگ در سالی از یک دهه‌ای شوم، برای شبی از یک عمر تباه.

همه چیز را از پیش آماده کرده بود. به اصرار گفته بود که تصمیم‌اش قطعی است. شوربختانه، من در آن لحظه، در آن شب نفرین شده، بی‌آنکه خواسته باشم، آنجا بودم. روحم از آن ماجرا بی‌خبر بود. در زندگی شوربختانه تصادف اغلب قوی‌تر از اراده و خواست عمل می‌کند. فریب در هم‌دستی با ساده‌لوحی پای مرا به خانه‌ی او باز کرده بود. چه دوستان نابابی! هیچ چیز درباره‌ی آن شب و تصمیم او نمی‌دانستم، مطلقاً هیچ چیز. آن شب بدترین، هولناک‌ترین و طولانی‌ترین یلدای زندگی‌ام بود.

گفت کمتر کسی را به جهان کوچکش راه می‌دهد. اما مرا آن شب به جهان خودش راه داده بود. گفت از حضور در آن جهان بزرگ، از نفس کشیدن در آن جهان پرآشوب، تا حد امکان می‌پرهیزد. از دست تراوش‌های رنج‌آور آن جهان بزرگ به ساحت جهانی که برای خود آفریده بود، می‌گریخت. ملال آن جهان بزرگ را در این جهان کوچک در هاون خیال می‌کوبید، له‌ولورده می‌کرد و افشره‌اش را با جرعه‌ای شراب به دیار فراموشی می‌فرستاد. می‌گفت خیلی از خاطرات تلخ را می‌شود با جرعه‌ی شراب به سرزمین انکار تبعید کرد.

شوکه نشدم؟ البته که شدم. اما شوک بزرگ‌تری در انتظارم بود. مگر نه آنکه پیش از آن، او بود و یک تصمیم، تصمیم به خودکشی. اما پس از آن ، من بودم و تصمیم او، تصمیم

آن غریبه‌ای که مرا به ضیافت مرگش دعوت کرده بود. گفت اگر کسی بتواند او را از انجام برنامه‌اش منصرف کند، آن فرد کسی نیست جز من. باورتان می‌شود؟ نمی‌دانستم چه باید می‌گفتم. زبانم بند آمده بود. پنداری لالمانی گرفته بودم. کرانمندی تخیلم را برای نخستین بار در زندگی به طور جدی تجربه می‌کردم. شناخت مرزهای تخیل برای یک نویسنده از جنس فاجعه است. آن شب، تخیلم در بزنگاه حادثه مرا تنها به حال خود رها کرده و میدان را ترک گفته بود. او فرجام بازی سرنوشت‌اش را به دست یک غریبه سپرده بود، به دست یک رهگذر. رهگذری که می‌توانست سایه‌ای باشد، می‌توانست آینه‌ای باشد.

چه مسئولیت سنگینی روی دوش یک رهگذر گذاشته بود. گفت شنیدن یک دلیل قانع کننده برای منصرف کردنش کفایت می‌کند. بارها از خود پرسیده‌ام که این کدام دلیل می‌توانست باشد؟ آن دلیلی که بتواند آتش برخاسته از وسوسه‌ی مرگ را مهار کند، خاکستر ملال را کنار زند و دگربار اخگر هستی را در جان مشتعل سازد؟ این کدام دلیل است که می‌تواند آن غباری که روح را کدر می‌کند، از تن خرد و قامت اراده بتکاند؟ بتواند ارزش زیستن را به زندگی بازگرداند؟ ماموریت سنگینی بر دوش من نهاده بود؛ وظیفه‌ای بسیار دشوار، انتظاری بسیار بزرگ از یک غریبه.

متوجه‌ی حساسیت لحظه می‌شوید؟ او مرا روی یک پل معلق سرگردان رها کرده بود. پلی که بین زندگی و مرگ کشیده بودند. در یک سوی آن، قله‌ی هستی، در سوی دیگرش دره‌ی نیستی. دلیلی را که از من می‌طلبید، از بستر جدی‌ترین پرسش زندگی‌اش برمی‌خاست. می‌پرسید کدام پرسش؟ این‌که در زندگی، در فرازهای اندکش و در فرودهای انبوه‌اش، در شادی‌های زودگذرش و در رنج‌های ماناییش، در آن برگ‌ریزان دائمی عمر، به دنبال چه می‌گشت که شوربختانه نیافته بود؟ این چه بود که او را از پرتگاه زندگی به خانه‌ی اشباح پرتاب می‌کرد؟ تصور اینکه مسیر زندگی در جاده‌ای هموار طی می‌شود، تصور کودکانه‌ای بیش نیست. در زندگی یک راه وجود ندارد. ده‌ها راه در برابر ما آشکار و پنهان وجود دارند، برخی سنگلاخ، برخی بن‌بست، برخی بی‌راهه، برخی حتی کژراهه. ما در حاشیه‌ی پرتگاهی هولناک زندگی می‌کنیم.

ممکن است خواهش کنم یک لیوان آب به من بدهید؟ گلویم زود خشک می‌شود. تاثیر داروهای روان‌گردان است. همان‌هایی که به نام مُسکن به خورد بیماران این بخش می‌دهند. تاثیر برخی‌شان خیلی زیاد است. آدم را به خلسه می‌برد، به آن فضایی که دیگر

افق، زمین را از آسمان جدا نمی‌کند. آبیِ آسمان در دریاچه سرریز می‌شود و تو شناور می‌مانی در شط ابهام، در آن جایی که رویا به جای کابوس، خوابِ شهوتِ مردن را برمی‌آشوبد. ممنونم! این لیوان آب با لیوان آب آن شب یکی نیست. ظاهرشان فقط شبیه به یکدیگر است. می‌پرسید کدام لیوان؟

آن شب از من یک لیوان آب خواست. قرص را پیش از آن در دهانش گذاشته و به من زل زده بود. ظاهراً بدش نمی‌آمد در بازی مرگ از من، از آن رهگذر، یک شریک یا حتی یک همدست بسازد. مایلید بدانید واکنش من به خواست او چه بود؟ عین همان کاری را کردم که شما چند لحظه پیش انجام دادید. لیوان را از روی میز برداشتم، پر کردم و به او دادم. قرص را با جرعه‌ای آب به سفر مرگی تدریجی فرستاد. تعجب می‌کنید؟ تعجب هم دارد. اما شما هنوز داستان را نشنیده‌اید، داستان آن شب شوم را، داستان آخرین ساعات غروب عمر او را.

صدای قارقار کلاغ‌ها می‌آید. خوب گوش تیز کنید! بله، تردیدی ندارم. حتماً آن‌ها هم خبر بد را شنیده‌اند. همیشه زودتر از بقیه خبرهای بد را می‌شنوند. خبر مرگ را! مرگ، پایان زندگی و پایان بسیاری از داستان‌هایی است که درباره‌اش نوشته‌اند. این را همه می‌دانیم. اما داستانی که من شما را به شنیدنش فرامی‌خوانم، مضمون متفاوتی دارد. با مرگ آغاز می‌شود، با پرده‌ای فرو افتاده، با سالنی خالی از تماشاچی.

آن شب من هم سالن نمایش را پیش از فروافتادن پرده ترک کردم و رفتم. آن تماشاچی نیز وحشت‌زده به خانه‌اش گریخته بود. نمی‌خواستم پایان بازی مرگ را با چشمانم ببینم. مایل بودم دانستن فرجام صحنه‌ی آخر را به دست حدس و گمان بسپارم. می‌دانید تفاوت اصلی بین گمان و یقین در چیست؟ در گمان هنوز امید، هنوز تردید، هنوز پرسش نفس می‌کشد. هنوز گزمگان قطعیت راه را روی خوش‌خیالی‌ها نبسته‌اند. مغازه‌ی اما و اگرها هنوز تعطیل نشده است. به خود می‌گویید شاید... و همین شاید، شاید بتواند مانع از تنگی‌نفس‌تان بشود. مثل زمانی است که از خواندن پایانش واهمه دارید. تا صفحه‌ی ماقبل آخرش را خوانده‌اید. گرچه اغلب می‌شود پایانش را حدس زد، اما از دیدار با یقینی که در آخرین سطر آخرین صفحه‌اش در کمین شما نشسته است، وحشت دارید. کتاب را می‌بندید. چراغ را خاموش می‌کنید. روی تخت دراز می‌کشید. داستان را بی‌پایان رها می‌کنید و به استقبال شایدها، به پیشواز اماواگرها می‌روید. اما من پایان داستان را در

همان ابتدای آن آورده‌ام. این بار فرار از دانستن آخر داستان ممکن نیست، نه برای شما و نه برای راوی آن.

می‌پرسید آیا این داستان واقعاً با مرگ آغاز می‌شود؟ این دیگر چه پرسشی است؟ خودتان که شاهد بودید! می‌گویید داستانی که با مرگ آغاز شود، فرح‌بخش نیست؟ البته که نیست. آدرس را احتمالاً اشتباه آمده‌اید! بساط رامش و شادمانی را جای دیگری پهن کرده‌اند. شاید یک طبقه بالاتر، شاید یک طبقه پایین‌تر. مثلاً آنجا که زنان باردار، در زایش هستی، درد می‌کشند. وانگهی چه کسی گفته من ملزم به سرگرم کردن شما هستم؟ در این رخت‌کن نمور منتظر شنیدن چه چیزی هستید؟ اگر صدایی هست، جمله نوای ضجه است، حکایت شیون و ناله. اینجا، صدای شگفت‌انگیز خنیاگران در سینه حبس شده و هیولای سکوت بر ساز مطربان سایه انداخته است. این هیولا را می‌شناسم. از گوشت تن مصلحت تغذیه کرده که چنین پروار شده است. دلم می‌خواهد، پیش از پایان نمایش‌نامه‌ی ملال‌آور زندگی‌ام در گوش این هیولا جیغ بزنم.

مزاحمت؟ چه مزاحمتی؟ گپ‌وگفت‌مان تازه شروع شده است. منتظرتان بودم. باید لحظه‌ی مناسبش فرامی‌رسید. به‌موقع آمدید. می‌خواهم ناگفته‌ای را با شما در میان بگذارم. رازی را به شما بگویم که فقط در وانفسا، هم‌زمان با آخرین پت‌پت‌های شمع بدسوخته‌ی زندگی، شهامت گفتنش را می‌یابیم. اجازه دارم چیزی را از شما بپرسم؟ ایرادی ندارد؟ چه عالی! واقعاً که آرامش شما ستودنی است. طوری وانمود می‌کنید که گویا هیچ چیز و هیچ کس نمی‌تواند خواب شبانه‌تان را برهم زند. پرسشم از شما؟ حق با شماست. پاک فراموش کرده بودم. ای داد! پیری است و هزار درد، فراموشی یکی‌اش! از شما می‌پرسم، آیا داستانی که با مرگ به پایان برسد، فرح‌بخش است؟ پرسش دشواری است؟ می‌خواهید نظر من را بدانید؟ ایرادی ندارد.

مرگ اغلب خوشایند احدی نیست. حال چه در آغاز داستان روی بدهد، چه در پایان آن. شتری است که در خانه‌ی همه خوابیده است. بخت اگر یارتان باشد، شاید اندکی طولانی‌تر بخوابد. مرگ برای برخی پدیده‌ای عادی است، برای برخی یک تراژدی. یک تراژدی بزرگ! برای ره‌گم‌کردگان، شاید سیر کردن شکم آن جنونی است که توهم جاودانگی را در زهدان روان بیمارشان نشانده است. وهم‌زدگانی را می‌گویم که به امید ورود به پردیس خیالی‌شان، از تن و جان‌شان هیمه می‌سازند و بی‌آنکه بخواهند یا بدانند،

دوام آتش جهنم را پاس می‌دارند. نه! اعتقادی به آن جهنم ندارم. اعتقاد به آن بلاهت می‌خواهد، اما اعتراف به دوزخی که در آن زندگی می‌کنیم، شهامت.

قصد خودکشی داشت. به نظر من خودکشی بیدار کردن پیش از موعد آن شتر است. از جنس مرگ است، اما داستان متفاوتی دارد. خودکشی علل گوناگونی دارد. گاهی یک توهم علت آن است و گاهی ترکیدن حباب یک توهم. اغلب از سر ناچاری و بدبختی است. شاید به علت فقر و فلاکت، مثلاً شرمگینی ناشی از نشستن سر سفره‌ی خالی. گاهی فرار به جلو است، گریزی ناگزیر از زجر و درد ناشی از یک بیماری بی‌درمان. شاید یک هاراکیری تمام عیار باشد، مثلاً برای پایان دادن به گزگز عذاب‌آور جای زخم وجدان. ببینم آیا تاکنون کسی یا چیزی وجدان‌تان را گزیده است؟ بد دردی دارد. می‌دانم. اما علت خودکشی او هیچ‌کدام از این‌ها نبود، هیچ کدام! علت دیگری داشت. می‌گویید باورش برای‌تان دشوار است؟ داستان را که بشنوید، متوجه‌ی همه چیز خواهید شد. همین تفاوت، همین یگانگی، همین بیگانگی باعث پیچیدگی این داستان می‌شود. همه چیز غریب و بیگانه است.

مرگ اغلب صاعقه‌ای است که به ناگهان فرود می‌آید و غافل‌گیرمان می‌کند. مهم نیست عزرائیل در چه روزی از تقویم زندگی به دیدارمان بیاید، کلاه از سر برگیرد، سرش را فروتنانه خم کند و به ما سلام بگوید. گفتم فروتنانه؟ نه! ردای تواضع به قامت حضرت نمی‌نشیند. مغرور و خودسر است. عزم جزم کند، راه گریز و مفری برای قربانی نگون‌بختش نمی‌نهد. تیغ داس‌اش کاری‌تر از خوش‌خیالی افیونی ساکنان عالم هپروت است.

آن شب موضوع عجیبی را از من پرسید. پرسشی که چون دشنه‌ای به جانم نشست. راستش را بخواهید آمادگی شنیدنش را نداشتم. از من پرسید آیا هیچ‌گاه صدای قهقهه‌ی ملک‌الموت را شنیده‌ام؟ دست‌پاچه شده بودم. پاسخ این پرسش در آن لحظه به ذهنم خطور نکرد. گفتم شاید در فیلمی ترسناک. اوج تخیل و فانتزی‌ام را به سخره گرفت. با بی‌پروایی مرا حتی نویسنده‌ای خواب‌زده نامید. گفت این نشان می‌دهد مرگ هیچ‌گاه دغدغه‌ی ذهنی‌ام نبوده است. از نظر او نویسنده‌ای که به مرگ نیاندیشد و به آن نپردازد، یکی از اعضای دائمی انجمن خوش‌نویسان همیشه خفته است. گفت بارها شاهد قهقهه‌ی گوش‌خراش، کش‌دار و کرکننده‌ی ملک‌الموت بوده است. قهقهه‌ای که شنیدنش مو بر تن آدم راست می‌کند، عرق سرد بر جبین‌اش می‌نشاند و چهار ستون روحش را به لرزه می‌اندازد.

نویسنده‌ای خواب‌زده؟ بله، نویسنده‌ای خواب‌زده و یکی از اعضای انجمن خوش‌نویسان ایران! این عین کلام او بود. می‌پرسید آیا سخنش، لحن کنایه‌آمیزش مرا نرنجاند؟ البته که رنجاند. اما این در قیاس با چیزهایی که آن شب از او شنیدم، هیچ نبود. بدتر از این را به من و به دیگران گفته بود. لحظه به لحظه جسورتر و گستاخ‌تر شده بود. خشونتی در لابه‌لای کلام‌اش می‌پیچید که آزارم می‌داد. لرزه به جانم می‌نشاند.

کنجکاو شده‌اید داستانش را بشنوید؟ مطمئن باشید که همه چیز را خواهم گفت. فقط باید کمی صبور باشید. می‌دانم که انتظار شکیبایی در این زمانه‌ی پرشتاب، از ظرفیت تحمل لحظه فراتر می‌رود. می‌دانستید زمان برای سال‌خوردگان سریع‌تر سپری می‌شود؟ این نتیجه‌ی یک پژوهش علمی است. همیشه خلاف آن را می‌پنداشتم. گمان می‌کردم وقتی بار لحظه سبک می‌شود، زمان کش می‌یابد. گمان می‌کردم که عقربه‌های ساعت مثل خود سالمندان از نفس و از تک‌وتا می‌افتند. اما این روزها، خورشید بی‌آنکه طلوع کند به فکر غروب می‌افتد. این سال‌های آخر چه زود سپری شدند. پرونده‌شان آغاز نشده مختومه اعلام شد. روزگار اسفناکی است. اما اگر امروز، اینجا، نزدم بمانید، لحظه به لحظه‌ی ماجرای خودکشی او را تعریف می‌کنم. شما نخستین کسی هستید که راز او را می‌شنوید. این راز را هیچ‌گاه به کسی نگفته‌ام.

آن شب گفت که من نخستین کسی هستم که رازش را می‌شنوم. گفت آن را به احدی نگفته است، نه به دوستی و نه به هیچ قوم و خویشی. رازی بود که فقط به یک رهگذر می‌شود گفت، به یک غریبه، به غریبه‌ای که بدون به جا گذاشتن ردپا از حاشیه زندگی آدم عبور می‌کند و در مه، گم‌وگور می‌شود. از من پرسید که آیا هیچ‌گاه با تصویرم در آینه صحبت کرده‌ام؟ یا گاهی مثلاً با سایه‌ام؟ او بارها با سایه‌اش، با تصویرش در آینه صحبت کرده بود. گفت در زندگی رازها و ناگفته‌هایی وجود دارند که فقط می‌توان به تصویر یا به سایه‌ی خود گفت. همه‌ی عمر با تصویرش سخن گفته بود.

دیدن چهره‌اش در آینه افسرده‌اش می‌کرد. با آن چند تار موی باقی مانده و ژولیده، با آن چین و شکن‌های رخسار و با آن ملالی که در گوشه‌ی چشمانش نشسته بود. به‌رغم آن مدعی بود که تصویرش در آینه برای او مصاحب خوبی است. سنجیده و با متانت سخن می‌گوید. قصد آزارش را ندارد. صبور و شکیبا است. از من خواسته بود شکیبایی را از تصویرش در آینه بیاموزم. سخن‌اش را بشنوم و او را نیازارم.

می‌پرسید که آیا ریزش موهای سرم را مدیون شیمی‌درمانی هستم؟ از بابت خنده‌ام مرا ببخشید! این دیگر چه پرسشی است؟ من از مرگ یک غریبه سخن می‌گویم و شما نگران چند تار مو هستید؟ ایرادی ندارد. من به همه‌ی پرسش‌های شما پاسخ می‌دهم. این را به شما بدهکارم. راستش را بخواهید شیمی‌درمانی خیلی از اندام‌ها و ارگان‌های جسم و جانم را مورد عنایت قرار داده است. اما پاییز سرم پیش از بیماری‌ام آغاز شده بود. برگ‌ریزان تقویم زندگی‌ام بی‌ربط با موریزان جمجمه‌ام نیست. گاهی گمان می‌کنم که اگر آخرین موی سرم جاذبه‌ی زمین یا مثلاً وزش بادی را تاب نیاورد، برگ‌ریزان عمرم به پایان سلام خواهد گفت.

اجازه بدهید پرسش آن شب او را از شما بپرسم. دلم می‌خواهد بدانم آیا شنیدن صدای ورجه وورجه ملک‌الموت در اتاق مجاور، خوابِ شکننده‌ی دلهره‌ای دائمی، اما منکوب و انکار شده را در روح و روان‌تان پریشان نمی‌کند؟ مثلاً در آن لحظاتی از شب که نفس کشیدن دشوار می‌شود و از ترس فرو افتادن زودهنگام پرده‌ی آخر، خیس عرق در بستر وول می‌خورید؟ یا مثلاً در آن لحظه‌ای که دردی ناشناخته چنگالش را در پیکرتان فرو کرده و غوغا می‌افکند؟ مثل همین درد لعنتی که گاه و بی‌گاه زیر شکمم تیر می‌کشد؟ گاهی آن قدر شدید است که آرزوی مرگ می‌کنم. وحشت از مرگ پای آدم را به بیمارستان می‌کشاند و آنگاه که درد از حد و اندازه می‌گذرد، آرزوی مرگ به سراغ‌مان می‌آید. حال این چه درد تن باشد، چه درد روح.

می‌گویید این درد را می‌شناسید؟ باور نمی‌کنم. نکشیده باشید، نمی‌دانید چیست! آن لحظه‌ای است که از شدت درد به خود می‌پیچید، عضلات شکم‌تان را منقبض می‌کنید، چشمان‌تان را می‌بندید، نفس‌تان را در سینه حبس می‌کنید و عزرائیل را تمام قد جلوی چشمان بسته‌تان در حال رژه رفتن می‌بینید. حس خیلی بدی است. آدم گمان می‌کند در حال بالا آوردن دل و روده‌ی خود است. حتی گاهی فکر می‌کنم نبض نارنجکی در شکمم تند و شتابان می‌زند. ضامنش را پنداری کشیده‌اند و انفجارش فقط وابسته به یک دم و بازدم دیگر است. بارها از تصویرم در آینه درباره دردهایم پرسیده‌ام. هر بار گره در ابروانش می‌اندازد، چینی بر پیشانی‌اش می‌نشاند، با نگاهی پر از ابهام به من می‌نگرد و می‌گوید: تصوری از درد ندارد. این تفاوت بین این سو و آن سوی آینه است. تصویرها هرگز درد نمی‌کشند، فقط حس‌اش را به بیننده منتقل می‌کنند. می‌پرسم آیا ابراز هم‌دردی یک

رهگذر از جنس ادعای هم‌دردی تصویر آن سوی آینه نیست؟

با پرسشم درباره‌ی مرگ غافل‌گیرتان کرده‌ام؟ باور نمی‌کنم. این پرسش فقط می‌تواند نوجوان‌ها را غافل‌گیر کند. مرگ برای آنان یک واژه از صدها، هزاران واژه‌ی دیگر است. برای ما اما یک واقعیت است. یکی از معدود واقعیت‌های انکارناپذیر دوران سال‌خوردگی است. به قول شوپنهاور شادابی و نشاط دوران جوانی ناشی از آن است که به هنگام بالا رفتن از کوهِ زندگی قادر نیستیم مرگ را ببینیم. چرا؟ چون مرگ در کوه‌پایه آن سوی کوه واقع است. اما هنگامی که به نفس‌نفس می‌افتیم، احساس خستگی شدیدی می‌کنیم، لحظه‌ای که از چکاد کوه زندگی می‌گذریم، به هنگام پایین رفتن، سُر خوردن روی آن سراشیبی تند و دهشتناک نیمه‌ی دوم زندگی، انکار مرگ برای‌مان ناممکن می‌شود. حتی اگر چشمان‌مان را ببندیم و چهره‌ی ترس‌خورده‌مان را زیر رواندار مخملی بی‌تفاوتی و خودفریبی پنهان کنیم، قادر به نادیده گرفتنش نیستیم.

بودن یا نبودن؟ این پرسش افراد خاصی است. این پرسش را آن شب از او شنیدم. چند جرعه‌ای شراب نوشیده بودیم. گفت توده‌ها معمولاً فرصتی برای پرداختن به چنین پرسش‌هایی ندارند. هزار و یک گرفتاری زندگی مانع از طرح چنین مسائلی در ذهن‌شان می‌شود. اگر در روز ستیز خون با شمشیر، سینه‌شان را جلو می‌دهند و از مرگ نمی‌هراسند، به آن علت نیست که برای پرسشِ بودن یا نبودن پاسخ قانع‌کننده‌ای یافته‌اند. تصمیم‌های سرنوشت‌ساز اغلب به انسان‌ها تحمیل می‌شوند. آن هم به یک‌باره، بی مقدمه، بدون چرتکه انداختن، در فراسوی محاسبه‌ی سود و زیان، بی‌اعتنا به خیر و بی‌توجه به شر. گفت خوره‌ی یافتن پاسخ برای این پرسش از زمان بلوغ جنسی‌اش تا بلوغ ذهنی‌اش، سایه‌وار در تعقیب او بوده است. آن شب یکی از همان تصمیم‌های سرنوشت‌ساز به من تحمیل شد.

خواهشی از شما دارم. یک خواهش بزرگ، اما نه چندان پرهزینه. می‌خندید؟ می‌گویید چنین خواهشی را نمی‌شناسید؟ خواهش‌های بزرگ معمولاً هزینه‌ی کلانی دارند؟ هزینه‌ای که گاهی برآوردشان در همان لحظه‌ی نخست ممکن نیست؟ نکته‌سنجی و دورنگری‌تان را تحسین می‌کنم. می‌گویید مرا هم آدم نکته‌سنجی می‌دانید؟ ممنونم. خجالتم می‌دهید. البته شاید از بابت همین شباهت باشد که شما را به عنوان مخاطب، یا فراتر از آن، به عنوان یک مصاحب اندیشمند، انتخاب کرده‌ام. برآورد هزینه‌ی این خواهش

را واگذار کنیم به آینده. اتفاقاً موضوع اصلی داستان او، بر سر پرداخت هزینه‌ی یک تصمیم بود. هزینه‌ای که او می‌بایست به بهای جان خود می‌پرداخت و من به قیمت رنج و عذابم. از شما عاجزانه تمنا می‌کنم پس از شنیدن داستان، نظرتان را صادقانه بگویید، حکم‌تان را صادر کنید، در را پشت سرتان ببندید و مرا با فرشته‌ی مرگ تنها بگذارید. خواهش بزرگی که نیست؟ هست؟

آن شب گفت که خودکشی او یک تراژدی است. راست می‌گفت. یک تراژدی بود، نه فقط برای خود او، بلکه حتی برای من، برای آن رهگذری که شوربختانه در آن لحظه‌ی شوم، در آن یلدای شکنجه، آنجا، کنار او نشسته و شاهد مرگ تدریجی او بود. مرگی ناشی از دهان گشودن زخمی کهنه، زخمی خون‌چکان که مرز بین خرد و جنون را در هم می‌ریخت.

به باور من هیچ مسئله‌ای در زندگی از مرگ جدی‌تر نیست. چرا جای دور برویم. او آن شب، همین را بی‌پرده و شفاف گفته بود. باسواد و کتاب‌خوانده بود. بیشتر به مسائل روان‌شناسی و روان‌کاوی توجه داشت. درگیر شناخت خودش بود. می‌گفت هر انسانی معمایی است و معمای خود آدم، بزرگ‌ترین معمای زندگی است. اصلی که ابله و فرهیخته نمی‌شناسد. پس از آن شب نفرین شده بود که متوجه‌ی جدی بودن مرگ شدم. به این نتیجه رسیدم که فهم زندگی و ارزش‌هایش تنها زمانی ممکن می‌شود که دست‌کم برای لحظه‌ای پا به باغ عدم بنهیم، سر به شیشه‌ی قابِ موریانه خورده‌ی دریچه بین بودن و نبودن بساییم و از پشت هاله‌ی برافراشته از وهم و خیال به مسیر طی شده در این جاده‌ی نمناک، لحظه‌ای نیک بنگریم.

متوجه منظورتان نشدم. ممکن است بلندتر بگویید؟ شما هم با جدی بودن موضوع مرگ موافقید؟ اجازه بدهید برای لحظه‌ای صدای موسیقی را کم کنم. خیلی بلند است. مایلم صدای‌تان را بهتر بشنوم. این هدفون را ببینید. گوش‌هایم را از صدر تا ذیل می‌پوشاند. معرکه است! به آن می‌گویم صداخفه‌کن! قادر است صدای هر چیزی و هر کسی را خفه کند. به یاری این هدفون بزرگ و سیاه، نه شما می‌توانید صدای موسیقی را بشنوید و نه من می‌توانم صدای شما یا دیگران را بشنوم. نوعی بریدن بند ناف است از جهان پرآشوب. وقتی چشمانم را می‌بندم، جهان به یک‌باره با همه‌ی عظمتش، با همه‌ی دار و ندارش تبدیل به نت‌های موسیقی می‌شود. آنگاه ذره‌ای خودفریبی کافی است تا هستی را، در این

وانفسا، اندکی دل‌پذیر کند. گاهی لازم است انسان برخی از صداها را نشنود، به‌ویژه نسخه‌های آزار دهنده‌شان را. از دست این همه آلودگی صوتی کلافه می‌شوم، از دست این همه ناله، این همه خبر شوم، این همه قارقار.

می‌پرسید به چه نوع موسیقی گوش می‌دهم؟ اغلب به موسیقی کلاسیک و بی‌کلام و گاهی به صدای شگفت‌انگیز ماریا کالاس یا آنا نتربکو. هرگاه نام آنا نتربکو را می‌شنوم، حس عجیبی به من دست می‌دهد. نام او را پیش از آن نشنیده بودم. او مرا با نام این خواننده‌ی روس آشنا کرد. آن شب، پیش از آنکه اتاق را برای لحظه‌ای ترک کند، مرا به شنیدن صدای او فراخواند. صدای موسیقی را هم تا مرز کر شدن بلند کرد. گفت امشب بی‌خیال همسایه‌ها، بی‌خیال عالم و آدم!

فردای آن شبِ نفرین شده، در اولین غروب زمستان آن سال، مجدداً در نوای سحرآمیز این خواننده‌ی روس غرق شدم. چراغ‌ها را خاموش کرده بودم. در تاریکی نشسته بودم، در تاریکی مطلق. آنجا که تو هستی و یک صدا. به ناگهان چیزی تکانم داد. وحشت کردم. گرچه نام او را نشنیده بودم، اما صدای او به نظرم آشنا آمد، خیلی آشنا. پنداری آن صدا را بارها پیش از آن شب، شنیده بودم. صدای آشنایی که در حافظه‌ی خاطره‌ای فراموش شده نشسته بود. غرق در آن صدای آشنا، بی‌اختیار، آن شب گریه کردم، تا سحر گریه کردم. صبح که از بستر برخاستم بی‌اختیار به یاد افسانه‌های ایام کودکی افتادم. مادربزرگ شب‌ها برایم قصه می‌گفت. همیشه قصه‌اش را این گونه آغاز می‌کرد: یکی بود، یکی نبود. و من هرگز، چه در دوران کودکی و چه حتی امروز متوجه نشدم که چرا این یکی بود و چرا آن یکی نبود؟ چرا بود این یکی به بهای نبود آن یکی بود؟

راستش را بخواهید من هم دوست دارم صدای موسیقی را تا مرز کر شدن بلند کنم. همسر سابقم همیشه می‌گفت صدای بلند موسیقی روزی عاقبت باعث کر شدنم می‌شود. چه توصیه داهیانه‌ای! نمی‌دانست پرده‌ی گوشم آخرین اندامی است که در ستیز سرنوشت‌ساز هستی و نیستی به من خیانت می‌کند. روح او از این موضوع خبر نداشت که بروتوس‌های[2] پیکرم در جاهای دیگری کمین کرده‌اند. می‌پرسید مرز کر شدن کجاست؟ آنجاست که جهان پیرامون تبدیل به یک فیلم صامت می‌شود.

---

[2] بروتوس Brutus یکی از سناتورها و دوستان نزدیک ژولیوس سزار بود. خیانتش به سزار مقاومت او را در هم شکست و راه را برای مرگ او هموار ساخت.

شیفته‌ی فیلم‌های صامت بود. گفت وقتی شما صدای دیگران را نمی‌توانید بشنوید، چاره‌ای ندارید مگر رمزگشایی از رفتارشان. رفتار آدم‌ها خیلی حرف‌ها برای گفتن دارد. از ردپای صداقتی که در رفتارشان دیده می‌شود، اغلب اثری در گفتارشان نیست. گفت به تجربه فهمیده است که با دست‌وپا کمتر از زبان می‌شود دروغ گفت. چشمان، چیزهایی را فاش می‌گویند که زبان به فرمان عقل، به دستور همان منِ برتر، آن سوپرایگوی فرویدی قصد پنهان کردن‌شان را دارد. چیزی را گفت که باعث خنده‌ام شد. سوپرایگوی فرویدی را به سگ هاری تشبیه کرد که منتظر یک لغزش، یک خطا نشسته است تا پارس کند و پاچه‌ی آدم را بگیرد.

در خیلی از ساعات شبانه‌روز به جهان موسیقی پناه می‌برم، به خصوص شب‌ها. صدای خرناس هم‌اتاقی‌ام و جیغ و ناله‌های بیماران بخش، آرامشم را برهم می‌زنند. بی‌نواها اغلب شب‌ها ناله می‌کنند. ضجه‌های شبانه‌شان آدم را ناخودآگاه به یاد دردهای خودش می‌اندازد. نمی‌دانم آیا می‌دانید یا نه، اما تکرارش زیانی ندارد. در چنین بخشی از بیمارستان درد و وحشت از مرگ در همسایگی هم زندگی می‌کنند. درد همیشه پیامبر مرگ نیست. گاهی پیامبر زندگی است. اما اینجا، در این بخش از بیمارستان، فرشته‌ی مرگ ورود فرخنده‌اش را پیشاپیش با ارسال پیامکی دردناک اعلام می‌کند.

در شرایط آشفته، در آن ایامی که سنگ بر سنگ بند نیست، موسیقی یگانه چیزی است که می‌تواند به یاری آدم بشتابد. مثلاً می‌تواند شما را از جا بکند و با خود ببرد. ببرد به آن جایی که اگر در رودهایش هنوز عسلی جاری نیست، دست‌کم رایحه سرمست‌کننده‌اش می‌تواند روح‌تان را اندکی بنوازد. می‌گویید موسیقی درد کسی را درمان نمی‌کند؟ البته که نمی‌کند. چه کشف خارق‌العاده و شگرفی! به گمان‌تان این پیرمرد چنین چیزی را نمی‌داند؟ اگر موسیقی می‌توانست درد کسی را درمان کند، پس علت حضورم در این خراب شده چیست؟ من هم می‌دانم که موسیقی دارو نیست، اما مرهم است. دست‌کم می‌تواند روح آدم را از چنگال نگرانی‌ها و دغدغه‌های بی‌پایانش نجات دهد. شده است که خود را حشره‌ای حس کنید، گرفتار در تارهای تارتنکی یا سرگردان در دخمه‌ی پیچ‌درپیچ زندگی؟ این را او آن شب از من پرسیده بود. گفت در چنین لحظه‌ای است که انسان به معجزه‌ی موسیقی ایمان می‌آورد. کافی است انسان چشمانش را ببندد، بال‌هایش را بگشاید و فارغ بال روی یک دشت فراخ به پرواز درآید. موسیقی همچون

ساحره‌ای افسونگر می‌تواند به پیکر خسته و درهم شکسته‌ی مرغ خیال، دگربار، بال پرواز ببخشد، به آن مرغ خیالی که در بستر مرگ خفته است.

به من نگاه کنید، به بال زدن‌های این عقاب پیر. متاسفانه به بد مصیبتی گرفتار شده است. دل‌تان برای من، برای این عقابِ پیرِ بال‌شکسته‌یِ پرریخته‌یِ خسته از عالم و آدم نمی‌سوزد؟ آن شب به من گفت لازم نیست دلم برای او بسوزد. گفت حس ترحم دیگری برای او حکم تازیانه را دارد. تازیانه‌ای است به پیکر اراده‌اش، توهینی است به هوشمندی‌اش. گفت دل سوزاندن باعث آب شدن شخصیت آن دیگری می‌شود. از او یک موجود نحیف، شکستنی و رقت‌انگیز می‌سازد.

نظرم را درباره‌ی موسیقی پرسیده بود. در پاسخ گفته بودم که شیفته‌ی موسیقی هستم. گفت چه شباهت عجیبی! و واقعاً شباهت عجیبی بود. به سخنی از نیچه درباره‌ی موسیقی اشاره کرد که خودم سال‌ها پیش خوانده بودم. گفت که به باور نیچه زندگی بدون موسیقی یک خطا است. جمله‌ی شگفت‌انگیزی است. بی‌اعتنایی به موسیقی خطایی در زندگی نیست، کلیت زندگی را بدل به یک خطا می‌کند. آن لحظه هنوز قادر به فهم پیام آن سخن نبودم. برای فهم درست این سخن باید دست روزگار روزی مرا از جا می‌کند و به این بیمارستان پرتاب می‌کرد، به بیمارستانی واقع در کادر جغرافیای سرد و خاکستری غربت.

در این لحظه که سینه به سینه‌ی عفریت مرگ روی تخت بیمارستان دراز کشیده‌ام، باید به صراحت بگویم که با مرگ نمی‌شود شوخی کرد. شوخی با مرگ مزاحی است که حتی راوی‌اش را نیز نمی‌خنداند. واژه‌ی مرگ به جای تحریک عضلات آرواره، غدد اشکی را غلغلک می‌دهد. کسانی که درباره‌ی مرگ شوخی می‌کنند، از قماش افرادی هستند که از آن به‌شدت واهمه دارند و چه بسا تا حد مرگ از آن می‌ترسند. آن قدر می‌ترسند که برای آرام کردن خودشان به چنین ترفندهایی پناه می‌برند. شوخی با مرگ اگر خنده‌ای بر لبان کسی بنشاند، بی‌تردید پوزخندی است که بر لبان فرشته‌ی مرگ می‌نشیند. حضرت به ساده‌نگری و چه بسا به ساده‌لوحی راوی آن شوخی می‌خندد.

خفتن سینه به سینه با عفریت مرگ؟ چه تشبیه تکان‌دهنده‌ای! این چه هم‌آغوشی دردناک و اندوه‌باری است! بازدم حضرت چه متعفن و چندش‌آور است. کاش بی‌آنکه سخنی نشخوار کند، گنددهانش را ببندد و کار را بی‌کلام به پایان برساند! می‌پرسم آیا

کسی که دائماً با مرده‌ها دم‌خور باشد، بوی ماندگی، بوی پوسیدگی و بوی مرگ نمی‌دهد؟ حضرت هم مثل مرده‌شورها، مثل گورکن‌ها بوی مرگ، بوی گندیدگی می‌دهد. تردیدی ندارم.

آیا با مرده‌شورها یا مثلاً با گورکن‌ها هم‌سفره شده‌اید؟ در بزم‌شان نشسته‌اید؟ پیاله از دست‌شان گرفته‌اید؟ موقع وداع دست‌شان را گرم فشرده‌اید؟ وای خدای من! صرف تصورش می‌تواند رعشه بر تن آدم بیاندازد. می‌پرسم کدام زنی قادر است با مرده‌شوری یا با گورکنی هم‌بستر شود؟ چه عشق‌بازی شورانگیزی! حتی اگر بتواند چشمانش را ببندد، با حس بویایی‌اش چه می‌کند؟ آیا نوازش دستان یک گورکن بر سر و سینه‌اش، یا خلیدن انگشتان دست یک مرده‌شور در گیسوانش او را دل‌آشوب و منقلب نمی‌کند؟

از غذای بیمارستان متنفرم. حاضرید به اتفاق هم به رستورانی برویم؟ مثلاً به یک رستوران درجه یک؟ تعجب می‌کنید؟ می‌پرسید با این همه لوله و سرُم و دستگاه که به جا‌به‌جای پیکرم وصل شده است، چگونه می‌توانم تخت بیمارستان را ترک کنم؟ برای شاعران و نویسندگان نباید کار چندان دشواری باشد. اغلب و به‌خصوص شب‌ها به رستورانی می‌روم. کافی است تصویر اتاق بیمارستان را پشت چشمان بسته‌ام انکار بکنم و بوی کلر و داروها را از حافظه‌ی بویایی‌ام بزدایم. این دقیقاً همان کاری است که همسر مرده‌شور قادر به انجامش نیست. می‌گویید اشتهای‌تان کور شده است؟ باشد، موکول می‌کنیم به یک زمان دیگر.

زیر این گنبد کبود، جایی را نمی‌شود یافت که مرگ در کنار زندگی حضور نداشته باشد. این دو یارِ غار، در برابر چشمان وحشت‌زده‌ی ما، در نمایش‌نامه‌ی اندوه‌بار زندگی، دوشادوش هم نقش‌آفرینی می‌کنند. پنداری در هم ذوب شده باشند. مرگ جایی، در لایه‌ای از زندگی پنهان شده و گاهی از پشت دیوار انکار سرک می‌کشد و برای‌مان شکلک در می‌آورد. مثلاً آنگاه که دردی چون نیشتر در تن می‌نشیند یا قلبی مبتلا به آلزایمر ضرب‌آهنگ تپش خود را فراموش می‌کند و ناموزون می‌نوازد.

همسایگی مرگ و زندگی را سالخوردگان خوب می‌شناسند. دیده‌اند که یک وزش ساده باد کافی است تا یک بیماری همچون سگی هار پاچه‌ی روح و جسم‌شان را به پوزه کشد. یک ناخوشی ساده، یک ویروس ناقابل مثل همین ویروس لعنتی کرونا کافی است عزرائیل را به نام بخواند تا او با داس خوف‌انگیزش قفلِ در صندوق‌چه روح را بشکند و به

شیشه‌ی عمرشان دست یابد. اگر هنوز شیشه را بر زمین نکوبیده است، از سر رحم و مروت نیست. کدام رحم؟ کدام مروت؟ علتش چه بسا تتمه امیدی باشد که ما را به دیدن برآمد مجدد خورشید، دل‌خوش می‌کند. دیدن مجدد خورشید آن خواست کوچکی است که گاهی تبدیل به آرزوی بزرگی می‌شود!

کسی نمی‌تواند مرگ را از نوار حافظه‌ی زندگی پاک کند. یک درد خفیف، یاد خاطره‌ای تلخ، یک خبر ناگوار یا شاید حتی یک داستان، مثل داستانی که هم اکنون برای شما روایت می‌کنم، کافی است خواب مرگ انکار شده را برآشوبد. برخی برای انکار مرگ به مشروب و افیون پناه می‌برند، برخی خود را در کار غرق می‌کنند و برخی دیگر خود را به بی‌خیالی و به بی‌تفاوتی می‌زنند و عقاب‌های پیری چون من خوش دارند، بال بگشایند و در آسمان نُت‌ها و نواها اوج گیرند. اما همه این‌ها، مثل حباب، در لحظه‌ای دور یا نزدیک، به ناگهان می‌ترکند و وهم روی شیشه‌ی بخارزده پنجره سُر می‌خورد، چکه می‌کند و فرشته‌ی مرگ پشت پنجره ظاهر می‌شود. حضرت لبخند بر لب، با انگشت اشاره‌اش بیابان فنا را به خواب‌زدگان، به منکران مرگ نشان می‌دهد.

او آن شب، خواب مرگ انکار شده را در روح و روانم پریشان کرد.

پوشه‌ی زرد

دیروز ماجرای عجیبی روی داد. همسرم به عیادتم آمد. همسر سابقم را می‌گویم. باورم نمی‌شد. می‌پرسید چه چیزی از یک دیدار ساده، یک ماجرای عجیب می‌سازد؟ وقتی که آن دیدار تا حد ناممکن بودن، نادر باشد. آنچه حیرتم را برانگیخت، ناگهانی بودن آن دیدار بود. سال‌ها پیش، چمدان به دست، ایستگاه زندگی مشترکمان را ترک کرد و رفت. در یک سحرگاه مه‌آلود، سوار قطاری شد که هرگز به آن ایستگاه بازنگشت. رفت و جایی در دفتر خاطرات نشست. می‌دانستید که قطار زندگی فقط در یک مسیر حرکت می‌کند؟ هرگز به ایستگاه‌های قبلی بازنمی‌گردد. ایستگاه‌های قبلی زندگی در معجونی از هم‌نشینی مه، حدس، یقین، یاد، فراموشی، وهم و خیال فرو می‌روند. قطار زندگی در مسیر بی‌بازگشتش بی‌وقفه می‌رود، در سفری گاه کوتاه، گاه بلند، به سوی ایستگاه آخر، به سوی...

پس از جدایی‌مان هرگز او را ندیده بودم. اصلاً انتظار دیدنش را نداشتم، به‌ویژه در آن موقع از روز. پیش‌ازظهرها عیادت از بیماران این بخش از بیمارستان اکیداً ممنوع است. احدی را راه نمی‌دهند. اینکه چگونه و با چه ترفندی موفق شده بود، از برابر نگهبانان ورودی بیمارستان و به‌خصوص از مقابل اتاق پرستاران بگذرد و به دیدارم بیاید، برایم روشن نیست. اما آمد، با دسته‌گلی در دست، با لبخند پرمعنایی بر لب و با نگاهی که الیاف نامرئی‌اش از جنس اضطراب و نگرانی بود.

جوان مانده بود، به همان شادابی و طراوت آخرین روزی که ایستگاه زندگی مشترکمان را ترک کرده و رفته بود. پنداری موفق شده بود جلوی حرکت عقربه‌ها را بگیرد، مانع از ورق خوردن تقویم زندگی بشود. موهای سیاه و بلندش را روی شانه‌هایش

رها کرده بود. رژلب سرخی بر لبانش زده بود، همان رژلب وسوسه‌انگیزش را. مثل همیشه، بوی یاس وحشی می‌داد، بوی خاطرات قدیمی. از دیدن چین و چروک نشسته بر چهره‌ام یکه خورد. این را در نگاهش دیدم. شاید حتی از دیدن پیکر درهم‌شکسته‌ی این عقاب پیر لذت برده باشد. کسی چه می‌داند؟ مثلاً موقعیت اسف‌بار امروز مرا هزینه و مکافات سال‌های بدفرجام آن زندگی مشترک بداند. حق دارد که چنین بپندارد. به هر روی این من بودم که شور و هیجان زندگی مشترکمان را خاموش کردم و بر گردن اسب تمنا زنجیر افکندم. شور اگر از زندگی رخت بربندند، تمنا اگر پشت در بسته به التماس بماند، گل عاطفه زرد می‌شود، رنگ می‌بازد، می‌پژمرد و پرپر می‌شود.

دیروز آمد و این عقاب پیر را در پرواز سحرگاهی‌اش غافل‌گیر کرد. شب را با درد سپری کرده بودم. از آن شب‌هایی بود که ظرف زمان از درد و وحشت لبریز می‌شود. درد شدیدی بود. احساس می‌کردم کسی دشنه‌ای در شکمم فرو کرده است و می‌چرخاند. مدام به خود می‌پیچیدم، روی تخت وول می‌خوردم و ناله می‌کردم. تاریک بود. چراغ راهرو از لای در نیمه‌باز اندک نوری به درون اتاق می‌تاباند. ساعت دیواری از طلوع قریب‌الوقوع خورشید خبر داشت. پشت پنجره اما اثری از خورشید نبود. ابری تیره واقعیت وجودی‌اش را انکار می‌کرد. چاره‌ای نبود. باید زنگ می‌زدم و چرت سحرگاهی پرستار کشیک را پریشان می‌کردم. به دادم رسید. با تزریق داروی روان‌گردان مرا روانه‌ی سفری ناآشنا اما فرح‌بخش کرد. پس از فروکش درد، صداخفه‌کن را روی سرم نهادم، بر فراز دشتی فراخ پر و بال گشودم و به آن‌جایی سرک کشیدم که درد کشیدن نیز لذت‌آور است.

چرا به دیدنم آمده بود؟ پرسش خوبی است. راستش را بخواهید نمی‌دانم. شاید قارقار کلاغ‌ها را شنیده بود. شاید پرواز لاشخورها را در آسمان دیده بود. شاید برای وداع آمده بود، برای آخرین وداع، وداع با فصلی از زندگی خودش. عشق؟ این را جدی می‌گویید؟ از بابت خنده‌ام پوزش می‌خواهم. نه، باورش ساده‌لوحی می‌خواهد. علتش را نمی‌بایست در زایش دگرباره‌ی ققنوس عشق از خاکستر رابطه‌ای پژمرده جست. باور کنید هیچ‌گاه عشق آتشینی بین ما وجود نداشته که بخواهد دگربار شعله‌ور بشود. علت دیدارش قطعاً چیز دیگری بود. هر چیز دیگری می‌توانست باشد به غیر از عشق.

در آن شب یلدا گفت در زندگی‌اش هرگز عشق را تجربه نکرده است. نه تنها عاشق نشده است، بلکه حتی مهر نیز نورزیده است. مهر را نمی‌شناخت. با مهربانی بیگانه بود. آن

شب، چیزی درباره‌ی عشق گفت که هرگز فراموشم نمی‌شود. در حین مزه‌مزه کردن جرعه‌ی شراب در دهانش، سر خود را به نشانه‌ی عدم تفاهم تکان داد و گفت عشق نوعی جن‌زدگی است. پرسید آیا در پهنای زندگی‌ام جن‌زده شده‌ام؟ پاسخم منفی بود. گفتم حتی نمی‌دانم جن‌زدگی چیست. خندید. گفت مارتین هایدگر هم نمی‌دانست.[1] جن‌زدگی را که نمی‌شود فهمید و توضیح داد. گفت در سراسر زندگی‌اش، در آن جهان کوچکش، هرگز جایی برای جن و پری وجود نداشته است.

من هم باوری به جن و پری ندارم. آمدن ناگهانی همسرم حتی نمی‌تواند از سر دل‌سوزی بوده باشد. سرنوشت‌ها که از هم جدا شوند، اغلب زمین مهربانی زیر پای‌شان ترک برمی‌دارد. هم‌دردی تبدیل به واژه می‌شود. محبت پشت پنجره‌ی سرزنش یخ می‌زند. آمدنش یک علت بیشتر ندارد و آن تنهایی است. رنج تنهایی! فقط کسانی می‌دانند چیست که درد ناشی از فرود دائمی تازیانه‌اش را بر روح و روان خود چشیده باشند. هم دردناک است و هم سوزناک. سوزش آن حتی مدت‌ها پس از فروکش دردش می‌ماند.

همسر سابقم، مثل خود من، تنهاست. در خانه‌ای به بزرگی تنهایی زندگی می‌کند. آنگاه که به غیر از تو در خانه کسی حضور نداشته باشد، غده‌ی تنهایی به اندازه حجم آن می‌آماسد، باد می‌کند و متورم می‌شود. او هم می‌داند به هنگام ورود به خانه کسی به انتظارش ننشسته است و زمانی که خانه را ترک می‌کند، درست در آن لحظه‌ای که در را پشت سر خود می‌بندد، اژدهای تنهایی به انتظار دیدارش غم‌باد می‌گیرد، غنبرک و چنبرک می‌زند، کنج دیوار چمباتمه می‌نشیند و به در بسته، خیره می‌نگرد. می‌پرسید از کجا می‌دانم تنهاست؟ راستش را اگر بخواهید بدانید، باید بگویم که نمی‌دانم. آرزو می‌کنم که مثل من تنها باشد. آرزو می‌کنم از تنهایی رنج ببرد.

آن شب از تنهایی خودش سخن گفت. مدعی بود از تنهایی‌اش لذت می‌برد. سخنی که حتی برای خود او باورپذیر نبود. آن را در لحن کلامش متوجه شدم. می‌گویید می‌شود از تنهایی لذت برد؟ بله، البته که می‌شود از تنهایی لذت برد. این نوع از تنهایی را شاعران و نویسندگان خیلی خوب می‌شناسند. آنان از تنهایی‌شان، هم لذت می‌برند و هم رنج. رنجی که برای‌شان لذت‌بخش است، لذتی که برای‌شان رنج‌آور است. اما می‌دانند که در

---

[1] اشاره‌ای است به رابطه‌ی عاشقانه‌ی مارتین هایدگر و هانا آرنت. هایدگر عشق خود به آرنت را نوعی جن‌زدگی خوانده بود.

آن سوی دیوار تنهایی، درست در همان لحظه‌ای که پا به خیابان می‌گذارند، رنج‌شان باد می‌کند و متورم می‌شود. در آن جهان بزرگ، اگر لذتی هم در کار باشد، در قاب لحظه می‌نشیند، رنج اما در قاب تقویم زندگی. لذت‌های زودگذر و آنی هرگز نمی‌توانند از سنگینی بار رنج و ملال بکاهند. گفت همیشه تنها بوده است. همیشه تنها زندگی کرده است، چه در حضور دیگران و چه در آغوش کسی.

می‌دانید آمدن همسر سابقم به چه می‌ماند؟ به ملاقات کشیشان با کسانی که در لبه‌ی پرتگاه نیستی با چشمانی بسته راه می‌روند. حکایت کشیشی است که به فرمان ملک‌الموت در واپسین لحظه‌ها سری به بالین بیماری خفته در بستر مرگ می‌زند و یا برای فردی محکوم به اعدام طلب آمرزش می‌کند. نمی‌دانم آیا این موضوع را می‌دانند یا نه، اما باور کنید که دیدن آن کشیش ترسناک‌تر از روبه‌رو شدن با حضرت عزرائیل است. پیام زودرس مرگ است در آن هنگامی که توهم هنوز مانع از خاموش شدن شعله‌ی شمع امید می‌شود. رابطه کشیش و مرگ بی‌شباهت به رعدوبرق نیست. دیدن برق نشسته در نگاه کشیش آن آذرخشی است که به پیشواز تندر مرگ می‌رود. باد پنجره روح را محکم به هم می‌کوبد و زوزه‌کشان باغ خوش‌خیالی را، از یمین تا یسار، در هم می‌نوردد.

وحشت از مرگ پای همسر سابقم را به بیمارستان کشانده است. می‌پرسم مگر نه آنکه این زندگی بود که ما را از هم جدا کرد و اکنون این وحشت از مرگ است که ما را مجدداً به هم نزدیک کرده است؟ طلاق عاطفی از دل زندگی برخاسته بود و اکنون وحشت از مرگ در کار زایش مجدد عاطفه است. عاطفه‌ای ره گم کرده که در حاشیه بین دو متنِ دو سرنوشت متواری، بی‌حاصل پرسه می‌زند. عاطفه‌ای که دست آخر شاید تبدیل به شاخه گلی بر مزاری شود، یا به بوسه‌ای بدل گردد که همچون پروانه‌ای پشت دیوار غرور تا ابد می‌پرد، بی‌آنکه بر لب یا گونه‌ی بنشیند.

به نظرتان عجیب نیست؟ اینکه وحشت از مرگ با یک پرش بلند از فراز دره‌ی بین دو غرور بجهد و همچون طبیبی نیک‌سرشت بر زخم‌های انکار شده‌ی وجدان مرهم بنهد؟ برخلاف باور بسیاری، مرگ همیشه پایان یک رابطه نیست. اغلب این زندگی است که قیچی به دست، رشته‌های پیوند را می‌گسلد. می‌گویند مرگ یک بار، شیون یک بار. آیا چنین ادعایی درباره زندگی هم صدق می‌کند؟ این را از او شنیدم. نه، همسرم را نمی‌گویم. از آن بیگانه شنیدم. عادت به گریه کردن داشت. در خلوت خود، در بستر تنهایی‌اش، در

تاریکی شب گریه می‌کرد، حتی در آن لحظاتی که بی‌حرکت در وان دراز می‌کشید و به نجواهای وسوسه‌گر تیغ گوش می‌سپرد. این را خودش گفت. بیشتر برای زنده‌ها و از دست زنده‌ها گریه کرده بود. گفت برای هیچ مرده‌ای حاضر نیست گریه کند. گفت مرده‌ها بی‌آزارند! دست‌شان از تازیانه، از ضامن تیغ گیوتین، از ماشه و از طناب دار کوتاهست.

می‌پرسید چرا این داستان را برای شما روایت می‌کنم؟ آیا شنونده‌ی دیگری نبود؟ مثلاً چرا همان دیروز آن را برای همسرم روایت نکردم؟ باید بگویم شنونده داریم تا شنونده! از قدیم‌الایام گفته‌اند که شنونده باید گوینده را بر سر ذوق بیاورد. در را روی ناگفته‌ها و چه بسا ناگفتنی‌ها بگشاید. همسر سابقم شنونده خوبی نیست. هرگز شنونده خوبی نبوده است. زندگی مشترک اغلب نمی‌تواند زبان مشترکی پدید آورد. برای یک هم‌زیستی مسالمت‌آمیز الزاماً نیازی به زبان مشترک نیست.

اتفاقاً آن شب، من هم از او پرسیدم چرا من؟ آیا نمی‌توانست داستانش را، رازش را به کس دیگری بگوید؟ به صراحت گفت تردیدی ندارد که خیلی‌ها قادر به فهم داستانش نیستند. گفت فهم داستانش بدون داشتن زبان مشترک ممکن نیست. به سخن ویتگنشتاین اشاره کرد و گفت آنگاه که زبان مشترک در بین نباشد، فهم دشوار می‌شود. گفت انسان‌ها اغلب بی‌آنکه با هم سخن بگویند، حرف می‌زنند و وراجی می‌کنند. معتقد بود که عصر دیالوگ‌ها به پایان رسیده است. اکنون این مونولوگ‌ها هستند که در هم می‌لولند. مونولوگ‌های بی‌شنونده!

بارها به دیگران دروغ گفته بود. گفت دروغ گفتن به بیگانه‌ها نباید دشوار باشد. به سادگی جامه دریدن از تن رازها در حضور غریبه‌هاست. قفل صندوق‌خانه‌ی خیلی از رازها را فقط در برابر نگاه یک رهگذر می‌شود گشود. در چنین لحظاتی است که غریبه‌ها عزیز می‌شوند، ارج و قرب می‌یابند و بازار دوستان و خویشان از سکه و رونق می‌افتد. گفت فقط غریبه‌ها هستند که بدون نهادن ردپا از صحنه‌ی زندگی‌تان عبور می‌کنند و در مه و فراموشی محو می‌شوند. به نقل از شوپنهاور گفت که اگر می‌خواهید دشمنان‌تان بویی از رازهای‌تان نبرند، بهتر است آن‌ها را از دوستان‌تان پنهان کنید.

دیروز صبح که همسرم به دیدنم آمد، خواهش کردم به خانه‌ام برود و از کشوی پایین سمت راست میزکارم، چیزی بیاورد. به او گفتم کشو را که باز کند، زیر تلی از کاغذ، یک پوشه زرد دفن شده است. عمداً و آگاهانه از کلمه دفن استفاده کردم. چاشنی‌اش کمی

بدجنسی بود، می‌دانم. کافی بود چهره‌اش را در آن لحظه می‌دیدید. از تعجب دهانش برای مدتی باز ماند. هاج‌وواج به من زل زد. بی تردید شنیدن چنین خواهشی او را غافلگیر کرده بود. شاید کلمه دفن او را به یاد مرگ انداخته بود. با دست‌پاچگی گفت که اکنون فرصت مناسبی برای اندیشیدن به چنین چیزهایی نیست. طفلکی گمان می‌کرد از وصیت‌نامه‌ام سخن می‌گویم.

چه خیال خامی! باورتان می‌شود؟ آخر کدام وصیت‌نامه؟ مگر نمی‌دانست که من از قماش کسانی هستم که با دستان خالی پا به جهان می‌گذارند و دست از پا درازتر آن را ترک می‌کنند؟ باید می‌دانست که همه‌ی دارایی من از چند صد جلد کتاب است. سخت نگران سرنوشت کتاب‌هایم هستم. کتاب‌هایی که پس از مرگ صاحب‌شان بی‌تردید خمیر خواهند شد. خیلی‌هایشان هنوز باکره‌اند!

به او گفتم این پوشه دربرگیرنده‌ی یادداشت‌های پراکنده‌ای است که باید پیش از دیر شدن، دوباره بخوانم. گرهی در ابروانش انداخت و با لحنی کنایی گفت عجب لحظه‌ی مناسبی را برای کار کردن و آن هم روی یادداشت‌های پراکنده انتخاب کرده‌ام! واژه‌ی پراکنده را نیز تا حدودی کش‌دار ادا کرد. لحن طعنه‌آمیزش آزارم داد. باید می‌دانست جدایی صرفاً پایان یک رابطه نیست، اعلام خودمختاری کامل است و به حق دخالت در امور دیگری نیز پایان می‌دهد. باید به‌یقین می‌دانست که عیادت او از این بیمار خفته در بستر مرگ نمی‌تواند چنین حقی را از بایگانی پرونده رابطه‌ای مختومه بیرون بکشد و از نو طبقه‌بندی کند. مگر نه آنکه پس از پایان یک رابطه، بندهای ناظر بر اختیارات و وظایف از نو تعریف می‌شوند؟

طلاق اغلب صلح نیست. آنگاه که جنگ و ستیزی درنگیرد، نوعی آتش‌بس متمدنانه حاکم می‌شود. چگونه ممکن است او چنین چیزی را نداند؟ این زیرنویس هر رابطه‌ای است که با حروف بسیار کوچکی می‌نویسند. از نوع زیرنویس‌هایی که اغلب بدیهی تلقی شده و خوانده نمی‌شوند. عزیز من، جدایی یعنی تو به راه خود و من به راه خود. دو خط متقاطع که در چهارراه زندگی تصمیم می‌گیرند یا ناچار می‌شوند در ادامه‌ی مسیر از یکدیگر فاصله بگیرند و چه بسا از هم بگریزند. هیچ‌گاه دو خط گریزان از هم را دیده‌اید؟ گاهی حافظه‌ی یک برگ کاغذ، برای ثبت این گریز تنگ و محدود است. دو خطی که خیلی سریع از حاشیه یک طلاق‌نامه بیرون می‌زنند. دو ریل را می‌مانند، که بی‌توجه به

نقطه‌ی پیوندشان در ایستگاهی، هر یک به راه خود می‌رود. اگر یکی به باختر دیگری شاید به خاور.

گفت راز مهمی دارد که نمی‌بایست به سرنوشت او دچار شود. پرسید آیا می‌دانم که در گورستان‌ها آدم‌ها را با رازهایشان یک جا دفن می‌کنند؟ تعداد رازهایی که در یک گورستان چال کرده‌اند، از تعداد اجساد بیشتر است. پچ‌پچ شبانه‌ی مردگان اغلب بر سر رازهایی است که الزام‌های زندگی مانع از رهایی‌شان از اسارتی مصلحت‌گرایانه شده است. گفت شب‌ها اگر تصادفاً گذرم به گورستانی بیافتد، اگر خوب گوش تیز کنم، می‌توانم این صداها را بشنوم. گفت خیلی‌ها گمان می‌کنند که این صداها مثلاً برخاسته از پیچش باد در پیچ‌درپیچ شاخ‌وبرگ درختان قبرستان است. حال آنکه این پچ‌پچ شبانه‌ی مردگان است.

گفت هنگامی که مرگ فاصله‌ها را می‌پیماید و در نبرد بین هستی و نیستی، سنگر به سنگر، خاکریز به خاکریز پیش می‌آید، شجاعت انسان افزایش می‌یابد. در جبهه‌های جنگ حتی ترسوترین و ترس‌خورده‌ترین سربازان نیز اندکی شجاع می‌شوند. چشمان تردیدشان را روی هم می‌نهند و تقریبا آن کاری را می‌کنند که معمولاً از سربازان بی‌باک و یا کسانی که سری نترس دارند، انتظار می‌رود. فشردن ماشه با چشمان بسته نباید دشوار باشد. گفت وحشت از مرگ باعث دهن‌لقی آدم‌ها می‌شود؟ مرگِ مصلحت‌ها اغلب پیش از مرگِ عقل، این زندان‌بان رازها، روی می‌دهد. در غیاب مصلحت‌ها، رازها می‌توانند آزادی‌شان را جشن بگیرند.

حق با او بود. مرگ پدیده‌ی عجیبی است. هم باعث وحشت می‌شود و هم از وحشت می‌کاهد. وحشت از مرگ بر سایر وحشت‌ها در زندگی سایه می‌افکند. مگر نه آنکه دغدغه‌های بزرگ دغدغه‌های کوچک را زیر پا له و لورده می‌کنند؟ ایستادن بر چکاد زندگی و دیدن مرگ در کوه‌پایه، باعث ندیدن خیلی چیزها می‌شود. هر چه به ملک‌الموت نزدیک‌تر باشیم، برای گشودن دریچه‌ی روحمان احساس شهامت بیشتری می‌کنیم. از این روست که برای نخستین بار پس از سال‌ها، شهامت روبه‌رو شدن با این پوشه‌ی زرد و راز نهفته‌اش را در خود می‌بینم. شاد و مسرور از آنم که پیش از آنکه دیر شده باشد، پیش از آنکه ریق رحمت را سر بکشم، می‌توانم داستان این نعش را روایت کنم.

امروز صبح پوشه را به دستم رساند. آن را در پاکت بزرگی گذاشته بود. رفتارش عجیب

بود. پریشان احوال به نظر می‌رسید. تمرکزش را از دست داده بود. منقطع سخن می‌گفت. از لطافتی که خوش داشت چاشنی رفتار و گفتارش کند، اثری باقی نبود. آن عشوه‌ها و کرشمه‌های نوجوانیِ زنان سالمند را می‌گویم. زمان می‌گذرد، عشوه‌ها اما گاهی گذشت زمان را متوجه نمی‌شوند. در همان آغاز دیدارمان حدس زدم که باید یادداشت‌ها را خوانده و یا دست‌کم نگاهی به آن‌ها انداخته باشد. چند دقیقه‌ای نگذشته بود که گمانم تبدیل به یقین شد.

متوجه آمدنش نشدم. با چشمانی بسته غرق در افکار متلاطم و پریشان خودم بودم. تصور روبه‌رو شدن با این پوشه مرا با خود برده بود به حال و هوای ماجرایی تکان دهنده که گذشت سالیان نیز نتوانسته بود از ذهنم بزداید. پنداری همین دیروز بود. کنارم نشسته بود و از تصمیم قطعی‌اش برای خودکشی سخن می‌گفت و من شوربختانه شاهد واپسین ساعات زندگی یک رهگذر بودم. رهگذری که قرار بود نقش نعش پنهان شده در این پوشه‌ی زرد را بازی کند.

پاکت را در همان ابتدای دیدار، به محض ورود به اتاق، تحویل داد و رفت. دستش را برای لحظه‌ای روی دستم نهاد. تماسی که مرا از گشت و گذار در کوچه‌پس‌کوچه‌های گذشته به حال و اینجا پرتاب کرد. شتاب‌زده دستش را پس کشید. پنداری دستش به جسم داغ و سوزانی خورده باشد. شاید بی آنکه خود بدانم در تب برخاسته از هیجان خواندن این یادداشت‌ها می‌سوختم. دستش اما سرد بود، خیلی سرد، به سردی دست مرده‌ها. انجام کاری را بهانه کرد و رفت. گفت دیگر به عیادتم نخواهد آمد. شاید می‌خواست مرا با این یادداشت‌های نفرین شده تنها بگذارد.

اجازه بدهید همسرم را فراموش کنیم. مایلم بدانم که اگر شما به جای همسر سابقم برای آوردن این پوشه به خانه‌ام می‌رفتید، چه می‌کردید؟ آیا خوره‌ی کنجکاوی وسوسه‌تان نمی‌کرد که نگاهی به یادداشت‌ها بیاندازید؟ وسوسه نمی‌شدید آن‌ها را بخوانید؟ ولو چند سطرشان را؟ می‌بینم به فکر فرو رفته‌اید. شاید از خودتان می‌پرسید که این چه نوع یادداشت‌هایی هستند که بیماری خفته در بستر مرگ، در واپسین ساعات زندگی‌اش، در تب خواندن‌شان می‌سوزد؟ آن هم یادداشت‌هایی درباره‌ی خودکشی یک بیگانه. مگر نه آنکه انسان‌های ترس‌خورده معمولاً در بستر مرگ به خواندن کتاب‌های مقدس روی می‌آورند. وحشت از آتش جهنم آنان را وامی‌دارد، به انجیل و قرآن پناه ببرند، به توبه و به

ابراز ندامت. همه‌ی تلاش‌شان را به کار می‌گیرند تا گردوغبار برخاسته در روح‌شان را فرو بنشانند و گذر از پوسته‌ی نازک بین بودن و نبودن را برای خود سهل‌تر سازند. گرچه باید بگویم که پرش از سکوی بودن به نبودن، برخلاف تصورمان، پرش چندان عجیب و دشواری نیست. اغلب یک تکان کوچک، حتی یک نسیم ساده برای پشت‌ورو کردن یک برگ افتاده بر کف زمین کافی است. این را من، اینجا، در این بخش از بیمارستان، بارها با چشمان خودم دیده‌ام. کسانی را دیده‌ام که لحظه‌ای بوده‌اند و لحظه‌ای نبوده‌اند. این پوشه‌ی زرد حکایت یکی از چنین کسانی است.

شما فرد بسیار محترمی هستید. در پایبندی‌تان به موازین و ارزش‌های اخلاقی ذره‌ای تردید ندارم. ممکن نیست که از سر کنجکاوی نامه‌هایم را بخوانید و یا نگاهی به درون آن پوشه‌ی زرد بیاندازید. اراده‌ی شما آن سد استواری است که مبانی و اصول اخلاقی بشری را از شر و گزند وسوسه‌های شیطانی حفظ می‌کند. بله؟ متوجه نشدم. می‌گویید درباره پایبندی‌تان به ارزش‌های اخلاقی چندان هم مطمئن نیستید؟ ممکن بود شما هم وسوسه می‌شدید یادداشت‌ها را پیش از گذاشتن در پاکت بخوانید؟ آه خدای من، نمی‌دانم چه باید بگویم. صداقت شما واقعاً که تحسین برانگیز است. این روزها، چنین حجمی از صداقت در محفظه‌ی باور کسی نمی‌گنجد. در این روزگارِ بدکردار، صداقت مدت‌هاست که فضیلت به‌شمار نمی‌آید. زندگی بفهمی‌نفهمی، نوعی تنازع بقاست. صداقت در برابر پیکان دروغ و فریب میان‌مایگان تاب نمی‌آورد. چشم اسفندیار کسانی است که حساب و کتاب زندگی از دست‌شان در رفته است. اکنون کاملاً مطمئنم که در انتخاب هم‌سفر مرتکب خطایی نشده‌ام. شما شایسته‌ی شنیدن راز این داستان هستید.

اجازه بدهید ماجرا را از همان ابتدای ورودتان به اتاق‌کارم تعریف کنم. برخلاف همسرم که جا به جای آپارتمانم را می‌شناسد، فرض کنیم که شما تصوری از چینش مبلمان خانه ندارید. آپارتمان بزرگ نیست که پیدا کردن میزکارم دشوار باشد. اما تاریک است. کاملاً تاریک. عادت دارم، چه روز و چه شب، پرده‌های ضخیم را کاملاً بکشم. روشنایی زیاد باعث آزار چشمانم می‌شود و دیدن چیزهای بی‌ربط حواسم را پرت می‌کند. حتی دیدن آسمان ابری اغلب باعث افسردگی‌ام می‌شود. پرده‌ها را که می‌کشم، خورشید، چه شب و چه روز، همیشه می‌درخشد و آسمان همیشه آبی است، کاملاً آبی، بدون لکه‌ای ابر. پناه جستن به توهم دیدن یک آسمان آبی را بر یقین وجود یک آسمان ابری ترجیح می‌دهم. اعتراف

بزرگی است. این طور نیست؟

شاید بد نباشد چراغ را روشن کنید. از کجا می‌دانستید کلید برق سمت راست‌تان قرار دارد؟ می‌توانست سمت چپ باشد. از دیدن این همه کتاب تعجب کرده‌اید؟ تعجبی ندارد. این را همین چند دقیقه‌ی پیش گفته بودم. یک گنجینه ادبی ارزشمند در این خانه وجود دارد. گنجی معنوی که پس از مرگ صاحب‌خانه به پشیزی هم نمی‌ارزد. شاید کتاب‌های تلنبار شده در قفسه‌ها برای‌تان در این لحظه چندان جالب نباشد. اما پیش از ترک خانه، بد نیست نگاهی به عنوان کتاب‌ها بیاندازید. برای شناخت بهتر یک فرد، مرور عنوان کتاب‌هایی که می‌خواند، کمک بزرگی است. اما در این لحظه همه‌ی هوش و حواس‌تان متوجه میزکارم است. روی صندلی می‌نشینید و نگاهی به یادداشت‌هایی می‌اندازید که سرگردان روی میز ولو شده‌اند. پیش از آمدن به بیمارستان فرصت جمع کردن‌شان را نیافتم. روزگار این روزها، مرتب غافل‌گیرم می‌کند. می‌بینم بدون ذره‌ای گزگزِ وجدان، کشوها را باز می‌کنید. جسارتاً باید بپرسم در کشوهای سمت چپ میز به دنبال چه می‌گردید؟ شما که می‌دانید پوشه در کشوی پایینی سمت راست قرار دارد. دست‌پاچه نشوید. عطش کنجکاوی خودتان را با بالا پایین کردن محتویات همه‌ی کشوها فروبنشانید. از سرزنش دیگران در این لحظه خبری نیست. وانگهی تمسک جستن به پدیده‌ی ضعف حافظه، در سن و سال ما، بهانه خوبی برای سپردن میدان به تاخت‌وتاز وسوسه و قلدری کنجکاوی است.

شروع به خواندن یادداشت‌ها کرده‌اید؟ بهتر است چراغ مطالعه را خاموش کنید و به اتاق پذیرایی بازگردید. آنجا می‌توانید آسوده‌خاطر روی راحتی بنشینید و آن‌ها را بخوانید. حق با شماست. این یادداشت‌ها خیلی قدیمی هستند. حتماً از خودتان می‌پرسید که چرا نویسنده این یادداشت‌ها را سال‌ها پنهان کرده و اکنون پس از گذشت این همه سال به یاد خواندن‌شان افتاده است؟ وسوسه شده‌اید یادداشت‌ها را به طور کامل بخوانید؟ لطفاً این کار را نکنید! اجازه بدهید خودم برای‌تان روایت کنم.

نمی‌دانم چند ساعت از رفتن همسر سابقم می‌گذرد. نگاهی گذرا به یادداشت‌های این پوشه انداخته‌ام، بی آنکه شروع به خواندن‌شان کرده باشم. باید زمان مناسبش فرابرسد. جالب اینجاست که در آن لحظه‌ای که دکتر بخش برای معاینه بیماران، اتاق به اتاق پیش آمده و به اتاق من رسیده بود، پوشه‌ی زرد هنوز روی سینه‌ام قرار داشت و با هر دم و

بازدمم تکان می‌خورد. شاید قلبش متناسب با ضربان قلبم می‌زد.

دکتر ارشد تقه‌ای به در زد و مثل همیشه بی آنکه منتظر پاسخ بماند، در را باز کرد و وارد شد. نمی‌دانم آیا پوشه را دید یا نه؟ اما من لبخندی زدم و آن را در کشوی پاتختی فلزی گذاشتم. دستگیره پاتختی سرد بود، خیلی سرد، سردی دست مرده‌ها را داشت. بی آنکه به سخنان تکراری دکتر گوش بدهم، نگاهم را به پرنده‌ای دادم که در خاکستریِ آسمانی ابرآلود، سرگردان از سویی به سویی می‌پرید. نه! این بار کلاغ نبود.

یادداشت‌های بی فاعل

از آن شب شوم سال‌ها می‌گذرد، سال‌ها سکوت، سال‌ها به خود پیچیدن، لب گزیدن، سال‌ها پنهان کردن چهره پشت ماسک بی‌اطلاعی، بی‌قیدی، بی‌تفاوتی. می‌پرسید پس چرا امشب؟ چرا امشب به یاد روایت آن داستان افتاده‌ام؟ به یاد پرده برگرفتن از آن راز؟ به یاد الزام گفتن ناگفته‌ها؟ پاسخش باید برای‌تان کاملاً روشن باشد. نگاهی به این بخش از بیمارستان بیاندازید! مثلاً به من بنگرید، به این عقاب پیر پروبال شکسته! پاسخ پرسش‌تان را در حاشیه‌ی واپسین برگ‌های تقویم زندگی‌ام نوشته‌اند. دیدنش نباید دشوار باشد.

از شما می‌پرسم، به نظرتان تا کی باید منتظر می‌ماندم؟ تا کی باید خود را به ندیدن، نشنیدن و نفهمیدن می‌زدم؟ اینکه پرستار بخش کی برای وداع می‌آید را نمی‌دانیم. نمی‌دانیم چه موقع دستگاه‌ها را خاموش می‌کنند، سیم‌ها را از برق می‌کشند و اتصال وریدی را از پشت دست باز می‌کنند. خبر نداریم که مسئول سردخانه چه موقع رو‌انداز روی سر و پیکرمان می‌کشد و چهره‌مان را تا مرز انکار، تا سر حد بی‌هویتی می‌پوشاند. اما این قدر می‌دانیم که باید نفس‌نفس زدن‌های عزرائیل را جدی بگیریم. پشت در اتاق گوش ایستاده است.

هزار بار در زندگی قصد خودکشی داشت. بارها دیدن یک تیغ در حمام یا یک جعبه قرص در کشوی پاتختی‌اش، او را وسوسه کرده بود به زندگی‌اش پایان دهد. هزار بار صحنه را برای جهیدن به آن سوی پرچین هستی آراسته بود. هزار بار منصرف شده بود. پرسیدم پس چرا آن شب؟ چرا آن شب به فکر پایان دادن به زندگی‌اش افتاده است؟ می‌دانید پاسخش چه بود؟ چه پرسش مسخره‌ای! شما این را باید از کجا بدانید؟ گفت در پی یافتن یک شنونده بوده است. مایل نبود رازش همراه خودش به خاک سپرده شود. می‌گفت یک

عمر بار سنگین آن راز را بر دوش برده است، آن بار طاقت‌فرسا را. گفت زمان آزادی آن راز فرارسیده است. ادامه‌ی زندگی به روال عادی، اغلب پس از آزادی برخی از رازها دشوار می‌شود. چنین رازهایی یا هرگز فاش نمی‌شوند، یا زمان آزادی‌شان به واپسین نفس‌ها گره می‌خورد.

اتاقم ته راهروی بخش بیماران ویژه واقع است، دقیق‌تر گفته باشم، طبقه‌ی هفتم، سمت راست، یکی مانده به آخر. این موضوع را باید متوجه شده باشید. اما اجازه بدهید به نکته‌ای اشاره کنم که شاید از نظرتان به دور مانده باشد. تردیدی ندارم که اتاق‌های آخر چنین بخش‌هایی را برای بیماران بدحال پیش‌بینی کرده‌اند. برای کسانی چون من، که امید چندانی به درمان‌شان نیست. برای آنانی که بیش از یک پای‌شان لب گور است. کسانی را می‌گویم که روزگار چون ددی برای تکه‌پاره کردن‌شان دندان تیز کرده و پوزه به فراخی گشوده است. این بخش را به ساکنان بخت‌برگشته‌ی این نقطه‌ی نفرین شده‌ی جغرافیای هستی اختصاص داده‌اند.

می‌گویید نقش تکه‌پاره کردن در بیمارستان‌ها معمولاً برعهده‌ی جراحان حاذق است؟ بله، حق با شماست. گرچه همه این موضوع را می‌دانیم، اما هیچ کس حاضر به اعتراف به آن نیست. پیکرم سند خوبی برای اثبات این واقعیت است. می‌خواهید به محل رقص کارد جراح بر شکمم نگاهی بیاندازید؟ تمایلی ندارید؟ دیدن جای زخم بر پیکر دیگران حال‌تان را خراب می‌کند؟ چه شنونده‌ی دل‌رحمی! من هم اصراری ندارم. البته باید اعتراف کنم که دیدن مجددش شهامتی را طلب می‌کند که در خود نمی‌بینم. نخستین باری که نگاهم به بخیه‌ها افتاد، حالم بد شد. عرق سردی بر پیشانی‌ام نشست. فقط برای ثبت در تاریخ گفته باشم، ناجوانمردانه جر داده‌اند.

آن شب گفت جراحت‌های روح را نباید دست‌کم گرفت. درمان‌شان اغلب سخت و طولانی است. زخم‌های روح حتی اگر کهنه و مزمن باشند، گاهی مثل زخم‌های تازه، آماده‌ی خون‌ریزی هستند. خون‌ریزی‌شان زمان و موعد خاصی ندارد. شب‌ها در بستر تنهایی، روزها در لحظه‌های غفلت. گاهی یک نام، یک بو، یک نگاه، یک عکس، یک داستان، گاهی حتی یک سخن بی‌ربط برای چنگ انداختن در خون لخته شده‌ی زخم‌های روح کفایت می‌کند. گاهی ساعت‌ها خون‌ریزی می‌کنند، گاهی روزها و گاهی دائماً. از زخم‌های او به پهنای زندگی‌اش خون می‌چکید.

نام مناسبی برای این بخش از بیمارستان انتخاب کرده‌ام. به آن می‌گویم زایشگاه مرگ. می‌خندید؟ به نظر من اصلاً خنده‌دار نیست. در گوشه‌ای از بیمارستان‌ها نهال تازه‌ای می‌روید و در گوشه‌ی دیگرش، درختی به علت پیری یا آفت‌زدگی، وزش بادی را تاب نمی‌آورد. همان درخت، دیر یا زود، سر خم می‌کند و تن می‌شکند. یک جا شیون زایمان است، یک جا ضجه‌ی مرگ. بیمارستان مجموعه‌ای یکتا از چیزهای متناقض است، مثلاً از رنج و فراغت، غم و شادی، بیم و امید، مرگ و زندگی، گذشته و آینده.

اتاق‌های ته راهرو را برای صدرنشینان فهرست ملاقات با عزرائیل پیش‌بینی کرده‌اند. نه! نمی‌شود چنین چیزی را با صدای بلند گفت. وانگهی اگر کسی پا از گلیم مجاز فراتر بنهد و با بی‌پروایی چنین چیزی را فاش بگوید، تردیدی ندارم که احدی زیر بار پذیرش‌اش نمی‌رود. حتماً پرستار با نگاهی حق‌به‌جانب خواهد گفت: آقا این چه حرفی است که می‌زنید؟ مدعی می‌شوند که آن‌ها بیماران را بر اساس پر و خالی شدن تخت‌ها بستری می‌کنند و نه بر اساس وخامت حال‌وروزشان. شاید دروغ هم نمی‌گویند. این اتاق‌ها واقعاً خیلی زود پر و خالی می‌شوند. کافی است کسی به اوضاع بی‌ریخت من، به حال و روز هم‌اتاقی فلک‌زده‌ام و یا به وضعیت اسفناک پیرمردی که در آخرین اتاق بخش، ته راهرو بستری شده، نگاهی گذرا بیاندازد تا متوجه درستی و صحت آن چیزی بشود که کشف کرده‌ام.

از شما می‌پرسم، آیا شده از اتاق‌های ته راهرو، در چنین بخش‌هایی، صدای خنده کسی را بشنوید؟ اینجا سلاخ‌خانه‌ی امید است. اگر نمی‌دانید، بدانید! جایی است که در را روی ورود خوش‌خیالی چهارقفل کرده‌اند. در واگن آخر قطارِ سرنوشت کم پیش می‌آید کسی با خیالی آسوده دو دستش را در جیب شلوارش فرو کند، سوت بزند و آواز بخواند. خیلی‌ها می‌دانند که این واگن عاقبت جایی روی پل هستی از قطار سرنوشت جدا می‌شود، از حرکت باز می‌ماند، به‌سوی ژرفا می‌شتابد و مسافرانش را دیریازود به آغوش صخره‌های تیز ته دره پرتاب می‌کند.

چرا این‌ها را می‌گویم؟ باور کنید از مردم‌آزاری لذت نمی‌برم. قصدم این است که بدانید چرا در چنین لحظه‌ای هوس روایت این داستان به سراغ این عقاب پیر آمده است. می‌گویید حتی اینجا، در همین بخش هم می‌شود دل به چیزی خوش کرد؟ کدام دل‌خوشی؟ دل‌خوشی‌ها و حتی دل‌خوشی‌های کوچک برای بقای‌شان نیاز به تنفس در

هوای پاک وهم و خیال دارند. جایی که به درونش امید را راهی نباشد، وهم و خیال پشت درهای بسته، شاید مثلاً از شدت سرمای برخاسته از یاس و پشیمانی، یخ می‌زنند. پیکر امید را از وهم و خیال می‌تراشند، نه از تن سخت واقعیت. خوب است این موضوع را هرگز فراموش نکنید.

آن شب پرسیدم که چرا امیدش را به زندگی از دست داده است؟ خندید. نه! بیش از آن بود. قهقهه سر داد. با دست به پنجره اشاره کرد و گفت امید به زندگی بدون امید به زندگان بی‌معناست. شوربختانه امیدش را به زندگان از دست داده بود. می‌گفت به هیچ کس نمی‌تواند اعتماد کند. برای کسی که امیدش را به زندگان از دست داده باشد، زندگی بدل به جهنم می‌شود. آدم ناگزیر می‌باید از وادی هم‌زیستی مسالمت‌آمیز پا پس کشد و به تنهایی و انزوا پناه برد. تنها بود. خیلی تنها، حتی بیش از من تنها.

اینجا، در این بخش، از همه جا، نوای نشاط‌آور شیون و زاری به گوش می‌رسد. بانگ ناله‌ها و ضجه‌هایی است که در هم‌نوازی ارکستر نامزدان مرگ، شب‌ها گوش فلک را کر می‌کند. بیماران اتاق‌های این بخش در هنرنمایی شورانگیزشان، شباهنگام واقعاً که سنگ تمام می‌گذارند. هر شب پرشورتر از شب پیش روی صحنه می‌آیند و با اجرایی شایسته‌ی تحسین و ستایش، مانع از حکومت خواب در بارگه رنج می‌شوند. براوو به این پاس‌داران بساط غم و اندوه و مرگ!

می‌گویید گل‌های این گلدان پژمرده‌اند؟ چگونه چنین چیزی ممکن است؟ باورم نمی‌شود. ممکن است خواهش کنم گلدان را کمی بلند کنید تا بهتر ببینم؟ چشمانم مدت‌هاست که کم‌سو شده‌اند. سال‌خوردگی فقط ورق خوردن تقویم زندگی نیست. پیری به همه‌ی ارگان‌های بدن سرایت می‌کند. ابتدا به جان یک سلول می‌افتد. بی‌خیالش می‌شویم! سپس سلول به سلول پیش می‌آید و عاقبت کل وجود را متصرف می‌شود. مثلاً قوه‌ی باصره بصیرتش را از دست می‌دهد. گوش‌ها سنگین می‌شوند. زانوها وزن پیکر را تاب نمی‌آورند. لرزه به جان دست‌ها می‌افتد. قلب یکی‌درمیان می‌زند. نفس جان می‌کند تا خود را به شش‌ها برساند. فقط فک پایین سال‌خوردگان، مثل ایام شباب بدون نقص و اختلال کار می‌کند. بی‌وقفه می‌جنبد. یا سرگرم جویدن و نشخوار کردن است یا در حال پرچانگی. سال‌خوردگان خیلی چیزها را نه می‌بینند و نه می‌شنوند. پیام‌شان را تنها در آمیزش با حدس و گمان متوجه می‌شوند. اما با حدس و گمان که نمی‌شود سر از کار

اشرف مخلوقات در آورد.

متوجه پژمردگی گل‌ها نشده بودم. نمی‌بایست به این زودی می‌پژمردند. ظاهراً در زایشگاه مرگ، عمر همه چیز کوتاه می‌شود. مسئولیت رسیدگی به گل‌ها همیشه برعهده همسر سابقم بوده است. او بود که آب گلدان‌ها را عوض می‌کرد، از رخسار گل‌هایش پژمردگی برمی‌گرفت و نشاط و سرزندگی به جان‌شان می‌نشاند. این گل‌ها را همین دیروز آورده بود. سابقه ندارد که گل‌ها را نبیند. چطور ممکن است که امروز متوجه پژمردگی گل‌ها نشده باشد؟ این هم دلیل دیگری برای صحت آن گمان که او یادداشت‌ها را خوانده است، یادداشت‌هایی درباره‌ی مرگ.

روی میز اتاق پذیرایی چند شاخه گل رز سفید در گلدانی شیشه‌ای گذاشته بود. گلدان را با دست نشان داد و گفت این گل‌ها نماینده‌ی زیبایی شگفت‌انگیز طبیعت هستند. به قصد بوییدن‌شان خم شدم. خوش‌بو بودند. رایحه سرمست کننده‌شان هوش از سر آدم می‌ربود. گفت فقط زیبایی طبیعت است که طبیعی و نشاط برانگیز است و باعث دل‌آشوبی انسان نمی‌شود. زیبایی گل‌ها را با زیبایی زنان مقایسه کرد. گفت برخی از زنان نقاشان زبردستی هستند. چهره‌شان را چون یک تابلوی زیبا می‌آرایند. اما نقاشی هیچ گلی به زیبایی خود آن گل نیست و زیبایی هیچ زنی به زیبایی نقاشی چهره‌اش. از زیبایی تصنعی متنفر بود. این تنفر بخشی از داستانی بود که آن شب روایت کرد. می‌پرسم چطور می‌شود از زیبایی متنفر بود؟

این گل‌ها چه زود پژمردند! باور کنید گل‌ها هم نیاز به هوای پاک دارند. اما اثری از هوای پاک در زایشگاه مرگ نیست. بیماران این بخش هوای آلوده را با هر دم‌شان به درون ریه‌ها می‌کشند، به سم وجود مبارک‌شان می‌آلایند و آلوده‌تر در بستر مرگ‌شان می‌دمند. اینجا بهشت ویروس‌ها، مکه‌ی باکتری‌ها، معبد قارچ‌ها، جولانگاه انگل‌ها و میعادگاه تک‌یاخته‌های آلاینده‌ست. می‌دانستید که مرگ در ژرفنای نیستی، در اسفل السافلین فنا قرار دارد؟ پژمردگی هنوز مرگ نیست، افسردگی روح گل‌هاست.

می‌پرسید آیا من ناله نمی‌کنم؟ خنده‌ام را ببخشید. این دیگر چه پرسشی است؟ مگر می‌شود در بیمارستان و آن هم در چنین بخشی بستری بود و ناله نکرد؟ در این بخش نباید نگران کسی شد که ناله می‌کند. اتفاقاً باید دل‌نگران آنانی شویم که ناله نمی‌کنند. ظاهراً آنگاه که دکارت گفت می‌اندیشم، پس هستم، هنوز درگیر یک بیماری سخت نشده

بود. تردیدی ندارم که گذرش به خانه‌ی ارواح نیافتاده بود. کاش سری به ما می‌زد و نگاهی به مسافران نگون‌بخت واگن آخر می‌انداخت. شاید آنگاه متوجه می‌شد ادعایش اعتباری جهان‌شمول ندارد.

بسیاری از آنانی که اینجا هستند، نمی‌اندیشند. نه اینکه نخواهند، شاید می‌خواهند و نمی‌توانند. فقط می‌نالند. چون می‌نالند، می‌دانیم که هستند. اگر ننالند که فاتحه‌شان خوانده است. وانگهی این فقط محدود به بیماران دم‌مرگ نمی‌شود. خیلی‌ها را در زندگی دیده‌ام که نمی‌اندیشند و هستند. و چه بسا چون نمی‌اندیشند، هستند. گفت برخلاف اندیشیدن، نالیدن در هیچ کجای جهان مالیات ندارد. آزاد و رایگان است. ناله‌ی بندگان حتی حس ترحم خدایگان را برمی‌انگیزد و به کاخ قدرت‌شان شکوه و درخشش بیشتری می‌بخشد. از ناله کردن بدش می‌آمد. مدعی بود که تا آن روز هیچ تنابنده‌ای ناله او را نشنیده است. گفت هرگز در حضور دیگری گریه نکرده است. آن شب، در حضور من هم ناله کرد و هم گریست. آن شب، موعد شکستن تابوها، زمان لغو ممنوعیت‌ها و لحظه‌ی مرگ مصلحت‌ها بود. گفت خویشتن‌دارترین آدم‌های روزگار هم از گریستن در برابر تصویرشان در آینه ابایی ندارند. بارها او و تصویرش در آینه، نگاه در نگاه هم، گریسته بودند.

می‌دانید اشکال کار ما آدم‌ها کجاست؟ آنجاست که ما اغلب ناله‌های خودمان را نمی‌شنویم. اما شنیدن ناله‌های دیگران کلافه‌مان می‌کند. در این دو هفته‌ای که اینجا هستم، متوجه نکته دیگری هم شده‌ام. لطفاً گوش‌تان را بیاورید نزدیک! بازهم نزدیک‌تر. این موضوع هم چیزی نیست که بشود بلند گفت. درست شنیدید! بیماران این بخش اکثراً شب‌ها می‌میرند. در هفته گذشته دست‌کم سه تا فوتی داشتیم. می‌گویند اوضاع در بخش بیماران کرونایی حتی هیجان‌انگیزتر است. هر شب جای چند نفر دیگرشان بر سر میز شام آخر[1] خالی می‌ماند.

مشاهده‌ی جنگ‌وگریز شبانه‌ی پرستار کشیک با عزرائیل یکی از تفریحات سالم بیماران این بخش به شمار می‌آید. به محض اعلام خاموشی، نغمه‌سرایان به میدان می‌آیند. عزرائیل از اتاقی به اتاقی می‌دود و پرستار در پی او نفس‌زنان. خوف شب‌ها سایه می‌گستراند. نفس در هزارتوی سینه سرگردان می‌ماند. عرقی سرد از جبین بیماران برون

---

[1] اشاره به دیوارنگاره‌ی پر راز و رمز "شام آخر مسیح"، اثری از لئوناردو داوینچی است.

می‌تراود. دردها قدرت مُسکن‌ها را به ریشخند می‌گیرند. فغان کاسه‌ی صبر ملک‌الموت را لبریز می‌کند. لبخند به چهره‌ی گورکن باز می‌گردد. و من با صدای سحرآمیز ماریا کالاس بند نافم را از جهان پرآشوب می‌برم. به همین سادگی!

باید پیش از طلوع خورشید، البته اگر برای من طلوع دیگری در کار باشد، داستان آن بیگانه را برای‌تان روایت کنم. می‌دانستید فرشته‌ی مرگ، مثل خفاش‌ها، شب‌ها فعال‌تر می‌شود؟ از نهانگاهش بیرون می‌آید، در کمین شکارش می‌نشیند و در ظلمت شبیخون می‌زند. شاید به همین دلیل است که اکثر بیماران و سال‌خوردگان دوست ندارند شب‌ها بخوابند. برای آنکه خواب‌شان نبرد و مانع از خواب دیگران بشوند، مدام زوزه می‌کشند، ضجه می‌زنند و ناله می‌کنند. وقتی یکی نخواهد یا نتواند بخوابد، قرار نیست دیگران بخوابند. این قانون بیمارستان و تیمارستان است. فقط کسی که پایش به چنین محلات فاسد و بدنامی باز شده باشد، می‌داند چه می‌گویم.

چرا شما را انتخاب کردم؟ شما بگویید چه کس دیگری اینجا به شایستگی شماست؟ چرا اصلاً جای دور برویم، به غیر از شما چه کس دیگری اینجا حضور دارد؟ این داستان را که نمی‌شود برای هر کسی روایت کرد. هم‌اتاقی‌ام را می‌گویید؟ خواهش می‌کنم نگاهی به او بیاندازید. در مدتی که اینجا بستری هستم، حتی یک جمله‌ی ساده هم با او ردوبدل نکرده‌ام. باورتان می‌شود؟ اصلاً باور کردنی نیست. اینکه دو هفته با کسی زیر یک سقف زندگی کنی و یک کلمه بین‌تان ردوبدل نشود؟ اگر با یک خرس قطبی هم دو هفته زیر یک سقف زندگی کرده بودم، تا به حال زبان همدیگر را متوجه می‌شدیم.

گفت آگاهانه مرا انتخاب کرده است. سخنش باعث تعجبم شد. رمان‌هایم را خوانده بود. درباره‌ی من پرس‌وجو کرده و منتظر فرارسیدن لحظه‌ی مناسب نشسته بود، منتظر آن شب یلدا. آن قرعه‌ی شوم، آن شب به نام من افتاد. مرغ مرگ در آخرین غروب زندگی او، در آخرین غروب پاییز آن سال نکبت، روی سر من نشست. لیوان شرابش را به لیوان من زد. گفت به سلامتی من می‌نوشد. به سلامتی رهگذری که در آخرین غروب پاییز پا به ساحت زندگی او نهاده و در نخستین سحر زمستان قرار است او را ترک کند. آن شب تلاقی دو سرنوشت بود در لحظه‌ای بین یک غروب و یک طلوع. درست عین حکایت من و شما. مگر نه آنکه شما هم پس از شنیدن این داستان، بیمارستان را ترک می‌کنید و مرا تنها می‌گذارید؟

لطفاً درباره علت نقص ارتباطات در این اتاق، شتاب‌زده داوری نکنید. من فردی اجتماعی هستم و حرفه‌ام تماس با دیگران را ایجاب می‌کند. تقصیر من نیست. او سیم تماس را کشیده است. اصلاً با او نمی‌شود حرف زد. در همان روز نخست، به محض آنکه دو پرستار، یک مرد و یک زن، تختم را به این اتاق آوردند، نگاهی به او انداختم و از سر ادب سلام گفتم. سلامی که چون پاسخی نیافت، آوایش مثل غبار در فضا معلق ماند. خیلی از آواها بی‌آنکه در گوش بنشینند، در هوا حل می‌شوند. ناشنیده‌ها الزاماً ناگفته‌ها نیستند. گاهی حاصل تمرد از شنیدن‌اند.

صورتش را ببینید! گردش مفرح ویروسِ آبله گودال‌هایی بر چهره‌اش نشانده است. در اکثر ساعات شبانه‌روز، در این تخته‌سنگ مریخی اثری از حیات مشاهده نمی‌شود. پوست برفین سر و صورتش خشک و آویزان شده است. اغلب، ساعت‌ها با چشمان خاکستری‌رنگش، بی آنکه حتی پلک بزند، روی خود را به سوی من برمی‌گرداند و به این خطه از جغرافیای زمین خیره می‌نگرد. نمی‌دانم آیا به تصویر آسمان ابری در قاب پنجره‌ی پشت سر من زل می‌زند یا به من، به آن بیماری که منجنیق تصادف او را، همچون خود او، به زایشگاه مرگ پرتاب کرده است؟

دهانش اغلب مثل مرده‌ها باز است و گاهی دهانه‌ی این چاه ویل همان طور باز می‌ماند. آنگاه که از زل زدن به این سو خسته می‌شود، به پشت می‌خوابد و نگاهش را به نقطه‌ای نامشخص از سقف می‌دوزد. چون از راه دهان نفس می‌کشد و نفس‌هایش کوتاه هستند، قفسه سینه‌اش تکان چندانی نمی‌خورد. آن اوایل از دیدنش در چنین حالتی نگران می‌شدم. گفتم نگرانی؟ بیش از آن بود. وحشت می‌کردم. نفس‌تنگی می‌گرفتم. حتی یک شب بی آنکه متوجه شوم، از وحشت مشاهده این طبیعت بی‌جان جیغ کشیده بودم. جیغی که آرامش پرستار کشیک را بر هم زد. آب در خوابگه شبانه‌اش ریخت. سراسیمه‌اش کرد. روحش را برآشفت.

گلدان را نشان داد و گفت زیر آن نامه‌ای گذاشته است. نامه‌ای که حاوی هیچ توضیحی نیست. یک نامه‌ی چند خطی است که حکایت از تصمیم او به خودکشی دارد. نمی‌خواست بر اضطراب کسی بیافزاید یا حال‌وروز کسی را بیاشوبد. گفت هیچ‌گاه در زندگی کسی را سرزنش نکرده است. هر کس مسئول زندگی خود است، مسئول تصمیم‌هایش، مسئول کرده‌ها و ناکرده‌هایش. گفت حتی کسانی که افسار درشکه‌ی زندگی‌شان را به دست

دیگران می‌سپارند، نمی‌توانند از زیر بار مسئولیت شانه خالی کنند. گفت هزینه یک تصمیم را خود انسان می‌پردازد، صرف‌نظر از این موضوع که آن تصمیم را چه کسی گرفته است.

در روزهای نخست یکی دو بار سعی کردم با گفتن چیزی به این سکوت ملال‌آور پایان بدهم و دریچه‌ی گفت‌وگو را با این تخته‌سنگ مریخی باز کنم. از جنس گفت‌وگوهایی که معمولاً برای چیره شدن بر سکوت و دمیدن جان در کالبد عقربه‌های از تک‌وتا افتاده‌ی زمان به سراغ‌شان می‌رویم. مثلاً بگوییم: هوا امروز ابری‌تر از دیروز است. آسمان خاکستری را نشان بدهم و از احتمال باران بگوییم. از بارانی بگوییم که قرار نیست هیچ یک از ما را خیس کند و پیش‌گویی‌اش برای مسافران این واگن از قطارِ سرنوشت هیچ ارزشی ندارد. نه او می‌تواند پیش از تسویه حساب با عزرائیل بیمارستان را ترک کند و نه من. حتی نمی‌دانم چترم کجاست. آن را ندیده‌اید؟ ممکن است نگاهی به درون کمدم بیاندازید؟ چه جالب که می‌دانید کدام یکی متعلق به من است. آنجا هم نیست؟ چه بد! اگر باران این عقاب پیر را در آخرین بال زدن‌های موسیقایی‌اش غافل‌گیر کند، چه می‌شود؟ تا حالا زیر شُرشُر باران پرواز کرده‌اید؟ پرواز کردن با بال‌های خیس باید خیلی دشوار باشد. نمی‌دانم کلاغ‌ها چطور می‌توانند زیر باران پرواز کنند.

تلاشم برای تماس با مریخ پس از برخورد به سد سکوت، بر دیواره‌ی لزج زمان سُر خورد و در زمین تشنه فرو شد. می‌پرسید آیا به غیر از هم‌اتاقی‌ام کس دیگری در این بخش وجود ندارد که حاضر به شنیدن این داستان باشد؟ دل‌تان خوش است! اینجا همه از پنجره‌ی باز طبقه‌ی فوقانی یک آسمان‌خراش، پیکرشان را زیادی به سمت سنگ‌فرش خیابان خم کرده‌اند. جایی که مرگ بر زندگی سایه می‌افکند، هیچ کس دل‌ودماغ شنیدن چنین چیزهایی را ندارد. مگر نه آنکه، فرشته‌ی مرگ در این بخش کاروکسب پررونقی به راه انداخته است؟ حضرت هر وقت قدم‌رنجه می‌نماید و بزرگوارانه سری به بخش می‌زند، دست خالی برنمی‌گردد. به هر حال نباید از دغدغه‌ی سیر کردن شکم لاشخورها و مردارخواران آن سوی آسمان غافل شد. حتی بیشتر از دکتر بخش، وظیفه رصد کردن حال‌وروز بیماران ته راهرو را جدی گرفته است. بر سر بالین بیماران ظاهر می‌شود. با خون‌سردی نگاهی به پرونده‌شان می‌اندازد. داس را به دست چپ می‌سپارد. کف دست راست را روی پیشانی بیماران می‌گذارد و با سنجش دمای بدن‌شان، زمان ترخیص نهایی‌شان را تعیین می‌کند. پرسش اینجاست که انگشت رعب‌آورش را نخست به چه

کسی نشان می‌دهد؟ به من؟ به تخته‌سنگ مریخی یا به تکه گوشتی که در اتاق ته راهرو، روی تخت ولو شده و با اصرارش به ادامه‌ی تنفس، به پیش‌بینی‌های پزشکی و پژوهش‌های علمی دهن‌کجی می‌کند؟

پرسیدم از کجا می‌داند که من قادر به فهم داستان او هستم؟ با لحنی خشک و سرد گفت چندان مطمئن هم نیست. حیرت‌زده به او نگاه کردم. هیچ‌کس چنین صریح و روشن درباره‌ی گستره‌ی فهم و تخیل من داوری نکرده بود. گفت اما انتخاب دیگری ندارد. به آن امید بسته بود که دست‌کم یک نویسنده بتواند داستان او را تا پایان بشنود و رازش را بفهمد. گفت فهمیدن داستانش اصلاً چالش بزرگی نیست. هر کسی اراده کند، می‌تواند آن را بفهمد. گره کار اما آنجاست که خیلی‌ها مایل نیستند چنین داستانی را بشنوند و حتی اگر بشنوند، فهم آن دغدغه‌ی ذهنی‌شان نیست.

اینکه درباره‌ی رقص و پایکوبی فرشته‌ی مرگ گفتم و درباره‌ی هم‌نوازی ضجه‌های شبانه، یک علت بیشتر نداشت. و آن اینکه چرا در بستر مرگ، به جای پناه بردن به عروجی آسمانی و برآمدی مقدس، تن به سقوطی اهریمنی و هبوطی نفرین شده داده‌ام. کوچِ وحشت از سقوط به قهقرای نیستی از کابوس‌های شبانه به وادی واقعیت‌های زمینی، باعث شد که از همسر سابقم بخواهم پوشه را به دستم برساند. پیش از آنکه این شمعِ پت‌پت‌کنان برای ابد خاموش شود، یا اینکه زبان در دهان از جنبش باز بماند و اندک هوش و حواس باقی مانده نیز به فکر اعتصابی نامحدود بیافتند، باید پرده از رازش برمی‌گرفتم. فرصت زیادی باقی نیست. فرشته‌ی مرگ بی‌اعتنا به خواهش و تمنا، لحظه‌ی فنا را تعیین می‌کند. بخت یارم بود که شما از راه رسیدید. با لبخندی بر لب و دسته گلی در دست! محبت‌تان را هرگز فراموش نمی‌کنم. آمدن‌تان هدیه‌ی آسمانی بود!

از آمدن‌تان ساعتی بیش نمی‌گذرد. باید بدانید که افراد زیادی به اینجا رفت‌وآمد نمی‌کنند. مثلاً کسی به دیدن هم‌اتاقی‌ام نمی‌آید. یا همه‌ی دوستان و خویشاوندانش پیش از خود او ریق رحمت را سر کشیده‌اند یا به واقعیت مرگش، پیش از آنکه واقع شود، گردن نهاده‌اند. به استثنای پزشک بخش، عزرائیل، همسر سابقم و چند پرستار و نظافتچی، کسی به عیادت ما نمی‌آید. از این رو، دیدار سرزده‌تان غافل‌گیرم کرد.

از دیدن من و پیرمردی که به نقطه‌ای از سقف زل زده بود، یکه خوردید، شرمگین شدید و با دست‌پاچگی گفتید طبقه را اشتباه آمده‌اید. نام کسی را گفتید که هرگز نشنیده

بودم. تصمیم داشتید بروید و در را پشت سرتان ببندید. من مانع شدم. پرسیدم به کجا چنین شتابان؟ شاید اصلاً اشتباهی در کار نبوده است. کسی چه می‌داند؟ حضور من در این اتاق نیز داوطلبانه نیست. چینش انسان‌ها روی کره خاکی دستاورد بی‌همتای ماشین تصادف است. شاید امروز نیز تصادف چون کارگردانی کاردان صحنه را چنان آراسته بود که بیگانه‌ای به عیادتم بیاید. شاید شما دقیقاً برای آگاه شدن از مضمون این پوشه‌ی زرد و برای داوری درباره‌ی آن به اینجا آمده‌اید. وانگهی، گیرم که طبقه و اتاق را اشتباه کرده باشید. این موضوع در این لحظه چه اهمیتی دارد؟ مهم این است که شما اکنون اینجا هستید و من می‌توانم پس از سال‌ها، برای نخستین بار، زنجیر اسارت از پای راز پوشه‌ی زرد برگیرم.

حتی اگر همسرم یادداشت‌ها را خوانده باشد، که خوانده است، شما نخستین فردی هستید که همه ماجرا را از زبان من می‌شنود. مضاف بر آن، من به همه‌ی پرسش‌های‌تان درباره‌ی آن نعشی که در این پوشه دفن کرده‌ام، پاسخ خواهم گفت. می‌دانم خوره‌ی کنجکاوی برای آگاه شدن از راز این پوشه‌ی نفرین شده به سراغ‌تان آمده است. اما اجازه بدهید، پیش از پرداختن به این راز، کار را با یک اعتراف بزرگ و سنگین آغاز کنم. درست شنیدید. یک اعتراف بزرگ و سنگین!

حق دارید تعجب کنید. این روزها کمتر کسی داوطلبانه اعتراف می‌کند، آن هم چه برسد به اعترافی بزرگ. مثل سلمانی‌های بدون مشتری که از فرط بی‌حوصلگی و ملال به فکر کوتاه کردن موهای یکدیگر می‌افتند، این روزها کشیش‌ها، با لباسی مبدل پای اعتراف و درددل هم می‌نشینند تا بازارشان بیش از پیش کساد نشود. مدت‌هاست که کسی تن به اعتراف نمی‌دهد. خطاها معمولاً در جملات بی‌فاعل به حال خود رها می‌شوند. جملات مجهول را برای پرده‌پوشی از هویت فاعلان همه‌ی رویدادهای ناگوار پیش‌بینی کرده‌اند. اما مضحک است که من بخواهم در بستر مرگ یادداشت‌های بی‌فاعل تحویل کسی بدهم.

اعتراف می‌کنم نوشتن این یادداشت‌ها اشتباهی بزرگ و پردامنه در زندگی‌ام بود. شاید بزرگ‌تر از حجم اشتباه شریک شدن دانه‌های اکسیژن با بیگانه‌ای زیر یک سقف. می‌گویید انسان جایزالخطاست؟ از تلاش بی‌شائبه‌تان برای کاستن از عذاب وجدانم سپاسگزارم. درباره‌ی بهره‌ی هوشی من چه فکر می‌کنید؟ چگونه ممکن است که من چنین چیزی را ندانم؟ حتی فراتر از آن، معتقدم که شمار تصمیم‌های خطا در زندگی بیش از مواردی

است که تیرمان تصادفاً تن هدفی را زخمی می‌کند. اما سروری غرور باعث غافل شدن‌مان از حساب‌وکتاب خطاها می‌شود. غروری که شبانه‌روز به ما دروغ می‌گوید، چهره‌مان را بزک می‌کند و بر آن است تا با پاشیدن گرد فریب، از رنج زیستن بکاهد و همزیستی را در این سیاره‌ی رها شده در کهکشان ممکن سازد.

پیامد این یادداشت‌ها هزینه‌ آن تصمیم اشتباه بود. از سکوی امروز که به آن روزها می‌نگرم، از دست خودم لجم می‌گیرد. آن روزی که تصمیم گرفتم آن‌ها را بنویسم، پیر اما خام بودم. پیام برخاسته از غبار نشسته بر مو و دیدن چین و چروک ناشی از شخم‌زدن پوست رخسار به دست روزگار فریبم داده بود. این نشانه‌ها الزاماً به معنای پختگی و با تجربه بودن نیستند. کودکان زیادی را دیده‌ام که با مویی سفید و رخساری پر چین و شکن در هزارتوی زندگی پرسه‌زنان ول می‌گردند. اعتراف می‌کنم در آن ایام هنوز تصور روشنی از پیامد و هزینه‌ی نوشتن این یادداشت‌ها نداشتم. مسافر ابلهی را می‌مانستم که بی آنکه بداند آغاز و پایان راه کجاست، پا به سفری نامعلوم نهاده است.

از اینکه خودم را با بی پروایی تمام ابله می‌نامم تعجب می‌کنید؟ می‌دانم، معمولاً این صفت‌ها از صافی غرور رد نمی‌شوند. اما من ایرادی در آن نمی‌بینم. می‌پرسم قرار است از پرده‌پوشی و مصلحت‌گرایی چه سودی نصیب‌مان بشود؟ باید هر چیزی را به نامش نامید. ابلهانه است که کسی تلاش کند بلاهت را به نام خردمندی جا زند. گرچه می‌دانیم میان‌مایگان و طالبان ابتذال برای خریدنش صف کشیده‌اند. به تجربه دریافته‌ام که حضور تنها یک فرد نکته‌سنج و تیزبین در جمع کافی است تا برگ مقدس انجیر از شرمگاه پیکر بلاهت سُر بخورد و بیافتد. گرچه این موضوع نیز تنها باعث خنده و مسرت میان‌مایگان خواهد شد. انتظار دیگری از اشرف مخلوقات نمی‌رود. می‌رود؟

شرط عقل حکم می‌کرد پیش از عبور از حاشیه‌ی آن دره‌ی هولناک بدانم پا به کجا می‌گذارم. باید پیش از آنکه افسار سرنوشت را به دست سری نترس می‌سپردم، به شناختن چاه و چاله، دوست و دشمن همت می‌گماشتم. کسی که بی محابا، در فراسوی پرچین احتیاط، سینه‌اش را جلو می‌دهد، چشمانش را می‌بندد و مستانه می‌دود، لزوما فرد شجاعی نیست. وانگهی هر آدم شجاعی نیز الزاماً فرد هوشمندی نیست. می‌تواند یکی از اعضای

کنفدراسیون ابلهانی[2] باشد که یا به گونه‌ای پوشیده زیر پوست‌مان خلیده‌اند یا شیفته‌وار احاطه‌مان کرده‌اند.

شریک جرم؟ نه! این چه حرفی است؟ مطمئن باشید که به دنبال هم‌دست و شریک جرم نمی‌گردم. می‌دانم این یادداشت‌ها بوی مرگ می‌دهند. اما مطمئن باشید هیچ اتهامی متوجه شما نیست. حتی درباره‌ی نقش خودم در پرونده‌ی آن خودکشی نیز مطمئن نیستم. من یک نظاره‌گر خاموش بودم. پچ‌پچ‌تان را متوجه نشدم! ممکن است بلندتر تکرار کنید؟ به مسئولیت حقوقی و اخلاقی یک نظاره‌گر خاموش اشاره می‌کنید؟ می‌گویید حتی یک نظاره‌گر خاموش هم نمی‌تواند از زیر بار مسئولیت رفتارش شانه خالی کند؟ می‌گویید ما فقط درباره کرده‌های خود مسئول نیستیم، درباره‌ی ناکرده‌های خود نیز مسئول هستیم؟ بله، انسان همیشه مقصر است. همیشه گناهکار است. چه کاری کرده باشد و چه نکرده باشد. اما اجازه بدهید داوری درباره مسئولیت حقوقی و اخلاقی این نظاره‌گر خاموش را به زمانی موکول کنیم که شما در جریان مضمون این پوشه قرار گرفته باشید.

هدفم از روایت داستان برای شما؟ صادقانه گفته باشم، به دنبال یک قاضی منصف و عادل می‌گردم. کسی که با صبر و شکیبایی به این ماجرای عجیب گوش بسپارد. من شما را برای این کار انتخاب کرده‌ام. این شما خواهید بود که در پایان محاکمه می‌توانید درباره‌ی اشتباه بزرگ زندگی‌ام حکم بدهید. روایت این داستان زیاد طول نمی‌کشد. کافی است چند ساعتی از وقت گران‌بهای خودتان را در اختیارم بگذارید. وقت‌تان محدود است؟ خلافش را می‌گفتید باعث تعجب و حیرتم می‌شد. این روزها وقت همه گران‌بهاست!

البته که کسی نمی‌تواند شما را وادار کند نقش قاضی را برعهده بگیرید. اینکه اصلاً شما در دادگاه شرکت بکنید یا نکنید و اینکه اگر شرکت کردید، کجا بنشینید، بسته به تصمیم خود شماست. دادگاه چه بخواهیم و چه نه، مدت‌هاست کارش را شروع کرده است. دادگاه‌های زندگی بیست‌وچهارساعته کار می‌کنند. به‌خصوص وقتی تاریکی بر چهره‌ی خورشید روبند می‌زند و ولوله در بستر غوغا می‌کند.

گفت هیچ اجباری در کار نیست. هر وقت اراده کنم می‌توانم پالتویم را بپوشم و او را با داستانش و با رازش تنها بگذارم. گفت کسی زنجیری به پایم نبسته است که نتوانم از جای

---

[2] اشاره به رمان "A Confederacy of Dunces" نوشته جان کندی تول است. رمانی که ۱۱ سال پس از خودکشی نویسنده‌اش منتشر شد و موفق به دریافت جایزه پولیتزر گشت.

خودم تکان بخورم. گفت شنیدن داستانش همان‌قدر اراده می‌خواهد، که نشنیدنش. می‌گویید باید می‌رفتم؟ باور کنید موضوع به این سادگی‌ها نبود. شما از صحنه‌آرایی آن شب هیچ نمی‌دانید. گاهی در زندگی، ماندن همان‌قدر خطاست که رفتن. این حکایت آن شب من بود.

شما هم اگر بخواهید می‌توانید بروید. اما به گمان من، برای آنکه پای‌تان را از این ماجرا پس بکشید، دیر شده است. این عین آن اتفاقی است که آن شب برای من افتاد. برای لحظه‌ای چشمانم را بستم و پس از آنکه گشودم، دیدم در سالن دادگاه حضور دارم. حال تصمیم با شماست. ترجیح می‌دهید در ردیف‌های مربوط به تماشاچیان بنشینید؟ ایرادی ندارد. حتی می‌توانید پشت در سالن دادگاه منتظر شنیدن حکم قاضی بمانید. آنجا که خبرنگاران برای سیر کردن شکم خود و خانواده‌شان جمع می‌شوند. می‌دانستید که هر چه حکم دادگاه جنجالی‌تر و مجازات متهم سنگین‌تر باشد، دستمزد بیشتری در انتظار آن‌هاست؟ مجازات‌های کوچک عموماً اهمیت خبری ندارند.

خودفریبی در هم‌دستی با غرور تلاش می‌کند با سلاح انکار از عذاب وجدان بکاهد. غرور آن چیزی است که به مرور زمان باعث ضعف حافظه می‌شود. با تردیدفکنی بر چهره‌ی یقین چنگ می‌کشد. اما این پوشه‌ی زرد همیشه مانع از آن شده که دچار ضعف حافظه بشوم. همه چیز را به یاد سپرده است و دقیقاً همین موضوع باعث شده غرورم لکنت‌زبان بگیرد. وقتی حافظه بلبل‌زبانی می‌کند، عرق شرم بر پیشانی غرور می‌نشیند و در آن هنگام که غرور تک سخنران میدان است، حافظه لال می‌شود. این کشاکش حافظه و غرور است که یا تخم رنج بر زمین وجدان می‌پراکند و یا آنگاه که غرور پشت حافظه را بر خاک می‌مالد، باعث قد کشیدن سایه‌ی انسان می‌شود. پیش از غروب سایه‌ها قد می‌کشند، اما در تاریکی همه‌شان می‌میرند.

در این وانفسا، در اتاق بیمارستانی که بوی ماندگی و از آن بس بدتر، بوی مرگ می‌دهد، لحظه‌ی روبه‌رو شدن با این پوشه‌ی زرد فرا رسیده است. تخته‌سنگ مریخی با دهان باز به نقطه‌ای از سقف زل زده است. فعلاً ناله نمی‌کند. اینکه سکوتش تا کی پایدار است را نمی‌دانم. موقعیت خوبی برای تصمیم‌گیری شماست. می‌توانید آنجا روی صندلی کنار پنجره بنشینید و بیاندیشید. دلایلم را شنیدید. من هم سکوت می‌کنم. صداخفه‌کن را روی سرم می‌نهم و به آوازی شورانگیز گوش می‌سپارم. شوربختانه فرصت زیادی نمانده

است. لطفاً پیش از آمدن فرشته مرگ تصمیم‌تان را بگیرید. فرمان آغاز روایت ماجرای خودکشی یک بیگانه اکنون بسته به اراده‌ی شماست.

آنجا که بوزینه‌ها زندگی می‌کنند

پیش از گشودن چشمانم، حس عجیبی، شاید نوعی نگرانی به سراغم آمد. می‌پرسید چرا؟ نگران شده بودم که مرا در چنین لحظه‌ای ترک کرده و رفته باشید. ناپایداری انسان‌ها در شرایط حساس چیزی نیست که برای نخستین بار در زندگی تجربه کرده باشم. به ندرت پیش می‌آید کسی در مسیر سفری ناآشنا تا به پایان، تا خود مقصد همراه آدم بماند. در کوچه‌پس‌کوچه‌های زندگی دوستان و خویشاوندان، اغلب همچون رهگذران، می‌آیند و می‌روند. به‌خصوص آنگاه که آسمان غضبناک می‌شود و جاده لغزان، هر کس در پی یافتن سرپناهی به راهی می‌رود. دلیلی برای نکوهش کردن‌شان وجود ندارد. رفتار خود ما نیز چیزی غیر از این نیست.

لطفاً به من حق بدهید! نگرانی‌ام بی‌دلیل نبود. هیچ نگرانی بی‌دلیل نیست، حتی اگر به ظاهر بی‌اساس باشد. از دیدن ردپای تردید در رفتارتان نگران شده بودم. تردید بد مرضی است. اگر به طور کامل سکان رفتار آدم را به دست بگیرد، عقربه‌ها حرکت می‌کنند، اغلب بی‌آنکه ما از جای خود اندکی بجنبیم. یا ساکن و بی‌حرکت در نقطه‌ای بین دو فصل خشک‌مان می‌زند یا به عبث می‌کوشیم چرخ‌دنده‌ی زمان را به عقب بازگردانیم. به نقطه‌ای که مسیر هنوز به آن دوراهی نرسیده است.

می‌دانم که تردید می‌تواند در رکاب واهمه، پیش از گردن نهادن به وسوسه‌ای ناآشنا، راه را بر نطفه بستن پشیمانی و سرزنش در زهدان آینده ببندد. اما تردید هم حد و اندازه دارد. باید مهارش کرد. دهنه‌اش را کشید. مانع از تاخت‌وتازش شد. اگر از حد بگذرد، فرصت‌ها می‌آیند و از دست می‌روند. کافی است فرصت‌ها به دیوار تردید برخورد کنند، تا همچون میوه‌هایِ نارسِ درخت امکان بر خاک باغ ندامت فرو افتند. نگویید در درازای

زندگی‌تان چنین چیزی را تجربه نکرده‌اید.

کافی بود تردیدی را که در چهره‌تان دیده بودم، پیش از ورود به این اتاق بر روح و روان‌تان حاکم می‌شد. آنگاه، ورای اراده‌ی من و شما، روایت این داستان، سرنوشت دیگری می‌یافت. لحظه‌ای را تصور کنید که با دسته گلی در دست، پشت در اتاق ایستاده بودید. اگر در آن لحظه، تردید نهیب می‌زد و شما را بر آن می‌داشت نگاهی به شماره‌ی اتاق بیاندازید، چه اتفاقی می‌افتاد؟ شاید متوجه اشتباه‌تان می‌شدید و پیش از دیر شدن به راه دیگری می‌رفتید. با رفتن‌تان فرصت شنیدن این داستان در نطفه می‌مرد. مثل ده‌ها و چه بسا صدها فرصت دیگر در زندگی که چون بر باد می‌شوند و چون از تنگنایِ امکان عبور نمی‌کنند و به وادی واقعیت پا نمی‌نهند، اغلب کسی از وجودشان مطلع نمی‌شود. از شمار فرصت‌هایی که پیش از زایمان می‌میرند، کسی آماری تهیه نمی‌کند!

آن شب به نقل از هایدگر گفت انسان فقط مسئول سرنوشت خود نیست، فقط مسئول آن سرنوشتی نیست که انتخاب کرده است. مسئول همه‌ی آن سرنوشت‌هایی است که می‌توانستند سرنوشت او باشند و نیستند. پس از آن لحظه‌ای سکوت کرد. جرعه‌ای نوشید و در ادامه گفت ما با تصمیم‌های خودمان، سرنوشتی را برمی‌گزینیم و سرنوشت‌هایی را ناممکن می‌سازیم. حیرت‌زده از او پرسیدم پس چرا یکی از آن سرنوشت‌های دیگر را تجربه نمی‌کند؟ گفت آواز دهل از دور خوش است. پس از آن خندید. مرتب می‌خندید. گاهی حتی بی‌دلیل می‌خندید. گفت پرش از یک سرنوشت به یک سرنوشت دیگر کار ساده‌ای نیست. مدعی بود که به‌رغم دشواری این کار، بارها تلاش کرده مسیر زندگی‌اش را تغییر دهد. گفت زخم‌های روحش شوربختانه اما در همه‌ی آن سرنوشت‌ها، سایه‌وار در تعقیب او بوده‌اند.

می‌خواهید علت نگرانی‌ام را بدانید؟ از آن واهمه داشتم که شما از غفلت من، از غفلت ناشی از نشئگی فرو رفتن در عالم موسیقایی بهره گرفته و پای‌تان را از این ماجرای عجیب پس کشیده باشید. همین مانع شد که چشمانم را بگشایم. از خود پرسیده بودم که اگر چشمانم را باز کنم و او نباشد چه؟ اما اکنون می‌بینم، آنجا، روی صندلی کنار پنجره همچنان نشسته‌اید و گاهی به من و گاهی به آسمان ابری چشم دوخته‌اید. دو سوژه‌ی ملال‌آور برای شکنجه‌ی تتمه‌ی قوه‌ی باصره‌تان. هیچ کدام‌شان اما، به انتخاب و اراده‌ی من نیست، نه چهره‌ام و نه ابر آسمان! ما، چه بخواهیم بپذیریم و چه نه، در موقعیت‌ها

پرتاب می‌شویم. در موقعیت‌ها به دنیا می‌آییم، زندگی می‌کنیم، قد می‌کشیم، پژمرده می‌شویم، آب می‌رویم و روزی زیر گرد و غبار یک موقعیت جدید، یک موقعیت تکرارناشدنی فراموش می‌شویم.

گفت پرش از سایه‌ی هستی به آنجایی که جسم در تیزاب یک نام، احیاناً در چند خاطره یا چند عکس حل می‌شود، یک موقعیت جدید است. موقعیتی است که او برای پایان زندگی‌اش برگزیده است. گفت در زندگی، از کودکی تا آن غروب آخر، همیشه چیزی یا کسی او را به ورطه‌ی موقعیتی پرتاب کرده است. اما او این بار، با اراده خود پا به سرسرای آن موقعیت جدید می‌نهد. گفتم پایان دادن به زندگی گرچه می‌تواند موقعیت جدیدی باشد، اما درمان هیچ دردی نیست، انکار آن‌هاست. گفتم انکار زخم روح، راه درمان آن نیست. بار دیگر خندید. خنده‌اش این بار توهین‌آمیز بود. تخیل محدود نویسنده‌ای خواب‌زده را بار دیگر به رخم کشید.

از دیدن مجددتان خرسندم شدم. باعث شد این عقاب پیر دگربار بال بگشاید و سینه به سینه‌کش آفتاب بدهد. نمی‌دانید دلم چقدر برای یک پرواز بلند لک زده است! به این سیم‌ها، به این لوله‌ی سُرم و به این اتصال وریدی پشت دستم نگاه کنید. با این همه غل و زنجیر به دست و پا، پریدن به آن جایی که هر چیزی با سایه‌اش یکی است، چگونه ممکن است؟ می‌گویید برای یک نویسنده یا شاعر چنین چیزی نباید دشوار باشد؟ پریدن به آن جایی که انسان با سایه‌اش یکی می‌شود، حتی برای شاعران و نویسندگان هم ساده نیست. گفت هیچ‌کس با سایه‌اش یکی نیست. به لحظه‌ی پس از مرگ اشاره کرد. گفت در آن سوی آسمان فقط سایه‌ها در هم می‌لولند. اصل‌شان اینجا می‌ماند، زیر خاک.

کنجکاو شده‌اید داستان این پوشه‌ی زرد را بشنوید؟ چه خوب! کشش کنجکاوی گاهی قوی‌تر از قوام و دوام قلاده‌ی تردید است. افسارمان را که به دست گیرد، زنجیر پاره می‌کند، ترمز می‌برد و به پاهای چوبین شوق حرکت و چه بسا دویدن می‌بخشد. آدم‌هایی را در زندگی دیده‌ام که هم کنجکاو بوده‌اند و هم مردد. اما اصل کنجکاوی با تردید سر سازگاری ندارد. برخلاف تردید باعث و بانی جنبیدن است و نوعی ولوله در کام لحظه می‌نشاند. عین تردید زبانی وسوسه‌گر دارد. نگران آن بودم که درشکه‌ی تردید کنجکاوی شنیدن داستان را زیر گرفته باشد. گرچه همه می‌دانیم جهان بیشتر نیروی محرکه‌ی کنجکاوی را می‌شناسد تا بازدارندگی تردید را. اگر تردید تا ابد می‌پایید، تاریخ در یکنواختی لحظه‌ها

معنای خود را از دست می‌داد. لحظه‌های یکسان تاریخ ندارند؛ خوراک رایگان عقربه‌ها هستند.

می‌گویید هنوز درباره پوشیدن ردای قاضی دودل هستید؟ پوشیدن یا نپوشیدن، مسئله این است! موضوع بر سر داوری است. قضاوت درباره‌ی دیگری، دیریازود دریچه را روی قضاوت دیگری درباره‌ی قاضی گوش‌تاگوش می‌گشاید. قاضی با قضاوتش، خود را به قضاوت می‌نهد. ندانستن این موضوع ساده‌لوحی می‌خواهد. فقط ابلهان می‌پندارند داوری درباره دیگران مفت و مجانی است. نمی‌دانند که حرف مفت هم اغلب هزینه‌ی سنگینی دارد.

یک خودنویس در کشوی این پاتختی فلزی قرار دارد. حق با شماست. قدیمی است، خیلی قدیمی. عُمرش شاید درازتر از تقویم زندگی‌ام باشد. تنها چیزی است که از پدرم به یادگار مانده است. پدری که بسی پیش از این‌ها رفت و به آلونکی واقع در باغ خاطره، کوچ کرد. آن شب خیلی چیزها باعث تعجبم شده بود. آن شب یلدا را می‌گویم. یکی از آن‌ها دیدن خودنویسی بود درست شبیه به این خودنویس. فقط رنگ‌شان با هم فرق می‌کرد. باورم نمی‌شد. از خودم می‌پرسیدم که چگونه چنین چیزی ممکن است؟ تصادف تا چه حد؟ آن را روی میزناهارخوری کنار برگه‌ی کاغذی گذاشته بود. چیزی با آن روی آن برگه نوشته بود.

می‌خواهید علت لبخندم را بدانید؟ ایرادی ندارد! هر بار که این خودنویس را می‌بینم، بی‌اختیار به یاد توهمی کودکانه می‌افتم. خیلی از توهم‌های کودکانه در ایام پیری به سراغ آدم می‌آیند. توهم‌هایی که زندگی را شاید کمی دل‌پذیر می‌کنند. در آن لحظه‌ای که دم به سختی در سینه می‌نشیند و بازدم چون مرد مستی، دست به دیواره‌ی نای خود را برمی‌کشد و راهی به بیرون از زندان تن می‌جوید، نیاز به پناه جستن زیر سایه‌ی درخت توهم، بیش از پیش، به سراغ‌مان می‌آید. یکی از این توهم‌های کودکانه، دل‌بستن به معجزه‌ی این خودنویس است. گمان می‌کنم برایم شانس می‌آورد و می‌تواند مرا از گزند ناملایمات در امان نگه‌دارد. گرچه هیچ دردی از دردهای پدرم را درمان نبود.

از تیزبینی‌تان خوشم آمد! بله، دقیقاً به همین دلیل است که آن را با خود به زایشگاه مرگ آورده‌ام. چه چیز دیگری می‌توانست بهتر از این توهم کودکانه، پیکرم را از گزند تیغ بُران جراح و داس خون‌چکان عزرائیل حفظ کند؟ گاهی تاثیر بقایای یک توهم بیش از

پناه جستن به آن نیایش یائسه‌ای است که حتی نمی‌تواند کودن‌ترین سلول‌های مغز بشر را بفریبد. می‌دانم اوراد مقدس بسیاری را تا به امروز فریفته‌اند و همچنان می‌فریبند. اما من ترجیح می‌دهم در سایه‌ی آن توهم کودکانه پیکرم را به دست جراحی بسپارم که شاید در خفا و بدون اطلاعم با فرشته‌ی مرگ پیمان نامقدس مودت بسته است.

سرفه‌ای کرد، نگاهش را در نگاهم دوخت و با خون‌سردی عجیبی گفت مغز انسان معیوب است. پرسیدم چرا چنین چیزی را می‌گویید؟ گفت به هر تقدیر، یکی از اعضای باشگاه پرافتخار اشرف مخلوقات می‌بایست شهامت این اعتراف بزرگ را می‌داشت. آن روز، شنیدن این سخن، شاید باید گفت این حکم، مرا تکان داد. اما امروز، درست در همین لحظه‌ای که در بستر مرگ خفته‌ام، گمان می‌کنم حق با او بوده است. پاسخ این پرسش که چرا مغز انسان معیوب است، ساده‌تر از اثبات ادعای خلاف آن است. کافی است نگاهی به کارنامه‌ی زندگی‌مان و یا از آن بهتر به امور جهانی بیاندازیم که زیر زرورقِ طلاییِ تمدن بوی تهوع‌آور بلاهت تغلیظ شده را می‌دهد. اگر این جهان پریشان‌حال، این جهان پرآشوب، دستاورد افتخارآفرین هوش انسان باشد، پس آفرین به این هوش، دست‌مریزاد!

ما انسان‌ها عادت داریم به گونه‌ای از هوش سخن بگوییم که گویا هدیه‌ای آسمانی است. مثل دست و پا و روده و معده از همان ابتدا در پیکرمان نصب شده است. با افتخار خود را موجودی خردمند اعلام می‌کنیم. اما این تصور که همه‌ی سلول‌های مغزمان بی‌عیب و بی‌نقص کار می‌کنند، تصوری ابلهانه است. چگونه چنین چیزی می‌تواند ممکن باشد؟ مغز هر یک از ما بیش از ده برابر کل جمعیت جهان سلول دارد. در بهترین حالت تنها بخشی از آن‌ها بیمار و معیوب نیستند. برخی پیر و فرتوت شده‌اند، برخی بازی‌خورده‌اند، برخی بازنشسته هستند و گروهی‌شان در اعتصاب دائمی به‌سر می‌برند. برخی از همان کودکی، کودن و خرفت بوده‌اند. و برخی دیگرشان حتی روزها نیز مستی از سرشان نمی‌پرد. دائم‌الخمرند. اینکه مسئولیت این یا آن تصمیم برعهده کدام دسته از این سلول‌هاست، برای ما روشن نیست. اما کم پیش نمی‌آید که قرعه در زندگی به نام تصمیمی خطا بیافتد. تصمیم آن شبم یکی از نمونه‌های بارز نقص فنی مغز یکی از همین انسان‌های به باور خود هوشمند بود.

کافی است پس از شنیدن داستان، خودنویس را بردارید و داوری‌تان را روی آخرین برگ یادداشت‌های پراکنده بنویسید. حتی می‌توانید بنویسید: نظری ندارم! پس از آن

می‌توانید دسته‌گلی را که آورده بودید، زیر بغل بزنید و به عیادت آن کسی بروید که انگیزه‌ی دیدارش پای شما را تصادفاً به واگن آخر قطار سرنوشت کشاند. افزون بر آن، شاید شما نیز بتوانید پاسخ پاره‌ای از پرسش‌های غبار گرفته‌تان را در روایت این یادداشت‌ها بیابید. همان پرسش‌هایی که چون پاسخ‌هایشان قادرند بر زخم‌های باز، اما انکار شده‌ی روح نمک بپاشند، از طرحشان تن زده‌اید. نگویید که چنین پرسش‌ها و چنین زخم‌هایی را نمی‌شناسید! بگویید هم باور نمی‌کنم.

همه چیز از آن شب شروع شد. این سال‌ها چه زود و چه سخت گذشتند. نه! در این گفته تناقضی نیست. می‌گویید ایام سخت بسیار کند می‌گذرند؟ اغلب چنین است، اما نه همیشه! ضرب‌آهنگ گذشت زمان در چنین لحظاتی وابسته به سرعت و شتاب ما در فرار به جلو است. اکثر انسان‌ها در موقعیت‌های دشوار چاره را در فرار می‌جویند. یکی از شمشیر عدالت می‌گریزد، یکی از زخم‌زبان، یکی از سوزش سرزنش، یکی از باران گلوله، یکی از درشت‌خویی زمانه، یکی از تحقیر تاریخ، یکی از زخم ناشی از عشقی ناکام، یکی از خشم آسمان، یکی از انتقام خاک خشک و یکی از حکم محکمه‌ی وجدان. بسیاری را می‌شناسم که از دست لحظه می‌گریزند. گرچه به دامان گذشته می‌شود پناه برد، اما آنجا مکان مناسبی برای زندگی نیست. از شر و گزند ترکش‌های حال تنها می‌شود به وادی آینده گریخت. به آنجایی که داس واقعیت هنوز کشتزار امکان را از صدر تا ذیل درو نکرده است. برای کسی که در بستر مرگ خفته است، آینده هم مکان مناسبی برای زندگی نیست. نه راه پیش هموار است و نه راه پس. از دست گذشته می‌گریزیم، از آینده واهمه داریم و حال میعادگاه تلخی و ترس است. فرار به جلو در زایشگاه مرگ فاجعه‌بار است. کدام جلو؟ آنجا عزرائیل دستانش را برای بلعیدن چنین لقمه‌ی فربهی از دو سو به فراخی گشوده است و لاشخورهای آن سوی آسمان نیز با منقارهای خونین‌شان به انتظار چیدن خوانی گسترده نشسته‌اند. منتظرند تا دلی از عزا درآورند.

آن شب را خوب به یاد دارم. شوربختانه لحظه به لحظه‌اش را. روزی بود متفاوت. فقط روزهای عادی و تکراری فراموش می‌شوند. مغز اگر خاطره‌ی همه‌ی روزها و حتی روزهای تکراری را ثبت می‌کرد، پیش از این‌ها به دلیل تورم ناشی از آرشیو اطلاعات مبتذل منفجر می‌شد. خاطرات روزهای متفاوت، اما مدت‌ها و چه بسا تا روز وانفسا روی ریسمان حافظه آویزان می‌مانند. همان طور که گفته بودم، حاصل تلاش‌هایم برای تبعید خاطره‌ی آن روز

از ضمیر خودآگاه به دخمه‌ی فراموشی‌های خودخواسته، آب در هاون کوبیدن بود. همه بیهوده! همه عبث!

سر فرو بردن زیر خرقه‌ی پشمینی که به پشیزی نستانند، حلال هیچ مشکلی نیست. لطفاً نگویید که چیزی به نام دخمه‌ی فراموشی‌های خودخواسته را نمی‌شناسید. در بین شاخ و برگ‌های زندگی، تیغ‌های کهنه‌ای هستند که به‌رغم گذشت زمان، همچنان بر گلبرگ‌های زودرنجِ روح زخم می‌زنند و رازهایی وجود دارند که اگر از ژرفنای روح، خود را به سطح برکه‌ی اکنون برکشند، طعم لحظه را تلخ می‌کنند.

مغز بشر غرور و انکار را برای فراموشی چنین تیغ‌هایی پیش‌بینی کرده است. غرور آن‌ها را در سیاه‌چالی واقع در لایه‌های تحتانی مغزمان به بند می‌کشد و انکار برای فراموشی‌شان خاک در چشم حافظه و یقین می‌پاشد. می‌پرسید اگر غرور و انکار چنین قدرتمندند، پس چرا نتوانستند تیغ‌های روییده بر تن آن ماجرا را برچینند؟ می‌خواهید بدانید غرورم در آن سال‌ها برای محو کردن خاطره‌ی تلخ آن شب چه کرد؟ چه ترفندی به کار بست؟ به کدام طریق و طریقتی تمسک جست؟ ایرادی ندارد.

باید بگویم غرورم در تلاشی مذبوحانه و در هم‌دستی با انکار، این یار غارش، برای فراموشی خاطره‌ی آن شب نفرین شده، هر از گاهی در آن سال‌ها، به پا خاسته بود. واقعیت و تخیل را در هم آمیخته، معجونی ساخته و پرداخته بود از بیداری و رویا، از راست و دروغ، از یقین و گمان، تا فریبم دهد، گمراهم کند. یا که می‌خواست بر آینه‌ی حافظه‌ام زنگار بنشاند. با پتک افسون و ابهام سد یقینم را فروریزد. اما حافظه‌ام، چه آن پوشه زرد می‌ماند و چه در شعله‌ی درماندگی می‌سوخت، همه چیز را ثبت کرده بود. این یادداشت‌ها برگردان حافظه‌اند در قاب واژه‌ها. حال فاش می‌گویم که غرورم سوار بر مرکب انکار، اما ناکام در پرش از فراز پرچین و خاربست بلند حافظه، پشت دیوار یاد آن شب، نفس زنان، پوزه به خاک مالیده است.

به ماجرای آن شب برگردیم. بارانی و سرد بود. آلمان آن سال، برخلاف این سال‌ها، پاییز سردی را تجربه می‌کرد. آپارتمانم به محل قرارمان خیلی نزدیک بود. چندصد متری بیشتر فاصله نداشت. از پنجره‌ی آشپزخانه نگاهی به خیابان انداختم. چترها را دیدم الوان که در هم می‌لولیدند. نگریستن از بالا به جنب‌وجوش آدم‌های سرگردان، اغلب باعث لذتم می‌شود. اما آنگاه که انسان از زمین فاصله می‌گیرد، بر سکویی مرتفع می‌ایستد، احتمال

سرگردانی جای خود را به امکان سقوط وامی‌نهد. چترم را برداشتم و از خانه خارج شدم. همان چتری را که نمی‌دانم کجا گذاشته‌ام.

طبق عادت چند دقیقه‌ای زودتر به سر قرار رسیدم. قراری نامتعارف که قلمروی ذهنم را به تصرف خود درآورده بود. چرا نامتعارف؟ لطفاً آن صندلی را بیاورید کنار تخت من. نمی‌توانید تا پایان داستان در آن گوشه بنشینید. همسر سابقم دیروز طرف راستم و پشت به پنجره نشسته بود. شاید از دیدن هم‌اتاقی‌ام لذت می‌برد. شاید آن را انتقام زمانه از من می‌دانست. انتقام از کسی که آن یار مهربان را رها کرد تا با این تخته‌سنگ مریخی نالان هم‌سرنوشت شود.

دیدن این پیرمرد حواس‌تان را پرت می‌کند؟ خُب اگر این طور است می‌توانید صندلی را این طرف بگذارید، طرف چپ من و پشت به او. زل زدن به آسمان ابری در قاب پنجره‌ی ملال به هر حال، از تماشای عرقِ مرگِ نشسته بر پیشانی این پیرمرد فرح‌بخش‌تر است. گفته بودید تحمل دیدن زخم و رنج را ندارید. شباهت عجیبی داریم. ممکن است خواهش کنم گلدان را زیر میز بگذارید؟ دیدن پژمردگی روحم را می‌آزارد و افسرده‌ام می‌کند. در هر گوشه و کنار واگن آخر چیزی هست که روح را به لرزه بیاندازد و حجاب از یادآوری خوف‌انگیز مرگ برگیرد. مرگ از جمله چیزهایی است که دیدن نسخه‌ی پوشیده‌اش را به نمونه‌ی عریانش ترجیح می‌دهیم.

پیشنهاد کرده بود همدیگر را در کافه‌ای ببینیم، در کافه لوتا. آن کافه را می‌شناختم. مگر می‌شود نمای قرمزرنگش را دید و نادیده‌اش گرفت؟ رنگ قرمز را دوست دارم، اما نه برای نمای بیرونی یک ساختمان. رنگ قرمز کافه لوتا تجاوز بی‌واسطه‌ی کج‌ذوقی به معصومیت قوه‌ی باصره‌ی رهگذران است. بارها از کنارش عبور کرده بودم. اما باور کنید هرگز پا به درونش ننهاده بودم.

بیرون کافه به انتظارم ایستاده بود. چهره‌اش در تاریکی شب، پشت هاله‌ای برخاسته از آمیزش دود و مه، محو و بیش از پیش، ناآشنا و غریب می‌نمود. مرا که دید، پک عمیقی به سیگارش زد و سلام گفت. واژه‌ای که نوایش پیچ‌وتابی به ستون دودی انداخت که از قفس سینه‌اش راهی به هوای تازه می‌جست. سلامش را با تکان سر پاسخ گفتم. سیگارش را خاموش کرد. چند روزی بود که مجدداً سیگار می‌کشید. این را خودش گفت. لبخندی زدم که حامل هیچ پیامی نبود. با دست در کافه را گشود و از من خواست پا به درون کافه

بنهم.

از آمدنم به سر قرار ابراز خوشحالی کرد. دیدن بارش سنگین باران باورش به آمدنم را دستخوش تزلزل کرده بود. گفت این روزها، پایبندی به قول و قرارها، پدیده‌ی کم‌یاب و نادری است. قول و قرارها سُرب داغ را می‌مانند و اکثر مردم روزی پیمانی می‌بندند به آن قصد که روز دیگری آن را بشکنند. به زبان کنایه گفته بود در این روزگار لذتی در شکستن پیمان است که در بستن‌اش نیست.

می‌گویید آدم بدبینی بود؟ چه زود به این داوری رسیدید! شما که هنوز چیزی درباره‌ی او نمی‌دانید. اما باید بگویم که حق با شماست. او مرا به یاد اسبِ چموشِ زخم‌خورده‌ای می‌انداخت. رام کردن اسبی زخمی کاری دشوار و چه بسا ناممکن است. اگر برای لحظه‌ای آرام و قرار بگیرد، و حتی بیش از آن، برای لحظه‌ای تماس دستی نوازشگر را بر یال پریشانش تاب آورد، از احتمال رمیدنش در لحظه‌ی دیگر نمی‌باید غافل شد. رمیدن در ذات یک اسب چموشِ زخمی است.

به میزی واقع در گوشه‌ای اشاره کرد و گفت اگر موافق باشم، می‌توانیم آنجا بنشینیم. منتظر شنیدن نظرم نماند. مستقیماً به سوی آن میز رفت. من نیز به دنبالش راه افتادم. در حین عبور از کنار پیشخوان و مشتریان نیمه مستی که به ما زل زده بودند، متوجه چیزی شدم که باعث حیرتم شد. شاید باورش برای‌تان سخت باشد. همه او را می‌شناختند. از گارسون گرفته تا تقریباً همه‌ی مشتریان. حتی او را به نام کوچکش می‌خواندند. جویای حال‌وروزش بودند. نوعی صمیمیت و یا شاید بشود گفت گونه‌ای دوستی بین او و دیگران حس می‌شد. حتی زنی میانه‌سال ولی جذاب، او را در آغوش کشید و بوسه‌ای بر گونه‌اش زد.

پالتویش را در آورد، روی پشتی صندلی‌اش نهاد و پشت آن میز نشست. شالم را با دست‌پاچگی در آستین پالتویم فرو کردم و در برابرش نشستم. سکوتی که بین‌مان حاکم شده بود، دوامی نداشت. پنداری آثار حیرت را در چهره‌ام خوانده بود. گفت خیلی از غروب‌ها به این کافه می‌آید. به خصوص روزهایی که حوصله‌اش سر می‌رود و به تنگ می‌آید. پس از آن لبخندی بر لبانش نشست. تلخ بود. از سوزش گزش زمانه حکایت می‌کرد. از کلافگی و سراسیمگی هر شب خود سخن گفت. هر شب کاسه‌ی صبرش لبریز می‌شد. به ستوه می‌آمد. به آن کافه پناه می‌برد تا از دست روزگاری که کسالت‌بار

می‌خواندش، بگریزد. گفت آن قدر می‌نوشد تا خمار شود و زمانه در سرخوشی او ره گم کند، به بی‌راهه برود و پشت پرده‌ی مزه‌ی گس شراب محو و ناپدید شود.

پشت یک میز چوبی، کنار دیوار، در کنجی نیمه‌تاریک نشسته بودیم. میز به ارتفاع دو پله از کف کافه بالاتر بود. گفت اگر آن میز خالی باشد، که اغلب خالی است، آنجا می‌نشیند. نام عجیبی روی آن گذاشته بود. آن را بلندی‌های جولان می‌خواند. تعجب می‌کنید؟ تعجب هم دارد. شنیدن نام آن میز باعث خنده‌ام شد. تا همین امروز، هر بار که نام بلندی‌های جولان را در اخبار سیاسی می‌شنوم، بی‌درنگ به یاد آن میز می‌افتم. ابتدا خنده‌ام می‌گیرد و پس از آن، رعشه‌ای به تنم می‌افتد.

اکثر مشتریان کافه به پیروی از او، این میز را با همین نام می‌شناختند. از بلندی‌های جولان می‌توانست همه چیز را رصد کند. گفت هم می‌تواند گارسون را ببیند و هم جنب و جوش سربازان نیمه‌مست دشمن را که پشت پیشخوان سنگر گرفته‌اند. پرسیدم دشمن؟ لبخندی زد و از تنهایی‌اش گفت. آن را مطلق خواند. می‌دانم باورش سخت است. اما او هیچ دوستی در جهان نداشت. گفت بین معاشرت و دوستی دره‌ای است که او هرگز حاضر به عبور از آن نشده است. بی‌اختیار نگاهی به سربازان دشمن انداختم. چند پیرزن و پیرمرد سرگرم نوشیدن آخرین لحظه‌های زندگیِ به فنا رفته‌ی خود بودند. گفت زمان را می‌شود نوشید. حتی جهان را می‌توان نوشید. اما کافی‌ست مستی از سر بپرد تا همه چیز تغییر کند. می‌دانست که ستیز با زمان تلاشی بیهوده است با فرجامی به قامت شکست.

حوصله‌ی سروکله‌زدن با کسی را نداشت و چون مشتریان کافه نیز این را می‌دانستند، کمتر پیش می‌آمد کسی به حریم تنهایی‌اش تعرض کند. نخستین باری بود که با کسی به آن کافه می‌آمد و داوطلبانه از ادعای مالکیت بر نیمی از بلندی‌های جولان چشم‌پوشی می‌کرد. سخاوتمندی‌اش در واگذاری بخشی از این اراضی به یک بیگانه، آن هم به یک مرد، خواب حیرت دیگران را پریشان کرده بود. همین باعث شده بود که به کانون توجه دیگران پرتاب شوم و سنگینی نگاه سربازان دشمن را بر تن و رخسارم حس کنم.

بی اختیار نگاهی به در و دیوار انداختم. کافه‌ای بود که پنداری در یک تشت بزرگ مملو از رنگ قرمز فرو برده و بیرون آورده باشند. به نظر می‌رسید که رنگ قرمز نمای بیرون به درون کافه نیز نفوذ کرده است. از خود پرسیدم چگونه کسی می‌تواند هر شب ساعت‌ها در چنین فضایی بنشیند؟ اما از سر مصلحت و شاید از روی تن دادن به الزام

آنچه که دیگران شرط ادب می‌خوانندش، جمله‌ای در وصف زیبایی کافه گفتم. گفتم جای دنج و قشنگی است. می‌دانید واکنشش چه بود؟ چیزی گفت که روحم را لرزاند. سرش را به نشانه‌ی مخالفت تکان داد و با لحن خشکی گفت آقای نویسنده، شما که پاک مایوسم کردید! به باور او معمار این کافه کمترین بهره‌ای از درک زیبایی و زیبایی‌شناسی نبرده بود. کافه را پاتوق خود نامید. آن را پناهگاهی برای گریز از آن جهانی دانست که گرچه واقعیت وجودی‌اش در آن سوی در و دیوار انکار ناشدنی بود، اما آنجا، به سهولت در جام شراب غرق می‌شد.

این توصیف شاعرانه‌اش هرگز از ذهنم پاک نشد. هر بار که جام شرابی به دست می‌گیرم و جرعه‌ای می‌نوشم، به یاد غرق شدن جهان می‌افتم. پنداری این جهان پرآشوب، با همه‌ی پلشتی‌هایش، با آثار جنون بزک کرده‌اش، با آن خشونت بربرمنشانه‌ی برخی از ساکنانش و خودخواهی‌های ویرانگر برخی از رهگذرانش، همچون گوله‌ای از خاک، در لیوان شراب حل می‌شود، محو می‌شود و تلخی‌اش در مزه‌ی گس شراب از بین می‌رود. برای او کافه لوتا، کافه‌ی کوچکی بود به بزرگی گورستان آن جهان پرآشوب.

آیا هیچ‌گاه تلاش کرده‌اید جهان را در یک لیوان شراب غرق کنید؟ می‌گویید بارها؟ خوشحالم که زبان یکدیگر را خوب متوجه می‌شویم. من هم پیش از آنکه گذرم به زایشگاه مرگ بیافتد، خیلی از شب‌ها سر جهان را زیر شراب فرو می‌کردم، با فشار دو دستم مانع از نفس کشیدنش می‌شدم، آن قدر صبر می‌کردم تا خفه شود و خفقان بگیرد. این گونه بود که از جان دادن جهان، جانی دوباره می‌گرفتم و غرق در لذت می‌شدم.

اجازه بدهید به ماجرای آن شب بازگردیم. کافه را به زنی زشت و کریه‌المنظر تشبیه کرد که گرچه آدم از دیدنش می‌رمد، اما برای خفتن در آغوشش لحظه‌شماری می‌کند. در داوری‌ام درباره‌ی زیبایی کافه با خودم و با او صادق نبودم. از خودم بدم آمد. حس بدی که بر جانم نشست، هزینه‌ی گردن نهادن به مصلحتی بی‌معنا بود. به خود تشر زدم که چرا در هزینه کردن صفت زیبا این چنین دست‌ودل‌باز عمل کرده‌ام. لحظه‌ای سکوت بین ما حاکم شد.

مصلحت در ستیز با صراحت تن به شکست داده بود. مگر نه آنکه صراحت اغلب از مصلحت قوی‌تر است؟ مصلحت پرده‌ای است که روی واقعیت می‌کشیم و صراحت همچون دشنه‌ای آن را می‌درد. البته باید گفت که به‌رغم قدرت بیشتر صراحت، این

مصلحت است که معمولاً در بین میان‌مایگان حرف اول و آخر را می‌زند. صراحت انسان‌ها را به هم نزدیک نمی‌کند. مسبب کوچ تحمیلی از محفل دوستان به خلوت تنهایی است. این مصلحت است که می‌تواند بدون ذره‌ای عذاب وجدان، اضداد را زیر یک سقف جمع کند، به دست هر یک جام شرابی بدهد و این چنین شرایط همزیستی مسالمت‌آمیز را تامین کند. این همزیستی تنها تا زمانی مسالمت‌آمیز می‌ماند که کسی پای عدالت را به میان نکشد، به قیاس خود و دیگری نپردازد، از تبعیض علیه خود سخن نگوید و در پی عدالت‌خواهی بر نیاید. برخلاف کسانی که مدعی‌اند خرد جمعی بهتر از خرد فردی عمل می‌کند، به باور من جمع باعث خرفتی و کودنی اعضای نخبه‌اش می‌شود. راستش را بخواهید از فروغلتیدن به سطح نازل میان‌مایگی متنفرم. آنجا به قول نیچه بوزینه‌ها زندگی می‌کنند. آن بیگانه آن شب، با زبان تیزش پرده‌ای را که آقای نویسنده بر گرداگرد میان‌مایگی‌اش کشیده بود، درید.

دو لیوان شراب سفارش داد. پس از آن روی خود را به سوی من برگرداند و با پرسشی غافل‌گیرم کرد. پرسید که آیا می‌دانم چرا نام این کافه را لوتا گذاشته‌اند؟ نمی‌دانستم. از کجا قرار بود بدانم؟ به نظرم پرسش عجیبی آمد. به یاد دارم که با بی‌حوصلگی گفته بودم شاید لوتا نام زن یا معشوقه‌ی صاحب کافه بوده است. پاسخی خیالی بود به پرسشی عجیب و غافل‌گیر کننده. از نوع پاسخ‌های بی‌ربطی که برای رها کردن گریبان‌مان از شر پرسشی بی‌ربط‌تر تحویل می‌دهیم.

خندید. نه! بیش از خنده بود. قهقهه زد. قهقهه‌ای کش‌دار که تنم را به لرزه انداخت. گفت لوتا، آقای نویسنده، نه لولیتا! پس از آن فانتزی نویسنده‌ها را به سخره گرفت. گفت نویسنده‌ها عادت دارند برای هر چیزی قصه‌ای بسازند، حتی برای یک اسم، برای یک کلمه. خودش اما در کنایه به من، داستانی درباره‌ی لوتا ساخت. گفت در فانتزی شما نویسنده‌ها احتمالاً زنی به نام لوتا روزی بی‌خبر چمدان‌هایش را می‌بندد و عاشق خود را برای همیشه ترک می‌کند. عاشق ناکام هم برای نشان دادن عشق‌اش به او، نام کافه‌اش را لوتا می‌نهد. تا اینکه لوتا سال‌ها بعد، به گونه‌ای تصادفی این کافه را می‌بیند. دیدن کافه‌ای هم نام خودش، حیرتش را برمی‌انگیزد. منقلبش می‌کند. آشفته و پریشان‌احوال، با هزار پرسش بی‌پاسخ، وارد کافه می‌شود و عاشق‌اش را می‌بیند که پیر، خسته و دل‌شکسته شده است. صاحب کافه هم از دیدن لوتا خشکش می‌زند. یک تبادل نگاه بین‌شان کافی

است تا همچون مسیحادمی، نعش خاطره‌ی عشقی بر باد رفته را از گور زمان بیرون بکشد.

پس از آن، بار دیگر خندید. گفت تردیدی ندارد که نویسنده‌ها به مراتب بهتر از او می‌توانند مابقی داستان عشق بدفرجام لوتا را روایت کنند. از بابت داستان‌سرایی‌اش پوزش خواست و برای کاستن از رنجش احتمالی‌ام، لیوان شرابش را به لیوانم زد و جرعه‌ای نوشید. دهانم از این گستاخی باز مانده بود. نمی‌دانستم چه باید بگویم. با بی‌پروایی گفت که لوتا نام معشوقه‌ی صاحب کافه نیست. لحنش چنان بود که پنداری آموزگاری با شاگردش سخن می‌گوید. گفت لوتا به زبان ایتالیایی به معنای مبارزه است و لوتا کونتینوا نام گروهی چپگرا در ایتالیا بود که پس از جنبش اعتراضی سال ۶۸ شکل گرفت و چند سال پس از آن، همچون هم‌زادان سیاسی‌اش از درون متلاشی شد.

حتماً می‌گویید چه آغاز خوبی برای یک گفت‌وگوی شورانگیز! حق دارید چنین چیزی را بگویید. اتفاقاً آن شب جمله‌ای با همین مضمون در ذهنم شکل گرفت. مصلحت اما مانع از آن شد که زبان صراحت آن را بلند بگوید. لحن سخنش با چاشنی آن خنده‌ی تمسخرآمیز و داستانی که به نام من درباره زنی به نام لوتا سرهم کرده بود، می‌توانست آزار دهنده باشد. شاید اگر شما بودید از او دل‌خور می‌شدید و می‌رنجیدید. رفتارش گرچه مرا آزرد، اما پوست‌کلفت‌تر از آن شده‌ام. یا شاید بی‌تفاوتی ناشی از زندگی در غربت، مثل یک بیماری مزمن از حمیت و غیرتم کاسته است. از آن گذشته، از حق نباید گذشت و باید گفت که داستان من‌درآوردی‌اش درباره‌ی زنی به نام لوتا طعنه بامزه‌ای به نویسنده‌ها بود. شوربختانه اما لوتا نام معشوقه‌ی عهدشکسته‌ی صاحب کافه نبود. فراخوانی بود برای دست‌وپنجه نرم کردن با چالشی نفس‌گیر که در آن لحظه هنوز روحم از آن خبر نداشت.

یک قرار عجیب

آیا او را می‌شناختم؟ چه پرسش دشواری! پرسیدنش جسارت می‌خواهد و اگر پاسخش مثبت باشد، بلاهت. منتظر شنیدن چه هستید؟ اینکه باد به غبغب بیاندازم و با بی‌پروایی مدعی شوم که او را می‌شناختم؟ ادعای شناخت یک فرد، ادعای بزرگی است. مگر نه آنکه هر انسانی بیش‌یاکم هنرپیشه‌ای است؟ با خوب یا بد بازی کردن‌شان کاری ندارم. چه بخواهند و چه نه، همه نقش بازی می‌کنند. حتی بی‌غل‌وغش‌ترین‌شان پیچیده‌تر از تصویری هستند که از خود نشان می‌دهند. تصویر انسان‌ها آمیزه‌ای است از دروغ و حقیقت، آغشته به وهم و فریب. به فراخور نقش‌شان در هر صحنه تصویرشان را می‌آرایند و بزک می‌کنند. حتی به صداقت کسانی که بر رخسارشان چنگ می‌کشند نیز نمی‌شود اعتماد کرد. مگر نه آنکه آینه تصویرها را بازگونه نشان می‌دهد؟ پس چرا باید به درستی هر آنچه چشم می‌بیند، باور کرد؟

فاش گفته باشم، من خودم را نیز خوب نمی‌شناسم. گاهی که خورشید مورب می‌تابد، مثل سایه‌ام قد می‌کشم و آنگاه که از میانه‌ی آسمان گذر می‌کند، در سایه‌ام که تبدیل به کوتوله‌ی چاقی شده است، از شرم آب می‌شوم. کدام یک هستم؟ شما کدام یک؟ آن کوتوله‌ی فربه‌ای که در توهم دیدن سایه‌ی بلندش قد کشیده است یا ابرانسانِ خیالی که وجود کوتوله‌ی درونش را انکار می‌کند؟

آن شب به نکته‌ای اشاره کرد که هرگز از ذهنم پاک نمی‌شود. لبخند تلخی بر لبانش نشسته بود. نگاهش را در نگاهم گره زد و پس از سرفه‌ای خشک گفت زندگیِ هر یک از ما فیلم مستندی است. فیلمی که کارگردانی آن را اغلب غرور برعهده دارد. از کارگردانی ستایش برانگیز غرور گفته بود. گفت کمتر کسی شهامت آن را دارد که نوشتن فیلم‌نامه‌ی

زندگی‌اش یا کارگردانی آن را به دست وجدان و حافظه بسپارد. گفت حکایت به ظاهر همان حکایت است. فقط راوی‌شان یکی نیست. نگریستن به یک موضوع است، از فراز دو سکوی متفاوت.

گاهی گمان می‌کنم مشتی غریبه در نهادم نشسته‌اند که اغلب به جای من تصمیم می‌گیرند، به جای من سخن می‌گویند و با رفتارشان غافل‌گیرم می‌کنند. برخی‌شان قماربازان زبردستی هستند. مصیبتی است آنگاه که انسان تبدیل به تماشاچی فیلم مستند زندگی خود بشود. در نمایش زندگی، هیچ پرده‌ای، هیچ دیواری، ردیف تماشاچیان را از صحنه‌ی بازیگران جدا نمی‌کند؟ صورتک‌ها در هم می‌لولند. در این نمایش بازیگر و تماشاچی یکی هستند. در هم تنیده‌اند. در هم ذوب شده‌اند. فقط ترکیب‌شان تفاوت می‌کند. همه‌ی ما هم بازیگر هستیم و هم تماشاچی، اغلب بیشتر تماشاچی تا بازیگر.

آن شب در هر دو سوی صحنه حضور داشتم. یک جا به عنوان بازیگری بی‌اراده و یک جا در نقش تماشاگری ابله. ابلهی نشسته در بزم هیجان لحظه، در آلونک خفقان‌آور هراس. خشکم زده بود. پدیده‌ی آمیزش هراس و هیجان را می‌شناسید؟ حس عجیبی را در انسان برمی‌انگیزد. لحظه‌ای است که رعب و وحشت بر ضرب‌آهنگ قلب می‌افزاید، چشمان اراده می‌کنند نبینند، گوش‌ها مایلند نشنوند، اما هیجان مانع می‌شود. نگاه ترس‌خورده را به تصویرِ وحشت میخ‌کوب می‌کند. دلهره از راه گوش به روح نقب می‌زند. هیجان به هراس میدان می‌دهد و هراس هیجان بیشتری می‌آفرینند. این احساس آن شب من بود. نشسته بین دو صندلی هیجان و هراس، مات و مبهوت!

پیش از افتادن پرده، پیش از پایان آن نمایش غم‌انگیز، بازیگر بزدل صحنه را ترک کرد. ترک؟ نه! باید حقیقت را گفت. شرمسار گریخت. فقط تماشگر ابله ماند. تماشاگری که حتی پس از گذشت سال‌ها همچنان گیج‌ومنگ، به پرده‌ی فروافتاده‌ی نمایش آن شب زل زده است. در تئاتر زندگی، پشت پرده‌ای که از جنس فریب بزرگی به نام هویت آویخته‌ایم، هویتی که بوی عادت‌های کهنه، پیش‌داوری‌های کپک زده و ادعاهای مسموم را می‌دهد، بازیگران زیادی نقش‌آفرینی می‌کنند. فرصت‌طلبانی که بهتر از هر آفتاب‌پرستی راه و رسم زندگی توام با سعادت را آموخته‌اند. سعادت، اسم‌رمز ورود به جهان بی‌تفاوتی است.

گفت از دیدن این همه دروغ و فریب، این همه حیله و نیرنگ حالش بد می‌شود. از

دیدن این همه ماسک، این همه چهره‌ی بزک کرده، این همه ادعاهای توخالی، فخرفروشی‌های مبتذل، بادبه‌غبغب انداختن‌های بی‌مایه، خودپرستی‌های بیمارگونه، از دیدن این همه انسان دم‌دمی‌مزاج، از مشاهده‌ی سوزاندن دقیقه‌ها، ساعت‌ها، عمرها، از دیدن درغلتیدن انسان‌ها در شط فرومایگی، منقلب و دل‌آشوب می‌شود. پرسید چرا انسان‌ها نمی‌توانند مثل همه‌ی موجودات زنده‌ی دیگر، بدون فریب و دروغ، بدون ادعا زندگی کنند؟

تنفر او از میان‌مایگی بود. میان‌مایگی را با چشم خود دیده بود. گفت میان‌مایگان پیروی از مسلک هفت‌رنگی را الزام زندگی می‌دانند و آن را با اصل تنازع بقا توضیح می‌دهند. اما فروکاستن رسم زیستن به تنازع بقا دروغ وقیحانه‌ای بیش نیست. پرسید که آیا زبان میان‌مایگان را می‌شناسم؟ سکوت کردم. گفت میان‌مایگان از هر قوم و قبیله‌ای که باشند، زبان یکسانی دارند. زبان مشترک‌شان، زبان انقباض و انبساط است، مثل حلزون‌ها. اگر حال‌شان خوب باشد، تن لزجشان را از درون صدف بیرون می‌کشند و روی زمین پهن می‌کنند. اگر تهدید بشوند یا احساس خطر بکنند، پیکرشان را جمع می‌کنند و به زیر سقف پناهگاهشان می‌خزند. شاید به همین دلیل است که خدایگان برای کشاندن پای بندگان به خیابان سرنوشت نیاز چندانی به تخیل ندارند. چند وعده و چند تهدید کفایت می‌کند. گفت همان حکایت قدیمی نان‌قندی و تازیانه است.

از شما می‌پرسم، آیا همه‌ی بازیگرانی را که پشت پرده‌ی هویتی من‌درآوردی، درشکه‌ی زندگی‌تان را به این سو و آن سو می‌رانند، به چهره و به نام می‌شناسید؟ انسان‌ها خوش دارند پشت ضمیر اول شخص مفرد پنهان شوند. اما پیچیدگی‌های زندگی را نمی‌شود تا حد دستور زبان ساده کرد. کافی است جراح حاذقی کالبد هویت را بشکافد، تا چهره‌ی واقعی کسانی که در پستوهای روح و جان‌مان جا خوش کرده‌اند، فاش و چه بسا رسوا شود. چه بخواهیم بپذیریم و چه از پذیرش‌اش تن بزنیم، زیر سقف ضمیر اول شخص مفرد خیلی‌ها زندگی می‌کنند. تو آنجایی، من آنجایم، او آنجاست و آنان، ریز و درشت، پیر و جوان، زن و مرد، همه آنجا خانه دارند. در فراموش‌خانه‌ی من، من‌های زیادی زندگی می‌کنند. خیلی از این مهمانان ناخوانده را نمی‌شناسیم. فقط به تجربه می‌دانیم که نمی‌شود روی دوستی، روی صداقت همه‌شان حساب باز کرد. خیلی از این بازیگران مکار، دروغگو و حیله‌گرند.

می‌پرسید آیا او را پیش از آن دیده بودم؟ پیش از آن شب شوم؟ این پرسش بهتری است. بین آشنایی و شناخت تفاوتی است به بزرگی فاصله‌ی زمین تا آسمان. او را چند باری دیده بودم. راستش را بخواهید آن ماجرا پیش از آن شب آغاز شده بود. قاضی باید سابقه‌ی پرونده‌ی آشنایی‌ام با او را بداند. افزون بر آن، حال که محاکمه شروع شده، دیر یا زود، دادستان نیز پاسخ این پرسش را از من طلب می‌کند. شاید حتی بپرسد نخستین باری که با مقتول دیدار داشته‌ام، کی بوده است؟

مقتول؟ خدای من! این دادستان با پرسش‌های آزار دهنده‌اش، روحم را می‌آزرد، چنگ در تارهای پریشان اعصابم فرو می‌برد و شکنجه‌ام می‌کند. اما نیش زبانش همچون نیش کژدم از سر کین نیست. وظیفه‌اش شک کردن در درستی اظهارات متهم است. باید با پرسش‌هایش دفترچه‌ی آرامش متهم را خط‌خطی کند. باید در روح و روانش چنان بلوایی به پا کند، تا تناقض‌ها با خیزی ناگهانی وحدت اندیشه و کلام را بدرند. تا ناگفته‌ها، ناگفتنی‌ها از پشت پرده‌ی انکار و تکذیب، بیرون افتند.

او را چند بار در نشست‌های فرهنگی نظیر شب‌های شعر و جلسات داستان‌خوانی دیده بودم. نشست‌هایی که مرهمی هستند برای زخم‌های عمیق ناشی از دل‌تنگی‌های فرهنگی جماعت متواری شده‌ی تبعیدی‌ها در جغرافیای جهان. تبعید از جنس مهاجرت نیست. قهر و خشونت در رفتارش موج می‌زند. تندخو و بی‌پرواست. آدم را به یک ضرب از سرزمین مادری می‌کند و رها می‌کند در کهکشان بیگانگی. پرتاب شدن به آن ده‌کوره‌ای است که نه کسی زبانت را می‌فهمد و نه پروای فرهنگ تو را دارد. پرتاب شدن به جایی است که حتی تلاش آفتاب‌پرستانه برای تبدیل شدن به دیگری، در پشت بدبینی دیگری به یک بیگانه، نافرجام می‌ماند. در تبعید روح زخم می‌خورد، جای زخمش گزگز می‌کند، زخمش هر از گاهی سر باز می‌کند، خون می‌ریزد و دردش بیداد می‌کند. حال آنکه جسم از فرط مستی بیمارگونه‌اش تا سرحد استفراغ سرخوش است و سرخوش می‌ماند. تبعید آزردن روح است در تن. در آن هنگام که تن‌پروری، بی‌آنکه از رنج روح بکاهد، مضمون زندگی را از خود لبریز می‌کند.

شمار تبعیدی‌هایی که به‌رغم دشواری‌های زندگی، هنوز از تردد در خانه‌ی فرهنگ دل نکنده‌اند، بسیار اندک است. تبعیدی چه بخواهد و چه نخواهد، فرهنگ و زبان مادری‌اش را در کوله‌پشتی می‌نهد و با خود به تبعیدگاهش می‌برد. اما امواج سهمگین زندگی در

سرزمین نامادری صخره‌های زبان و فرهنگ وطنی را در کرانه‌های ساحلی طوفان‌زده می‌سایند و ساییده‌ها را همراه می‌برند به ژرفای اقیانوس فراموشی. این چنین است که بسیاری بی‌آنکه زبان و فرهنگ آن دیگری را بیاموزند، با فرهنگ بومی‌شان بیگانه می‌شوند.

ساکنان خانه‌ی فرهنگ چنان زیاد نیستند که نیازی به سرشماری باشد. وانگهی خزانِ عُمر نیز همچون ددی به جان نسل‌شان افتاده و هر روز از تعداد برگ‌های این درخت موریانه‌زده کاسته می‌شود. این روزها کمتر کسی دل‌ودماغ نوشتن و خواندن دارد. از این رو، مشتریان پروپاقرص نشست‌های ادبی معمولاً همان جان‌سختان خانه‌ی فرهنگ هستند. کسانی که از یک رویداد کولی‌وار به رویداد دیگری کوچ می‌کنند. آن بیگانه یکی از اعضای این نسل روبه‌انقراض بود.

گفته بود سال‌هاست برای فرار از روزگار یا کتاب می‌خواند و در متن داستان آن دیگری گم‌وگور می‌شود یا آن قدر الکل می‌نوشد تا روزگار در سرمستی سلول‌های مغزش تبدیل به توهمی قابل تحمل بشود. مثل آن می‌مانست که بپرسد روزگار را مایلید چگونه میل بفرمایید؟ تلخ یا با کمی عسل؟ گفت اما نوشیدن شرابی نامرغوب زنجیر از پای دردی شدید در سرش برمی‌گیرد، و خواندن رمان نویسنده‌ای جفنگ‌گو، معده‌اش را تا حد فراخوان تهوع تحریک به آشوب و بلوا می‌کند.

آغاز ماجرا به چند روز پیش از قرار دیدارمان در کافه لوتا باز می‌گشت. جلسه‌ای برای رونمایی از آخرین رمانم برگزار کرده بودند. قفسه‌های کتاب را طبق معمول از وسط کتابفروشی به گوشه‌ای رانده و هفت یا هشت ردیف صندلی چیده بودند. جماعتی حدود پنجاه نفر از شیفتگان فرهنگ گرد هم آمده بودند. جماعتی مستِ باورهای نوستالژیک که بقایشان را وام‌دار آن امیدی هستند که پیش از کشیدن رخ در نقاب خاک دست‌کم یک بار دیگر رخ بر خاک زادگاه‌شان نهند و بر آن بوسه‌ای زنند.

در ردیف جلو نشسته بود. از این رو حین خواندن گزیده‌هایی از رمان، مرغ نگاهم چند بار بی‌اختیار بر پیکرش نشست. سرش را پایین انداخته، با یک دست گوشه‌ی شال پشمی‌اش را گرفته بود و با دست دیگر پیچ و تابش می‌داد. پنداری تک‌وتنها گوشه‌ای در خلوت خود نشسته باشد. در جایی که به غیر از او گویی کسی نیست. اوست و یک صدا. صدایی که از ته تونل تاریک تنهایی به گوش می‌رسد. رفتارش عجیب بود. پنداری موشی موذی روحش را در خفا به دندان کشیده و بی‌وقفه می‌جود. آن روز، حتی در بخش پرسش

و پاسخ نیز سر بلند نکرد و چیزی نگفت. تا آنجا که حافظه‌ام یاری می‌کند، به یاد ندارم در هیچ نشستی لب به سخن گشوده باشد. تودار و ساکت می‌نمود. از قماش کسانی که از وجودشان چیستانی می‌سازند. کسانی که شخصیت پررازورمزشان گرچه جذاب‌شان می‌کند، اما دیگران را از نزدیک شدن به آنان برحذر می‌دارد. انسان در معاشرت با چنین افرادی احساس برهنگی روحی می‌کند. می‌پرسید احساس برهنگی روحی چیست؟ آن لحظه‌ای است که در یک گفت‌وگوی کوتاه، تو همه‌ی داستان زندگی‌ات را به کسی بگویی، بی آنکه چیزی درباره‌ی او بدانی.

پس از پایان جلسه، چند نفری از شرکت کنندگان و از جمله این بیگانه نسخه‌ای از کتاب را برای امضا پیش من آوردند. کتاب را پیش از آن خریده و خوانده بود. این موضوع را می‌شد به سادگی از برگ‌های تاخورده و دست‌نوشته‌هایی که بر حاشیه برخی از صفحات نقش بسته بودند، متوجه شد. ریشخند شمشیر نو بر شمشیری زنگ‌زده نباید فریب‌مان بدهد. که آن یکی، از زیورآلات است و این یکی، زخم پیکار بر تن دارد. پنداری نسخه کتاب او از چنین رزمی بازمی‌گشت. آن را نخریده بود نمای قفسه‌ی را با آن بیاراید.

با لبخندی بر لب گفتم به نظر می‌رسد که او رمان را با دقت خوانده است. چیزی نگفت. اما سر خود را به نشانه‌ی تایید تکان داد. نگاه‌مان برای نخستین بار در مسیری کوتاه، در هم گره خورد. دیدن اندوهی که در عمق چشمان سیاهش خیمه زده بود، لرزه‌ای به جانم نشاند. چشمان غم‌زده و پراندوه کم ندیده‌ام. اما دیدن سنگینی غمی که بر روحش حاکم شده بود، برایم تازگی داشت. برای لحظه‌ای احساس کردم در برکه‌ی سیاه چشمانش غرق شده‌ام. صدای فریاد فروخورده‌اش در گوشم طنین انداخت. چشمان دریچه‌های بی‌واسطه‌ی روح هستند. دریچه‌هایی بین جهان درون و بیرون. پلک‌ها اما بین دادوستد دو جهان پرده می‌کشند. پرده که برای ابد فرو افتد، جهان درون یا در شعله‌ی آتش می‌سوزد یا زیر تلی از خاک می‌پوسد و بغض این جهان در آن جهان می‌ترکد و سرانجام فراموش می‌شود.

نسخه‌ی کتابش توجه‌ام را به خود جلب کرد. حاشیه صفحات کتاب در کنار دست‌نوشته‌ها پر از علامت پرسش بود. دیدن آن همه پرسش برایم پرسش‌انگیز شد. نمی‌دانستم که آیا از این بابت که رمانم توانسته ولوله‌ای در زنبیل پرسش‌های کسی بیاندازد، باید خرسند باشم یا مغموم؟ به خود آمدم. با دست‌پاچگی پرسیدم کتاب را به نام

چه کسی امضا کنم؟ پاسخی داد که هرگز پیش از آن نشنیده بودم. پاسخی که نمی‌شود فراموشش کرد. نگاهش را از نگاهم برگرفت، کوتاه و با لحنی سرد، خشک و بی‌روح گفت لطفاً فقط بنویسید: تقدیم به تو!

تقدیم به تو؟ این درخواست عجیبی بود که از یک او، یک تو می‌ساخت. با اینکه این تو بیگانه‌ای چون او بود. خواستش باعث حیرتم شد. حتی شاید بی‌آنکه خود بدانم، دهانم برای لحظه‌ای باز مانده بود؟ شاید خشکم زده بود؟ به هر روی، متوجه حالت روحی من شد. لبخندی زد و در ادامه گفت که حتی به امضا و تاریخ نیز نیازی نیست. خواهش‌اش را تکرار کرد. گفت: لطفاً فقط بنویسید تقدیم به تو.

خطاب به خود گفتم اگر نیازی به امضا، تاریخ و نام و نشانی نمی‌بود، خُب هر کسی می‌توانست این چند کلمه را بنویسد. برای لحظه‌ای دچار تردید شدم. باید از او توضیح بیشتری می‌خواستم. باید می‌پرسیدم چه کسی هویت خود را پشت واژه‌ی تو پنهان کرده است؟ چه کسی این کتاب را به چه کسی تقدیم می‌کند؟ و چرا؟ اما خستگی و دیدن انتظار دیگرانی که در صف ایستاده و خواستار امضای کتاب‌شان بودند، مانع از آن شد که علت این درخواست عجیب را جویا شوم. و این تله‌ای بیش نبود. شکارچی با مهارتی توصیف ناشدنی دامی بر سر راهم نهاده بود. این بار این مخاطب بود که نویسنده را غافل‌گیر می‌کرد. دامنه‌ی تخیلش را به چالش می‌کشید و چه بسا به سخره می‌گرفت. به خواست عجیبش گردن نهادم و پس از نوشتن آن چند کلمه، کتاب را به او دادم. با تکان سر تشکر کرد. گفت: به امید دیدار!

دیدار؟ امیدی که خیلی زود به واقعیت پیوست. کلیددار کتاب‌فروشی پیش از آنکه چراغ‌ها را خاموش کند و بر در شیشه‌ای فرهنگ‌سرای تبعیدی‌ها غل‌وزنجیر بزند، خطاب به آنانی که در گریز از رنج تنهایی همچنان در کتاب‌فروشی متواری بودند، گفت که میزی برای ده نفر در رستورانی واقع در آن نزدیکی رزرو کرده است. گفت هر کسی مایل به ادامه گفت‌وگو با نویسنده باشد، می‌تواند به آن رستوران برود.

در لحظه‌ای که همراه با ناشر و چند تن از پرچم‌داران سلحشور ادب و فرهنگ پا به درون رستوران نهادم، او را دیدم. زودتر از دیگران آمده و پشت میز بزرگی نشسته بود. سرگرم نوشیدن بود. شراب می‌نوشید. به محض دیدنم از جای خود برخاست. با تکان سر سلامی گفت و با اشاره‌ی دست صندلی خالی کنار خود را نشان داد. برخلاف میل باطنی‌ام،

مثل جادو شده‌ها به سویش رفتم، دعوتش را پذیرفتم و کنارش نشستم. می‌گویید شاید از سر کنجکاوی بوده و مایل بوده‌ام از هویتش گره‌گشایی کنم؟ از هویت آن چیستانی که پشت واژه‌ی مرموز تو پنهان شده بود؟ شاید. اما آن شب خسته بودم. باور کنید در آن لحظه، وسوسه‌ی مشارکت در گپ‌وگفتی جدی شرری به جانم نمی‌نشاند و شوقی در من برنمی‌انگیخت. خوش داشتم چرند بشنوم و مهمل بگویم تا زمان در طعم برنج و کباب از معنا تهی شود. دستش را به سویم دراز کرد. در حین نشستن با او دست دادم. کف دستش خیسِ عرق بود. می‌دانستید که افراد جمع‌گریز معمولاً کف دست‌شان عرق می‌کند؟ از کجا می‌دانم؟ از تجربه‌ی شخصی.

سکوت کرده بود. شراب را چون آب می‌نوشید و مجدداً لیوان دیگری سفارش می‌داد. در حین گفت‌وگو با دیگران، گاهی نگاهم برای لحظه‌ای در چشمانش گره می‌خورد. متوجه شدم که نگاهش را به‌گونه‌ای شتاب‌زده از من برمی‌گیرد و به نقطه‌ای نامعلوم می‌دهد. به نظر می‌رسید که از نگریستن مستقیم به چشمان دیگران واهمه دارد. از رفتار ناآرام و نوع نگاهش حدس زدم، مایل است چیزی بگوید. مدام این پا و آن پا می‌کرد. حدسم درست از آب درآمد. گفت از بابت یافتن فرصت گفت‌وگو با من خرسند است. در ادامه افزود همه رمان‌هایم را خوانده است.

از شما می‌پرسم، کدام نویسنده‌ای را می‌شناسید که از شنیدن چنین چیزی شاد نشود؟ لبخند رضایت‌بخشی بر لبانم نشست. به او گفتم امیدوارم از خواندن‌شان پشیمان نشده باشد. انتظار داشتم در واکنش به این سخن بگوید اختیار دارید، این دیگر چه حرفی است که می‌زنید؟ یا مثلاً بگوید آثار شما شاهکارند. از خواندن‌شان بسیار لذت برده‌ام. اما میوه‌ی این انتظار، پیش از آنکه برسد از درخت امیدی که آبشخورش توهمی خام بیش نبود، بر زمین ناباورِ ناباوری فرو افتاد. لحظه‌ای سکوت کرد. شاید غافل‌گیر شده بود. شاید نمی‌دانست چه باید بگوید. من‌من‌کنان پس از آن پرسید که آیا مایلم نظر جدی و صادقانه‌اش را درباره این رمان و رمان‌های دیگرم بشنوم؟ پرسشی از گونه‌ی آن پرسش‌هایی که تقریبا همیشه پاسخ روشنی دارند. کدام شاعر یا نویسنده‌ای شهامت آن را دارد که در پاسخ به چنین پرسشی بگوید نظر دیگران برایش پشیزی نمی‌ارزد؟ حتی اگر چنین چیزی حقیقت داشته باشد، که اغلب دارد. از این‌رو در پاسخ به پرسش‌اش گفتم البته که مایلم.

بشقاب را با دست کنار زدم. به کتاب که کنار خود روی میز نهاده بود، اشاره کردم و پرسیدم آیا اجازه دارم نگاهی به آن بیاندازم؟ بی‌آنکه منتظر پاسخش بمانم، کتاب را برداشتم. انتظار چنین رفتاری را نداشت. سکوت کرد و با تعجب به من نگریست. فرصت را غنیمت شمردم و نگاهی به حاشیه‌نوشته‌های کتاب انداختم. رمزگشایی از آن دست‌نوشته‌ها را حق خود می‌دانستم. به هر روی رمان من بود و یادداشت‌های او درباره آن نیز به من تعلق داشت. می‌گویید مالکیت معنوی نویسنده بر نوشته‌اش شامل نقد و نظر دیگران نمی‌شود؟ نمی‌دانم. به این موضوع پیش از این فکر نکرده‌ام. به هر روی در آن لحظه مرور یادداشت‌های این بیگانه را در شمار حقوق مولف می‌دانستم. اما باید اعتراف کنم که گره‌گشایی از واژه‌ها و علامت‌ها دشوارتر از آن چیزی بود که گمان می‌کردم. کتاب را بستم، روی خود را به سوی او برگرداندم و گفتم که به نظر می‌رسد این رمان خواب پرسش‌های زیادی را در ذهنش پریشان کرده است. حتی از این بابت که چرا او در جلسه سکوت کرده بود، ابراز حیرت کردم.

سرش را پایین انداخت. با لحنی مردد گفت که نقد و نظرش درباره نوشته‌هایم چیزی نیست که بتواند در یک یا دو جمله بگوید. گفت نه آن جلسه و نه آن رستوران، هیچ کدام برای گفت‌وگویی جدی مناسب نیستند. گفت باوری به رسالت قلم ندارد و از این رو هیچ چیز را زیان‌بارتر از آن نمی‌داند که نویسنده یا شاعری تخیل خود را به بند بکشد. گفت پرنده‌ی تخیل اگر نتواند فارغ‌بال پرواز کند، عاقبت تبدیل به خزنده‌ای مفلوک می‌شود.

رسالت قلم؟ چه کسی از رسالت قلم سخن گفته بود؟ از خود پرسیدم آیا به باور او، من مرغ تخیلم را در قفسی طلایی حبس کرده‌ام؟ سکوت مرا که دید، پیشنهاد کرد همدیگر را در محل دیگری ببینیم. بر گفت‌وگویی دونفره تاکید داشت. گفت درباره کارهای ادبی من گفتنی زیاد دارد، اما اهل فضل‌فروشی در جمع نیست. گفت می‌خواهد نظرش را صریح و روشن و کاملاً صادقانه درباره رمان‌هایم بگوید. مخالفتی نکردم.

پیشنهاد دیدار در کافه‌ای را داد. با بی میلی پرسیدم چه ساعتی و کجا؟ پرسشی کاملاً عادی که پاسخی غیرعادی در پی داشت. پاسخی که اگر خردم سیاه‌مست نشده بود، می‌توانست هشداری باشد. تلنگری باشد به آن حفاظ شکننده‌ای که انسان برای پاس‌داشت آرامش خود گرداگرد خویش می‌کشد. می‌خواهید بدانید پاسخش چه بود؟ گفت ساعت ده شب، کافه لوتا! پس از مکثی کوتاه پرسید آیا می‌دانم کجاست؟

زبانم بند آمده بود. چه باید می‌گفتم؟ مدتی طول کشید تا سلول‌های خسته و مست مغزم با ناباوری شنیده‌شان را واکاویدند. در کمال حیرت پرسیدم ساعت ده شب؟ صدایم چنان بلند بود که توجه دیگران را برانگیخت. به‌رغم آن ناآرامی که در رفتارش دیده بودم، این بار با خون‌سردی تمام پرسید آیا برایم بدموقع است؟ سرم را به نشانه عدم تفاهم تکان دادم و گفتم به یاد ندارم که ساعت ده شب به سر قراری فرهنگی رفته باشم، آن هم با کسی که نمی‌شناسم! با همان خون‌سردی گفت اینکه چرا ساعت ده شب را برای دیدارمان انتخاب کرده است، دلیلی دارد. دلیلش را نگفت. فقط به خلوت بودن کافه در آن ساعت از شب اشاره کرد. گفت آنجا به دور از هیاهو و شلوغی می‌تواند نظرش را درباره‌ی رمان‌هایم بگوید. به نزدیکی کافه به آپارتمانم اشاره کرد. تعجب کردم. از خود پرسیدم که این بیگانه از کجا می‌داند خانه‌ی من کجاست؟ خواهش کرد دعوتش را بپذیرم و به تاکید گفت که از رفتن به سر آن قرار پشیمان نمی‌شوم.

به سر آن قرار رفتم و سخت پشیمان شدم. پذیرش قرار آن دیدار سرآغاز آن اشتباه بزرگ بود. خطایی که سال‌ها کشمکش روحی، سال‌ها پشیمانی و سال‌ها سرزنش را در پی داشت. بارها به چرایی پذیرش آن قرار اندیشیده‌ام. اما چه بیهوده! گاهی انسان در زندگی مرتکب کارهایی می‌شود که هرگز علتش را درنمی‌یابد. نه در حین انجامش و نه حتی پس از آن. در این سال‌ها بارها از خود پرسیده‌ام که آن شب، در آن رستوران بر من چه گذشت؟ چه شد که این‌گونه از خود بی‌خود شدم؟ آن شب کدام یک از آن قماربازان قهار پنهان در نهادم بود که به دعوت بیگانه‌ای که هویتش از تو فراتر نمی‌رفت، پاسخ مثبت داد؟ قرار با بیگانه‌ای در ساعت ده شب؟

پذیرش دعوت او، فرش قرمزی را می‌مانست که پای مرا بی اختیار به سرسرایِ کاخِ خطایی بزرگ کشاند. گاهی درکمین‌نشسته‌ای بر سر راه فردی در مسیر یک خطای بزرگ، فرش قرمزی پهن می‌کند و دردام‌افتاده‌ای مغرور و سربلند با پای خود به سوی یک پشیمانی بزرگ، شاید به سوی یک سرزنش ابدی می‌شتابد.

این حکایت آن شبم بود. می‌پرسید حکایت آن شب را آیا غرورم روایت می‌کند یا حافظه و وجدانم؟ نمی‌دانم. دست‌کم تلاشم این است که در بستر مرگ وظیفه روایت این داستان را برعهده‌ی حافظه‌ام، برعهده‌ی وجدانم بسپارم.

پاداش نفرین شده!

لطفاً برای یک لحظه سکوت کنید! فقط برای یک لحظه! تردیدی ندارم! صدای پای دکتر ارشد است. موقع راه رفتن پای چپش را روی زمین می‌کشد. می‌گویید شاید بلندتر از پای دیگرش است؟ نمی‌دانم. دست‌کم می‌شود گفت راه رفتنش با نوعی لنگ زدن همراه است. اگر درِ اتاق نیمه‌باز باشد و من نیز در عالم موسیقایی غرق نشده باشم، می‌توانم صدای فش‌فش پایش را از راهرو بشنوم.

امروز حوالی ظهر، پیش پای شما آمده بود و اکنون بار دیگر اینجاست. قطعاً برای رسیدگی به پرونده‌ی مرگ و زندگی یکی از بیماران آمده است. سرلشکری را می‌ماند که پس از سکوت آتش‌بارها برای بازرسی از حال‌وروز مجروحان به رزمگاه می‌آید. همیشه پیش‌ازظهرها سروکله‌اش پیدا می‌شود. به یاد ندارم که دو بار در یک روز به زایشگاه مرگ آمده باشد. در این موقع از روز اینجا چه می‌خواهد؟ حتماً اتفاق شومی افتاده است. قارقار کلاغ‌ها را می‌شنوید؟ قطع نمی‌شود. می‌گویید بد به دلم راه ندهم؟ لطف دارید. اما اگر اتفاقی نیافتاده باشد، می‌پرسم اینجا چه می‌کند؟ آمدن ناگهانی‌اش مثل عزرائیل، یک دلیل بیشتر ندارد. موضوع مرگ پای آن‌ها را به زایشگاه مرگ می‌کشاند!

نه! به نظرم اشتباه می‌کنید! مطمئنم که برای معاینه هم‌اتاقی‌ام نیامده است. دلیلی برای این کار نمی‌بینم. می‌گویید در حال جان کندن است؟ شوخی می‌کنید! اینجا چه کسی در حال جان کندن نیست؟ نفس‌اش به شماره افتاده و رنگش پریده است؟ اجازه بدهید دقیق‌تر نگاه کنم. نه! راستش را بخواهید تفاوت محسوسی نکرده است. هر وقت نگاهم به او می‌افتد، چه شب باشد و چه روز، رنگ پریده است. اتفاقاً شب‌ها سفیدی پوستش در تابش نور چراغ، حتی چراغ راهرو، بیشتر می‌درخشد و توی ذوق می‌زند.

چهره‌اش را باید شب‌ها ببینید. ترسناک است، خیلی ترسناک.

برخلاف توصیه پزشک بخش و پرستاران، عادت دارم شب‌ها در اتاق را نیمه‌باز بگذارم. پرستاران به فکر اعصاب خودشان هستند. اگر در اتاق بیماران بسته باشد، ارکستر ضجه و ناله اندکی گوش‌نوازتر می‌شود و کمتر می‌تواند ریسمان چرت شبانه‌شان را پاره کند. اما من از همان شب نخست در برابر اصرار آن‌ها از خود ایستادگی نشان دادم. گفتم در این اتاق شب‌ها باید نیمه‌باز بماند. به قولی، هم فال است و هم تماشا. هم می‌توانم تردد سایه‌ها را رصد کنم و هم می‌توانم اگر پایش بیافتد، جیغ بکشم و گوش فلک را مورد عنایت قرار بدهم. شب‌ها پرستار کشیک دست‌تنهاست. در آن لحظه‌ای که برای سرکشی به اتاق بیماری می‌رود، زنگ زدن‌های مکرر به چه کار می‌آید؟ طبیعی است که نشنود.

باز بی‌حس و بی‌حرکت به من زل زده است. کسی نیست از این شهید زنده بپرسد در این وانفسا از جانم چه می‌خواهد؟ لطفاً یک لحظه سرتان را برگردانید و نگاهی به این تخته‌سنگ مریخی بیاندازید! شاید تصورش برای‌تان آسان نباشد. نمی‌دانید چقدر از دیدن رقص مرگ در نگاهش رنج می‌برم. مشاهده مرگ از اضطراب مرگ، وحشت از مرگ می‌آفرینند. نقطه‌ی اضطراب هنوز تا رسیدن به خط ممتد وحشت فاصله زیادی دارد. فاصله‌ای که گاهی در چشم‌برهم‌زدنی طی می‌شود.

حتی دیدن یک موش مرده می‌تواند چیزی را در روح انسان به لرزه اندازد. پرتاب سنگی است که سکون برکه‌ی روح را می‌پریشد و همچون تلنگری موجی لرزاننده به تارهای اعصاب می‌اندازد. شاید گمان کنیم که دل‌مان برای آن حیوان می‌سوزد. خطاب به خود می‌گوییم چه سرنوشت تلخی! اما موضوع جدی‌تر از این حرف‌هاست. دیدن یک نعش، حتی لاشه‌ی یک موش، می‌تواند ناقوس وحشت از مرگ را به صدا درمی‌آورد. دلهره به وحشت که تبدیل شود، خرد و منطق ادعایی‌مان در نیمه‌راه از نفس می‌افتند. تنگی‌نفسِ خرد و منطق، راه را برای تاخت‌وتاز غرایز هموار می‌کند. احساس افسار رها شده‌ی اسبان درشکه‌ی زندگی را در دست می‌گیرد و سم‌کوبان هاله‌ای از غبار در برابر چشمان اغلب نزدیک‌بین خرد می‌نشاند. وحشت پایان خردورزی است.

غائله به پایان رسید و حضور غیرمترقبه‌ی سرلشکر ختم به خیر شد. از کنار اتاق ما عبور کرد و به سوی اتاق ته راهرو رفت. به سراغ آن تکه گوشت دانش‌ستیزی که آنجا روی تخت ولو شده است. این توصیف باعث خنده‌تان می‌شود؟ هیچ خنده‌دار نیست.

دردآور است. فراموش کردید گفته بودم در واگن آخر قطارِ سرنوشت، مجالی برای شادی و خنده نیست. در اینجا هم مثل گورستان اگر کسی را دیدید که از ته دل می‌خندد، تردید نکنید جنونش ترمز بریده و در سراشیبی تند منتهی به دره‌ی مرگ شتابان می‌تازد.

از بابت گزافه‌گوییِ‌ام درباره‌ی مرگ جداً از شما پوزش می‌خواهم. هدفم آزردن روح‌تان نیست. این سخنان را پس‌ناله‌های کسی می‌دانید که در بستر مرگ خفته است؟ دقیقاً همان است که می‌گویید. لطفاً حق بدهید که مرگ دغدغه‌ی ذهنی‌ام باشد. راستش را بخواهید گره کار در جای دیگری است. موقعیت‌مان با هم فرق می‌کند. سرنوشت مرا با چشمان بسته به لبه‌ی پرتگاهی مهلک کشانده، ولی شما تصادفاً گذرتان به زایشگاه مرگ افتاده است. چرا با چشمان بسته؟ پاسخش روشن است. همه‌ی آنچه ما درباره خود می‌دانیم به مشاهدات‌مان در این سوی پوست بازمی‌گردد. از اینکه در آن سوی پوست چه می‌گذرد و آنجا چه خبر است، چیزی نمی‌دانیم. پزشکان می‌گویند برخی از ارگان‌های داخلی این پیکر صاحب‌مرده دست به شورش و بلوا زده‌اند. به نافرمانی مدنی روی آورده‌اند. چاره‌ای نیست. باید چشم بسته آنچه را که می‌گویند، بپذیریم.

دوست من، ما دو نفر هستیم در دو موقعیت متفاوت. شما هر وقت اراده کنید می‌توانید در را پشت سر خود ببندید و بروید. فقط دسته گل را فراموش نکنید! خوب نیست دست‌خالی به عیادت آن بیمار بروید. مایل نیستید آن را ببرید؟ می‌خواهید حال که گذرتان به اینجا افتاده، آن را برای من بگذارید؟ محبت دارید. از لطف‌تان سپاسگزارم. گفته بودم در بستر مرگ آرزوهای انسان آب می‌روند و کوچک می‌شوند. گاهی حتی در یک گلدان جا می‌گیرند. گلدان زیر میز است. خودتان آن را آنجا گذاشتید.

آن شب گفت ما در دو موقعیت متفاوت قرار داریم. از فراز دو سکوی متفاوت به زندگی نگاه می‌کنیم. تاکید داشت که راز او، راز من نیست. گفت زخم‌های روح مرا نمی‌شناسد، اما می‌داند که زخم‌های روح من از جنس زخم‌های روح او نیستند. پرسیدم از کجا می‌تواند این چنین مطمئن باشد؟ سرش را به نشانه‌ی مخالفت تکان داد. جرعه‌ای نوشید و گفت انتظار تفاهم داشتن از کسی که در موقعیت مشابهی قرار ندارد، انتظار چندان واقع‌بینانه‌ای نیست. گفت هم‌دردی، آنگاه که رنج بردن از یک درد بین دو نفر مشترک نباشد، در یکی برخاسته از واقعیت است، در آن دیگری فرزند تخیل و تصور.

گرچه تصمیم او را به خودکشی، تصمیمی خطا می‌دانستم، اما باور کنید برخلاف نظر

او، قادر به فهم موقعیتش بودم. دست‌کم این باور آن شب من بود. حتی احساس گونه‌ای هم‌دردی به من دست داده بود. نه! تصور صرف نبود. دردش عین واقعیت بود. دردی واقعی، که با هر کلمه‌ای که بر زبان می‌راند، پس از هر جمله‌ای که می‌گفت، شدت می‌گرفت. نویسندگان، شاعران قادرند در هر دو سوی ماجرا حضور داشته باشند، در هر دو سو بنشینند، نفس بکشند، شاد شوند یا رنج ببرند. این موضوع را او باید می‌دانست. گاهی دردهای برخاسته از تخیل حتی واقعی‌تر از دردهای واقعی هستند. آن شب، آنگاه که غرورمان به گوشه‌ای خزید، نگاه در نگاه هم، گریه کردیم. بی‌پروا گریه کردیم. در سوگ عُمری تباه گریستیم.

شما داستان او را نشنیده‌اید، از این رو شاید قادر نباشید، موقعیت او را درک کنید. تفاوت بین انسان‌ها از موقعیت‌های متفاوت‌شان برمی‌خیزد. شما جوان هستید و من پیر و فرتوت. می‌گویید چندان جوان هم نیستید؟ هم‌سن و سال هستیم؟ باورم نمی‌شود. پس معلوم می‌شود چهره‌تان را ماهرانه بزک کرده‌اید. دست‌کم ده سالی از من جوان‌تر به نظر می‌رسید. می‌دانستید که سالمندان از فربهی گذشته‌شان رنج می‌برند؟ وزن خاطرات تلخ و تجربه‌های شکست خورده را نمی‌بایست دست‌کم گرفت. سنگین باشند، راه رفتن دشوار می‌شود. جوانان اما در موقعیت دیگری قرار دارند. جوان که باشی این دغدغه‌های آینده هستند که وزن‌شان را بر دوش حال آوار می‌کنند. بر دوش حالی که روی دو پای نحیف گذشته‌ای نااستوار و کم‌جان لق می‌زند. پیری و جوانی را اغلب می‌شود از چاقی و لایه‌های چربی گذشته تشخیص داد.

خوش‌بختانه امروز تا این لحظه فوتی نداشتیم. همان طور که شاهد بودید، حضرت دست از پا درازتر، زایشگاه مرگ را ترک کرد. در این بخش، کم پیش می‌آید که روزی بی دستبرد به آمار جمعیت جهان سپری شود. شاید برای سرنوشت آن تکه گوشت خوش‌قدم بوده‌اید؟ می‌گویید مایلید مابقی داستان را بشنوید؟ کنجکاوی‌تان را تحسین می‌کنم. این روزها، اکثر انسان‌ها ترجیح می‌دهند در آلونک بی‌تفاوتی، گذر عمر را به نظاره بنشینند. پرده‌ها را می‌کشند. نه به آن دلیل که می‌خواهند حریم خصوصی‌شان را از تیررس نگاه رهگذران چشم‌چران در امان دارند. چیزی برای پنهان کردن وجود ندارد. در دنیای دیجیتال، همه لخت و عریان در خانه‌های شیشه‌ای زندگی می‌کنیم. اگر پرده‌ها را می‌کشیم، هدف‌مان چیز دیگری است. نمی‌خواهیم آشوب و بلوایی را ببینیم که روح

خیابان را در تصرف خود دارد.

آن شب گفت که این روزها مردم بدون ذره‌ای شرم، نگاه در نگاه شما، با صدایی رسا می‌گویند راز سعادت در بی‌اطلاعی است. می‌گویند موقع پخش اخبار، تلویزیون را باید خاموش کرد. زندگی بدون اخبار بد زیباست. حتی بدون ذره‌ای پرده‌پوشی می‌گویند راز خوش‌بختی در نیاندیشیدن است. در پناه گرفتن پشت پرده‌ی ضخیم انکار و خودفریبی است. اگر بوی تعفن از این گوش تا آن گوش تمدن بشری برخیزد، که برخاسته است، می‌دانید چه می‌کنند؟ سکوتم را که دید در ادامه گفت آن‌ها چاره را در گرفتن بینی‌شان می‌جویند. از شما هم انتظار دارند از آنان پیروی کنید. می‌گویند بویی که حس نشود، انکارش ساده‌تر است.

اکنون که خطر از بغل گوش ساکنان خانه‌ی رنج گذشت و ملخک بار دیگر به سلامت از مهلکه جست، می‌توانیم فارغ‌بال به ماجرای پوشه‌ی زرد بپردازیم. تایید می‌کنید که درباره‌ی پرونده‌ی آشنایی‌ام با آن بیگانه یا به قول دادستان، مقتول، اطلاعات کافی را در اختیار دادگاه قرار داده‌ام. موافق باشید می‌توانیم به بلندی‌های جولان بازگردیم. کافه خلوت شده بود. سربازان دشمن یکی پس از دیگری، جبهه را خالی کرده و به پایگاه‌هایشان عقب نشسته بودند. این عین پیش‌بینی او بود. در آن ساعت از شب، سکوت و خلوت کرسی خالی همهمه و قیل‌وقال را پر کرده بود.

جرعه‌ای شراب نوشید و با پشت دست لبانش را پاک کرد. پنداری نوشیدن چند جرعه شراب بر شهامتش در نگریستن مستقیم به چشمانم افزوده بود. نگاهش را در نگاهم گره زد و با لحنی کنایی از من خواست داستان معشوقه‌ی صاحب پیر و دل‌شکسته‌ی کافه لوتا را فراموش کنم. گفت آن را بگذارم به حساب یک شوخی. به حساب یک شوخی دوستانه.

دوستانه؟ باید با زبان صراحت به او می‌گفتم که پذیرش این قرار نمی‌تواند از فراز سایه‌ی آشنایی دو بیگانه بجهد و پا به وادی مقدس دوستی بنهد. دوستی تاریخ دارد. عمق و پهنا دارد. آشنایی فقط مماس شدن دو نگاه در سطح لحظه‌هاست. حدس‌تان درست است. گردن نهادن دائمی‌ام به فرمان مصلحت، مانع از آن شد که زبانم به صراحت در دهان بگردد. وانگهی این او بود که اصرار بر حفظ فاصله‌ها داشت. در کافه، در حین نشستن، دستم را برای لحظه‌ای روی شانه‌اش نهاده بودم. واکنش سردی از خود نشان داد. با این رفتارش می‌خواست به من بفهماند که خواهان حذف فاصله‌ها نیست. در آن لحظه انگیزه‌ی

این رفتار سردش بر من پوشیده بود. در گپ‌وگفت آن شب به من گفت که در زندگی خیلی از رازها را فقط می‌توان به بیگانه‌ها گفت. تلویحاً از من خواهش کرد برایش یک بیگانه بمانم. این چنین بود که گرچه کتابم را به تو تقدیم کرده بودم، این تو تا پایان ماجرا، در کالبد یک شما، به حیات خود ادامه داد.

پس از نوشیدن جرعه‌ای دیگر، لیوانش را روی میز نهاد و مجدداً از بابت آمدنم ابراز خرسندی کرد. آنگاه چیزی گفت که بر حیرت و تعجبم افزود. گفت که دعوت آن شبش به دو علت بوده است. دهانم باز مانده بود. نمی‌دانم این دهان لعنتی چرا این چنین سریع و شتاب‌زده در واکنش به هر چیز غیرمترقبه‌ای باز می‌ماند. باز می‌ماند که چه شود؟ تا حس آن لحظه‌ام را لو بدهد؟ هاج‌وواج به او نگاه کردم. بی‌آنکه بتوانم یا حتی خواسته باشم حیرتم را پوشیده بدارم، با صدایی بلند پرسیدم به دو علت؟ مگر نه آنکه قرار بود درباره‌ی رمان‌هایم صحبت کند و نظرش را بگوید؟

به من اطمینان خاطر داد که این موضوع را فراموش نکرده است. گفت نقد رمان‌هایم یکی از آن دو علت است. در آن لحظه بود که متوجه نکته مهمی شدم. موقع ورود به کافه، دستانش خالی بود. کیفی به همراه نداشت. ممکن نبود توانسته باشد سه جلد کتاب نسبتاً قطور را در جیب‌های پالتوی‌اش جا داده باشد. با مسیر نگاهم به دستانش، که به دور جام شراب حلقه زده بود، اشاره کردم و گفتم جای تعجب است که هیچ یک از کتاب‌ها را همراه خود نیاورده است.

سرش را به نشانه‌ی تایید تکان داد و گفت متاسفانه آن‌ها را در خانه جا گذاشته است. با لحنی خشک در ادامه افزود که برای بیان نظرش نیازی به کتاب‌ها ندارد. می‌تواند نظرش را همین طوری هم بگوید. همین طوری؟ به همین سادگی؟ بی‌اختیار به یاد آن همه علامت پرسشی افتادم که بر حاشیه‌ی صفحات رمانم نقش بسته بود. از خود پرسیدم چگونه ممکن است کسی همه‌ی آن پرسش‌ها را به خاطر سپرده باشد؟ اگر نظرش چنان کلی است که می‌شد در چند جمله گفت، می‌توانست آن را همان‌جا، مثلاً در همان رستوران بگوید و مرا از الزام آمدن به سر قراری نامتعارف، آن هم در چنین ساعتی از شب، معاف کند.

ردپای تردید را به وضوح در چهره‌ام دید. لبخندی زد و در ادامه با تاکید خاصی گفت از آمدنم پشیمان نمی‌شوم. گفت آن شب می‌تواند دو چیز به من تقدیم کند. می‌پرسید

تقدیم؟ بله، دقیقاً همین را گفت. گفت نخستین چیزی که می‌تواند به من تقدیم کند، نظرش درباره‌ی آثار ادبی من است که آن را به طور رایگان دریافت می‌کنم. در مورد علت دوم دیدارمان گفت که از سر اخلاص حتی حاضر است دستمزد ناچیزی پرداخت کند. نیم‌خیز شد و از جیب پالتویش پاکتی درآورد و گفت این دستمزد شماست. ده هزار یورو پاداش برای شنیدن یک قصه.

غافل‌گیر شده بودم. اگر شما بودید غافل‌گیر نمی‌شدید؟ طبیعی بود که در آن لحظه هاج‌وواج به او نگاه کنم. دست خودم نبود. سرم را به نشانه‌ی عدم تفاهم تکان دادم و با لحنی جدی در مخالفت با پیشنهادش گفتم چه کسی به او گفته که من سفارشی کتاب می‌نویسم؟ من‌من کرد. صاف‌تر روی صندلی نشست. گفت هیچ‌کس. پس از آن چیز دیگری گفت که باعث حیرت بیشترم شد. گفت از من نخواسته است قصه‌اش را بنویسم. این دستمزد من است فقط برای شنیدن آن قصه. گفتم منظورش را متوجه نمی‌شوم. با ناباوری پرسیدم که آیا صادقانه می‌گوید نمی‌خواهد قصه‌اش را بنویسم. می‌دانید در پاسخ چه گفت؟ باز هم یک پرسش ابلهانه! شما از کجا قرار است آن را بدانید؟ گفت تصمیم درباره این موضوع که آیا حاضرم قصه‌ی او را بنویسم یا نه، با من است. تاکید کرد که او حاضر است این مبلغ را صرفاً برای شنیدن این قصه پرداخت کند. گفت قرار نیست روزها وقتم را صرف شنیدنش بکنم. روایتش فقط چند ساعت طول می‌کشد. گفت که اگر با پیشنهادش موافقت کنم می‌تواند همان شب همه قصه‌اش را برایم تعریف کند. تصمیم را برعهده‌ی من گذاشت.گفت یا آن را می‌نویسم یا فراموشش می‌کنم. پول را مجدداً در جیب پالتوی‌اش نهاد. گفت به هر روی آن پاکت دستمزد من است.

این تو، این او، آن همه پرسش، آن اندوه نشسته در قاب چشمانش، آن قرار نامتعارف، آن توداری و سکوت در شب کتاب‌خوانی و سپس آن زبان صریح و بی‌پرده در کافه لوتا و ورای همه‌ی این‌ها، آن پیشنهاد عجیب، پرداخت ده هزار یورو صرفاً برای شنیدن یک قصه، همه و همه، در هم‌نشینی‌شان با هم، کیش‌وماتم کرده بودند. باید از فرمان مصلحت سرمی‌پیچیدم. باید چون خود او، صریح و روشن سخن می‌گفتم. با لحنی کنایی پرسیدم این چه داستانی است که فقط برای شنیدنش حاضر است ده هزار یورو پرداخت کند؟ گفتم تاکنون کسی برای نوشتن یک داستان چنین مبلغی را به من پیشنهاد نکرده چه رسد برای شنیدن یک داستان. پرسیدم آیا ارزشش را دارد؟

لیوان شرابش را به نشانه‌ی سلامتی بلند کرد و به‌سوی من گرفت. بی‌اختیار اما با تانی لیوانم را برداشتم. نگاه‌مان بار دیگر در هم گره خورد. نگاهش را این بار نیز از نگاهم برنگرفت. پنداری بر آن بود با نگریستن در چشمانم از ناگفته‌هایم پرده برگیرد. لیوان‌ها را به هم زدیم. جرنگی صدا کرد. معنایش چه بود؟ به سلامتی چیزی می‌نوشیدیم؟ چه چیزی؟ امضای توافقی نانوشته؟ کدام توافق؟ ذهنم چنان آشفته بود که نمی‌توانست بار عجیب لحظه را واکاود. معنای شادنوشی آن لحظه، پیام جرنگ برخورد دو لیوان، برایم ناروشن بود. این را صادقانه خدمت‌تان می‌گویم. می‌گویید کسی که اصرار بر صداقت در کلام دارد، اغلب می‌خواهد چیزی را پنهان کند؟ نمی‌دانم. شاید!

جرعه‌ای نوشیدیم. گفت این که شنیدن آن داستان ارزش چنین دستمزدی را دارد یا نه، موضوعی است که تنها پس از شنیدن آن می‌توانم درباره‌اش داوری کنم. گفت به باورش ارزش چنین چیزی را دارد. تاکید کرد که از پذیرش پیشنهادش پشیمان نمی‌شوم. به رازی اشاره کرد که در دل آن داستان نهفته است. رازی که او برای نخستین بار قفل سکوت از دهان‌اش برمی‌گرفت و آن را با کسی در میان می‌نهاد. برای نخستین بار! منظورش آن بیگانه‌ای بود که او تنها رمان‌هایش را خوانده بود.

آیا خواندن نوشته‌های یک نویسنده برای اعتماد به او کافی است؟ آیا به صداقت در نوشته‌های یک نویسنده می‌شود اعتماد کرد؟ آیا داستان‌ها دروغ نمی‌گویند؟ آیا نویسندگان افسانه نمی‌سرایند؟ برای فرار از چنگ حقیقت، راست و دروغ را در هم نمی‌آمیزند؟ آیا برای پنهان کردن رازهایشان نیست که دست به قلم می‌برند؟ مگر نه آنکه گاهی یادداشت‌های بی فاعل تحویل می‌دهند و گاه چهره‌ی خود را پشت هویت من‌درآوردی یک او پنهان می‌کنند؟ با زبان تخیل و فانتزی خاک در چشمان حقیقت می‌پاشند تا بتوانند در خاک‌ریز توهم و ابهام، پشت سنگر ناگفته‌ها بنشینند و آسوده بخوابند؟

نویسندگان و خیال‌پردازی‌شان را خوب می‌شناخت و به‌رغم آن به آقای نویسنده اعتماد کرده بود. شاید در آن لحظه چاره دیگری نداشت. دست‌کم، این باور آن لحظه‌ی من بود. در پاسخ به او گفتم که باید درباره‌ی پیشنهادش فکر کنم. گفتم این موضوعی نیست که بشود فوراً درباره‌اش تصمیم گرفت. گفتم همه چیز خیلی سریع روی داده است. می‌پرسید حاصل همه‌ای این اما و اگرها، شک و شبهه‌ها، تردیدها و دودلی‌ها چه بود؟ در یک کلام

بگوییم: هیچ!

می‌دانید کابوس واقعی یک شاعر یا یک نویسنده چیست؟ کابوس‌های شبانه برخاسته از پریشان‌خوابی‌هایشان را نمی‌گویم. منظورم بدترین کابوس ایام بیداری‌شان است. انتظار دارید آن را از زبان خود نویسنده بشنوید؟ ایرادی ندارد. کابوس واقعی یک شاعر یا نویسنده این است که تخیلش در برابر تخیل مخاطبش زانو بزند، سر خم کند و تسلیم بشود. نویسنده‌ای که ببیند مخاطبش بهتر از او داستانش را روایت می‌کند، قلمش دچار ایست قلبی می‌شود. یا باید دچار ایست قلبی بشود. رمان نویسنده‌ای که داستانی تکراری را روایت می‌کند، ممکن است با استقبال میان‌مایگان روبه‌رو شود، حتی احتمال دارد پرفروش از کار درآید، اما به کابوس لحظات تنهایی و خلوت نویسنده‌اش پایان نمی‌دهد و از رنج او نمی‌کاهد. پول ابزار مناسبی برای پیکار و دست‌وپنجه نرم کردن با کابوس‌های ایام بیداری نیست. این موضوع را حتی شاعران و نویسندگان میان‌مایه نیز خوب می‌دانند.

این بیگانه، چه بخواهم بپذیریم و چه نه، غول چنین کابوسی را از چراغ جادویی تخیل آزاد کرده بود. باید اعتراف کنم تخیلش قوی‌تر از تخیلم بود. از چشمه‌ی فانتزی بیش از من نوشیده بود و شهد گلش را بیش از من چشیده بود. همین موضوع باعث می‌شد که بتواند به گونه‌ای مداوم غافل‌گیرم کند. کابوسی که آن شب به جانم انداخت، هرگز رهایم نکرد. تا همین لحظه که در خدمت شما هستم و داستان آن شب را برای‌تان روایت می‌کنم، سایه‌ی آن کابوس مرا تعقیب می‌کند.

یکی از شگردهایش هزینه کردن از آینده در لحظه‌ی حال بود. از تن آینده لقمه می‌گرفت تا شکم حال را سیر کند. مگر نه آنکه آینده پر از ابهام است؟ می‌پرسم به چه چیزش می‌شود اعتماد کرد؟ اصرار داشت که اگر حوصله کنم و داستانش را بشنوم، پشیمان نمی‌شوم. با این ادعا بود که خرد آن لحظه‌ام را با وعده‌ی خوش لحظه‌ای که هنوز در راه است، فریفت. آینده اغلب اغواگرتر از حال است. زمانه قمارباز ماهری است. شما کارت‌هایی را می‌بینید که روزگار در لحظه‌ی حال، با تردستی روی میز چیده است. اما کارت‌های رو نشده‌ی بسیاری در دست آینده است. فرجام لحظه‌ای که در آن به‌سر می‌بریم، خواه خوب، خواه بد، نمی‌باید چندان غافل‌گیرمان کند. غافل‌گیری در رحم آینده نطفه بسته است. در لحظه‌های سپری نشده‌ی زمان، زهر در کنار شهد نشسته است. این ابهام که نمی‌دانید چه چیزی در انتظار شماست، می‌تواند باعث تردیدتان شود یا اینکه

فریب‌تان دهد، اغوای‌تان کند.

با بهره گرفتن از همین شگرد بود که در واکنش به تردید آن لحظه‌ام گفت عجله‌ای در کار نیست. گفت پس از آنکه نظرش را درباره رمان‌هایم شنیدم، می‌توانم تصمیم بگیرم. شکارچی دام دیگری بر سر راه شکارش پهن کرده بود. ریسمان تله‌ای که به دور پای امکان پیچیده بود، هر لحظه تنگ‌تر می‌شد و او با این ترفندش مرا به سوی تصمیمی می‌کشید که دروازه‌ی روحم را روی یک پشیمانی بزرگ فراخ می‌گشود. می‌دانید در جدال میان وسوسه و تردید، آخرین گامی که برداشت، کدام بود؟ مطمئنم که گمانه‌ورزی درباره‌ی آن حرکت از گستره‌ی تخیل‌مان فراتر می‌رود. گفت حتی اگر حاضر به شنیدن داستانش هم نشوم، دستمزد مرا به طور کامل پرداخت می‌کند. گفت آن پاکت به هر حال متعلق به من است.

باورتان می‌شود؟ اصلاً باور کردنی نیست. نیم‌خیز شد، تابی به پیکر خود داد، پاکت را مجدداً از جیب پالتویش در آورد و کنار لیوانم گذاشت. چه حرکت ماهرانه‌ای! واقعاً که آن حرکتش شگفت‌آور بود. چرا شگفت‌آور؟ آن رفتارش آشکارا حکایت از آن داشت که صحنه‌گردانِ ماجرای آن شب نفرین شده فکر همه چیز و همه جا را کرده است. در آن صحنه، خود را چون بندبازی حس می‌کردم که بر فراز دره‌ای هراسناک تعادلش به خطر افتاده است. سقوطی واقعی به آن دره هر دم از دل امکان زاده می‌شد. این غریبه با آن رفتارش عملاً تصمیم شنیدن داستانش را به من تحمیل می‌کرد. می‌دانست که پذیرش آن دستمزد بدون شنیدن داستانش برایم دشوار خواهد بود. چگونه می‌توانستم در پایان دیدار، پاکت پول را در جیب پالتویم بگذارم و بدون انجام کاری از او جدا شوم؟ شنیدن یک داستان منطقاً نمی‌بایست کار دشوار و طاقت‌فرسایی باشد. در زندگی داستان‌های مبتذل کم نخوانده و کم نشنیده‌ایم. افزون بر آن، مصاحبت با آن بیگانه خالی از لطف هم نبود. گرچه کم حرف می‌زد، اما آنگاه که دهان به سخن می‌گشود، گفتنی‌های جذاب بسیاری در چنته داشت.

آیا ممکن نبود بدون دریافت پول با او خداحافظی کرده و به این قرار پایان می‌دادم؟ مثلاً از جای خود بلند می‌شدم، پالتویم را برمی‌داشتم و دستم را به‌قصد وداع به سوی‌اش دراز می‌کردم، با او دست می‌دادم و کافه لوتا را ترک می‌کردم؟ البته که ممکن بود. این منطقی‌ترین کاری بود که می‌توانستم در آن شب نفرین شده انجام دهم. اما صادقانه

می‌پرسم. آیا پیشنهاد دریافت ده هزار یورو فقط برای شنیدن یک داستان، شما را وسوسه نمی‌کند؟ مگر نه آنکه ما معمولاً برای خواندن یا شنیدن یک داستان حاضریم پولی هم پرداخت کنیم؟ اگر می‌دانستم که هزینه شنیدن آن داستان سال‌ها رنج و آزار روحی است، حتماً به توصیه‌تان عمل می‌کردم. اما پس از نوشیدن سه لیوان شراب، در آن لحظه‌ای که خرد ناقصم از سرخوشی ناشی از مستی، سر از پا نمی‌شناخت، پاکت را برداشتم و در جیب پالتویم گذاشتم. لیوانش را بلند کرد. بی‌اختیار، این بار شتاب‌زده، لیوانم را برداشتم و به لیوانش زدم. جرنگی صدا کرد. پیامش این بار کاملاً روشن بود. امضای قراردادی نانوشته بود. می‌دانید، مشکل کار اینجاست که قراردادهای نانوشته را کسی نمی‌تواند بخواند. به همین دلیل است که امضای‌شان می‌تواند راه را برای خطا، برای فاجعه و چه بسا برای یک تراژدی هموار کند.

پیشنهاد کرد برای شنیدن قصه‌اش به آپارتمانش برویم. به طعنه گفت عاشق دل‌خسته‌ی کافه لوتا نیز گاهی احتیاج به خواب و استراحت دارد. میز و صندلی‌های خالی را نشانم داد و به ساعت کار کافه اشاره کرد. گفت که آپارتمانش در همان نزدیکی است، در چندصد متری کافه. گفت چیزی را باید به من نشان بدهد. پذیرش پیشنهاد رفتن به آپارتمانش، ادامه‌ی گام برداشتن روی آن فرش قرمزی بود که مرا به سرسرای کاخ آن اشتباه بزرگ هدایت می‌کرد.

پول میز را پرداخت. شاید باورتان نشود. یک اسکناس صدیورویی به گارسون داد و با دست به او فهماند که مایل به دریافت بقیه‌اش نیست. صد یورو برای پنج لیوان شراب و یک بشقاب کوچک پنیر؟ گارسون هم باورش نمی‌شد. هاج‌وواج به او زل زده بود. گمان می‌کرد اشتباه کرده است. اسکناس را به او نشان داد و با ناباوری گفت که آن یک اسکناس صدیورویی است. پرسید آیا مطمئن است، مابقی‌اش را نمی‌خواهد؟ با تکان سر به او فهماند که می‌داند و اشتباه نکرده است. آن مبلغ حدود سه برابر هزینه‌ی شادنوشی آن شب بود.

پیش از خروج از کافه، لحظه‌ای ایستاد. نگاهی به درون کافه انداخت. پرنده‌ی نگاهش پنداری از شاخه‌ای بر شاخه‌ای می‌پرید. نخست بر پیشخوان کافه نشست. رنج ناشی از یکنواختی زندگی و عشقی ناکام را در چین‌وشکن‌های چهره‌ی صاحب کافه دید. مرغ نگاهش آنگاه بر فراز بلندی‌های جولان پرواز کرد و در گشت و گذار خود به آن رنگ قرمزی رسید که از در و دیوار چکه می‌کرد. نفسی را که در سینه حبس کرده بود، بیرون

داد و با سرعت از کافه خارج شد. شالم را به دور گردنم پیچیدم. دو طرف آن را روی سینه ضربدر زدم. یقه پالتویم را بالا کشیدم و به دنبالش، در کوچه‌پس‌کوچه‌های ابهام، از کافه خارج شدم. در آن لحظه، قادر نبودم از آن حاتم‌بخشی و از آن نگاهی که به پناهگاه غروب‌های کلافگی و ملال‌اش انداخته بود، رمز بگشایم. چقدر گفتنی در رفتارهای بی‌کلام ناشنیده می‌ماند!

باران قطع شده بود. کلاغ‌ها خبر بد را شنیده بودند. قارقارشان حتی برای لحظه‌ای قطع نمی‌شد. پیام‌شان را آن شب نشنیدم. نگاهی به ساعت مچی‌ام انداختم. حدود یازده بود. سوزِ سرما را در پیکرم حس کردم. چاره را در مچاله کردن خود دیدم. با کشیدن دست بر برجستگی جیب پالتویم، عیار واقعیت تصور وجود آن پاکت پول را سنجیدم. باور کردنش برایم سخت بود. تصور این موضوع که آن شب ده هزار یورو دستمزد دریافت می‌کنم، آن هم تنها برای شنیدن یک داستان، بی‌اختیار لبخندی بر لبانم سُراند. اینکه آیا او متوجه شد یا نه را نمی‌دانم. چه اهمیتی داشت؟

در طول مسیر زبانش باز شد. پنداری نوشیدن دو لیوان شراب به تمایلش در سخن گفتن افزوده بود. سیگار دیگری روشن کرد. لحظه‌ای پیش سیگارش را خاموش کرده بود. در حین قدم زدن چیزهای زیادی درباره محله‌شان گفت که شنیدن هیچ کدام‌شان دغدغه‌ی ذهنی آن لحظه‌ی من نبود. کافه‌ها را نشان می‌داد، ساختمان‌ها را نشان می‌داد و درباره هر کدام‌شان چیزی می‌گفت. اما هوش و حواس من یکسره درگیر داستانی بود که شنیدنش پاداشی چنین گزاف داشت.

آیا عاقبت نظرش را درباره‌ی رمان‌هایم گفت؟ بله. نه آن چنان با شرح و تفصیل. فشرده و موجز. نظرش چه بود؟ می‌پرسم در این لحظه که آقای نویسنده در بستر مرگ خفته است، شنیدن این موضوع برای‌تان چه اهمیتی دارد؟ مثلاً دانستن نظر متوفی یا به قول دادستان مقتول درباره‌ی رمان‌های یک نویسنده چه کمکی به داوری قاضی این پرونده می‌کند؟ به‌رغم آن مایلید نظرش را بدانید؟ باشد، ایرادی ندارد. رعایت صداقت یکی از بندهای قرارداد نانوشته‌ی ماست. قراری که به آن پایبندم. می‌خندید؟ علتش را نمی‌دانم.

البته باید بگویم که شنیدن نظرش درباره رمان‌هایم، در پذیرش پیشنهادش بی‌تاثیر نبود. این را هم باید به حساب زیرکی و تیزبینی‌اش گذاشت. آنچه درباره‌ی رمان‌هایم گفت، خلاف آن چیزی بود که از دیگران شنیده بودم و انتظار داشتم مجدداً از او یا از کس

دیگری بشنوم. گرچه از توان نویسندگی‌ام تعریف کرد، اما نظرش در مجموع درباره‌ی رمان‌هایم ویرانگر بود. یک شوک بود. شوکی که گرچه مرا سخت رنجاند، اما سحر و جادویم کرد. اثری از مصلحت یا در پرده و به ایما و اشاره سخن گفتن در کلامش نبود. تعارفی نداشت که از دلش تعریفی زاده شود.

از محدود بودن گستره‌ی تخیلم انتقاد کرد. گفت پرسه زدن در سطح واقعیت‌ها تنها به درد سرگرم کردن مخاطبان بازیگوش و سربه‌هوا می‌خورد. مخاطبانی که می‌خواهند با خواندن پیش‌پاافتاده‌ها، بستر را برای خواب آسوده‌شان بگسترند. گفت مرغ تخیل یک نویسنده یا یک شاعر نمی‌باید خیلی نزدیک به زمین سخت واقعیت پرواز کند. زمختی صخره‌های واقعیت می‌تواند بر بال‌های پرنده‌ی تخیل زخم بنشاند. از لزوم پرواز بلند مرغ تخیل سخن گفت. از من خواست بندهای مصلحت را از پای این پرنده بگشایم و آن را همچون عقابی بلندپرواز و تیزبین در آسمان خیال رها کنم. گفت مایل است صدای شکستن تابوها را زیر لگدمال چکمه‌های قلمی توانمند بشنود. حتی پرسید به چه حقی واقعیت‌های تلخ زندگی را بزک می‌کنم، گنداب این مرداب را با نیلوفرهای آبی و زیبا می‌آرایم و تصویری دل‌پذیر و خوش‌بینانه از هستی به خوانندگان ارائه می‌دهم؟

بدتر از این‌ها را گفت. گرچه آن را به صراحت نگفت، اما تلویحاً به من فهماند که کتاب‌هایم پس از خواندن، به درد خمیر شدن می‌خورند. گفت کتابی که ارزش دو بار خواندن را نداشته باشد یا پس از نصفه‌نیمه خواندن در قفسه‌ای سال‌ها خاک بخورد، فرجام خوشی در انتظارش نیست. از همان زمان نگرانی از خمیر شدن کتاب‌هایم در ذهنم رسوب کرد. کدام نویسنده‌ای را می‌شناسید که نگرانی برخاسته از احتمال خمیر شدن کتاب‌هایش خواب شبانه‌اش را برهم نزند؟ او برای همه‌ی کتاب‌های کتابخانه‌ام سرنوشت شومی پیش‌بینی کرد. تلویحاً گفته بود که همه‌ی آن‌ها دیریازود سربه‌نیست می‌شوند. من سکوت کرده بودم. هیچ نگفتم. چه می‌توانستم بگویم؟ اصلاً متوجه نشده بودم چه موقع لیوان دوم شرابم را تا آخرین قطره سرکشیدم. از همان بلندی‌های جولان، با اشاره دست، برایم لیوان سومی سفارش داده بود. چه می‌توانستم در برابر این نقد ویرانگر بگویم؟

لبخندی زدم. شاید تلخ‌ترین لبخند زندگی‌ام بود. لبخندی که می‌بایست آثار رنجشی عمیق را از چهره‌ام می‌زدود. شاید بر آن بودم به او بگویم که قاعده‌ی بازی را می‌شناسم. نویسنده‌ای که از نقد داستانش بهراسد، همان بهتر که در کنج خانه‌ای متروکش برای دل

خودش بنویسد. البته می‌دانم که این را ساده می‌شود گفت، اما به همان سادگی نمی‌شود پذیرفت. عدم پذیرش پیشنهادش پس از شنیدن این نقد، عملاً به معنای اعتراف به آن شکستی بود که غرورم از پذیرش آن تن می‌زد. او به وعده خود در بیان صریح، جدی و صادقانه‌ی نظرش درباره رمان‌هایم عمل کرده بود. تصمیم با من بود. تصمیم گرفتم چهره‌ام را پشت صورتک اعتماد به نفسی دروغین پنهان کنم. چهره‌ای فریبنده که خود نیز به واقعی بودنش باوری نداشتم. در آن لحظه بود که پاکت پول را در جیب پالتویم گذاشتم.

می‌پرسید آیا نقدش را جدی یافتم؟ حامل نکته‌های درستی بود؟ بله. نقدی اساسی بود. حتی باید بگویم در بسیاری از موارد حق داشت. از کاستی‌های رمان‌های نویسنده‌ای پرده برگرفته بود که قلمش رام و مطیع آن مصلحتی شده بود که هم‌نشینی‌اش را در جمع میان‌مایگان ممکن می‌ساخت و تداوم بقایش را تضمین می‌کرد. میان‌مایگان قلم تابوشکن را نمی‌پسندند. همه چیز باید عادی باشد. سیر طبیعی خود را داشته باشد. کسی را غافل‌گیر نکند. خواب کسی را نپریشد. در مقابل، باید چشمان را سنگین کند. بر نوعی بی‌وزنی، بر آن سبک‌باری ناشی از شنا کردن در دریای بی‌تفاوتی بیافزاید. اما قلمی که نتواند از فراز پرچین ممنوعه‌ها بجهد، دیریازود در برابر انبوه تلنبار شده‌ی ناگفته‌ها از نفس می‌افتد.

می‌پرسید اگر نقدش چنین ویرانگر و جدی بود، چه تاثیری بر نوشته‌های بعدی‌ام داشت؟ آیا حاضر شدم بند از پای مرغ تخیلم برگیرم؟ تابوها را یک به یک زیر پا له‌ولورده کنم؟ از روی سایه‌ی ممنوعه‌ها، قدغن‌ها، ناگفتنی‌ها بجهم؟ صراحت را به جای مصلحت بنشانم؟ حتی به بهای طرد شدن از انجمن میان‌مایگان و پرتاب شدن به جزیره‌ی تنهایی تحمیلی؟ نه. به هیچ کدام از این توصیه‌ها عمل نکردم. نقدش هیچ تاثیری نداشت. تعجب می‌کنید؟ می‌خواهید بدانید چرا؟ علتش ساده است. چون پس از آن شب نفرین شده، هرگز دل به نوشتن ندادم. کارنامه‌ی ادبی من همان شب به پایان رسید.

پوشه‌ی زرد؟ نه این داستان نیست. زندان چند یادداشت پراکنده است. می‌خواهید پوشه را ببینید؟ نیازی به دیدنش وجود ندارد. پوشه را در کشوی پاتختی‌ام گذاشته‌ام. این یادداشت‌ها هرگز منتشر نخواهند شد. من قادر نیستم از دل آن‌ها یا از دل هر چیز دیگری، داستانی بیافرینم. باید اعتراف کنم که آقای نویسنده، همراه با آن بیگانه‌ای که قصد خودکشی داشت، همان شب مرد. پیش از آنکه بمیرد، مرد. مرده‌های زیادی را می‌شناسم

که در خیابان‌های یکطرفه یا در کوچه‌های بن‌بست سرنوشت سرگردانند. بازیگران که بمیرند، تماشاچیان صحنه را با دلقک‌بازی‌های چندش‌آورشان تصاحب می‌کنند. این رسم روزگار است.

نیشتر

خرد مثل یک ساعت کوکی معیوب کار می‌کند. کوکش دوام ندارد. دم و دقیقه باید کوک شود تا کار کند. یک لحظه غفلت کافی است تا عقربه‌هایش دست از کار بکشند. اما زمان رودی است که همیشه جریان دارد. چه محاسبه بشود، چه نشود. ثانیه‌ها و دقیقه‌هایش فارغ از اراده‌مان، بی‌وقفه روی هم می‌سُرند. اما این درباره‌ی ساعت خرد صدق نمی‌کند. اغلب از کار می‌افتد، درست در همان موقعی که برای تصمیم مهمی به آن نیاز مبرمی داریم. در چنین لحظاتی حتی اگر کسی بخواهد خوابش را برهم بزند، بسان اسب چموشی، سم‌هایش را در خاک فرو می‌کند و جنب نمی‌خورد. گاهی خود را به موش‌مردگی می‌زند. پشتِ خاک‌ریزِ کی بود کی بود، من نبودم، سنگر می‌گیرد.

آن شب نفرین شده یادم رفت ساعت معیوبم را کوک کنم. می‌خندید؟ اعتراف بزرگی است. به‌رغم آن باعث خنده‌تان می‌شود؟ بخندید. اما آن ماجرا، در تمامی این سال‌ها، هرگز باعث خنده‌ام نشده است. آن شب، در آن لحظه‌ای که نویسنده‌ی نیمه‌مست، قدم‌زنان روی فرش قرمز، به سوی کاخی می‌رفت که خشت خشتش را با ملاطی از بلاهت بر هم نهاده بودند، خرد هرزه‌گردش گم‌وگور شده بود. بارها از خود پرسیده‌ام آن شب کجا بود؟ اگر آنجا بود، لالمانی گرفته بود؟ اگر نگرفته بود، پس چرا پرخاش نکرد؟ تشر نزد؟ از لام تا کام چیزی نگفت؟ چرا بر خطر آوار شدن سقف کاخ جنون بر سرم لب به سکوت بست؟

پاسخش را عاقبت یافتم. می‌خواهید بدانید چرا خردم آن شب دست به اعتصاب زده بود؟ بی‌پرده گفته باشم، آن شب خردم را سیاه‌مست کرده بودم. بی‌نوا روی پاهایش بند

نبود. تلوتلو می‌خورد و مدام کله‌پا می‌شد. خرد مست که بشود، خوش دارد به دارالمجانین برود و سر سفره‌ی دیوانگان بنشیند. هم‌پیک و هم‌پیاله‌ی جنون بشود و پس از هر جرعه‌ی عرق، از تن فریب لقمه بگیرد. خرد همیشه چیز خوبی نیست. به‌خصوص اگر فریب خورده باشد، یا مثلاً خودمان خاک در چشمش پاشیده باشیم. گاهی شاید بهتر باشد احساس افسار درشکه‌ی زندگی را به دست گیرد.

می‌دانستید خرد ناخالصی زیاد دارد؟ خرد ناب فقط خوراک ذهنی فلاسفه است. صورتکی است که خوش داریم چهره‌مان را پشت آن پنهان کنیم. کدام خردِ ناب؟ خرد معجون غریبی است. فرزند معاشقه مغز با حواس پنجگانه است. گرچه پای سفره‌ی تجربه می‌نشیند، اما در ولگردی‌های گاه و بی‌گاهش، خوش دارد سوار بر بال خیال، از پنجره‌ی همیشه باز پر بکشد و به وادی وهم بگریزد. ابرآموزگارش را می‌شناسیم. جهانی است که به بدآموزی شهره است.

با نظرم موافق نیستید؟ می‌گویید انسان موجودی است خردمند؟ حالا این شما هستید که باعث خنده‌ام می‌شوید. پوزش می‌خواهم. ببخشید، گفتید کدام یکی‌شان را می‌گویید؟ مدت‌هاست دل‌تنگ دیدار یک نسخه‌شان هستم. به یاد ندارم چنین کسی را دیده باشم. نه آنکه به دنبال این ابرانسان نگشته باشم. گشته‌ام و نیافته‌ام. می‌گویید شما چنین فردی را می‌شناسید؟ خوشا به سعادت‌تان! حیف در موقعیتی نیستم که به سلامتی این توفیق بزرگ جرعه‌ای بنوشم. قدر مصاحبتش را بدانید! می‌گویند نسل‌شان رو به انقراض است. شاید حتی پیش پای شما منقرض شده باشد.

متوجه نمی‌شوم! ممکن است تکرار کنید؟ نه! باور کردنی نیست. مرا یکی از چنین انسان‌هایی می‌دانید؟ از راسته‌ی افراد خردمند؟ شما که مرا نمی‌شناسید. خدای من، چه مصاحب خوبی امروز به عیادتم آمده است! با این داوری‌تان خجالتم می‌دهید. این یکی از زیباترین دروغ‌هایی است که در سراسر عمرم شنیده‌ام. به همان زیبایی است که مثلاً کسی مرا مرد جذابی بخواند. مضحک نیست؟ خنده‌اش حتی دل‌پیچه‌آور است.

حتماً می‌دانید که شوخی با فردی که در بستر مرگ خفته کار خطرناکی است. خنده‌ی شدید باعث باز شدن بخیه‌ها می‌شود. بخیه‌ها باز بشوند، جراحت‌ها لب به فریاد می‌گشایند. می‌پرسم قرار است با این تعریف عجیب‌تان به شعور چه کسی توهین کنید؟ من خودم را یکی از نمونه‌های ناب و خالص آن ابلهانی می‌دانم که جهان را در کثرتشان متصرف

شده‌اند. بلاهتی ته‌نشین شده در خودم و دیگران سراغ دارم که طبق اصل دلیل کافی ادعای هوشمندی انسان را به‌تمامی به سخره می‌گیرد و با قطعیتی تردیدناپذیر از اعتبار تهی می‌کند.

مابقی داستان؟ مرا ببخشید. برای یک لحظه سرنخ گپ‌وگفت‌مان را از دست دادم. بله، حق با شماست! بلندی‌های جولان را به‌سوی خانه‌اش ترک کرده بودیم. مرده‌شور این هوا را ببرد. امشب هم دل آسمان هوای گریستن کرده است. چه تصادف عجیبی! آن شب هم بارانی بود. کلاغ‌ها آن شب هم زیر باران قارقار می‌کردند. به بند آمدن باران به هنگام خروج از کافه اشاره می‌کنید؟ خوشحالم که با چنین دقتی پیگیر داستان هستید. از کافه که بیرون آمدیم، باران قطع شده بود. زمین اما یخ‌زده و لغزان بود.

به در آپارتمانش که رسیدیم از من خواست خود را برای یک کوه‌نوردی نفس‌گیر آماده کنم. در کمال تعجب پرسیدم کوه‌نوردی؟ بلند خندید. نه، خنده نبود. قهقهه‌ای سادیستی بود. رفتاری که از فردی خجالتی و ساکت انتظارش نمی‌رفت. انسان واقعاً که پدیده‌ی شگفت‌انگیزی است! هاج‌وواج به او زل زده بودم. ردپای حیرت را در چهره‌ام دید. در حین گرداندن کلید در قفل نگاهی به من انداخت و گفت آپارتمانش در طبقه‌ی پنجم قرار دارد. نودوسه پله داشت. ابراز تاسف کرد. اما مهر نشسته در کلامش از تلخی برخاسته از قهقهه‌اش نکاست.

می‌پرسید آیا آسانسور نداشت؟ این عین پرسش من بود. بی‌اختیار نگاهی به در و دیوار خانه انداختم. خیلی قدیمی نبود. گفت دارد، اما اغلب خراب است. خراب نبود. در پاگرد طبقه‌ی دوم به سوم، درست در همان لحظه‌ای که از نفس افتاده بودم، صدای باز و بسته شدن در آسانسور را شنیدم. لبخندی بر لبانم نشست. با هیجان کودکانه‌ای گفتم به نظر تعمیرش کرده‌اند. سرش را به نشانه‌ی تعجب تکان داد و گفت تا آپارتمانش چند پله بیشتر نمانده و از این رو دلیلی برای منتظر ماندن نمی‌بیند. پله‌ها اما تمامی نداشت. زنجیره‌ی بی‌پایانش دردی تقریباً فراموش شده را به یاد حافظه‌ی زانوهای علیلم انداخت. مدت‌ها بود گمان می‌کردم درمان شده است. نشده بود. دردش پنهان شده بود. در انتظار چنین چالشی، در کمین نشسته بود. هر پله تازیانه‌ای بود که بر کف پاهای خوش‌خیالی فردی سربه‌زیر و مصلحت‌گرا فرود می‌آمد.

نفسم برید تا به آپارتمانش رسیدم. در او اما اثری از خستگی نبود. تفاوت سنی‌مان؟

چه اهمیتی دارد؟ دقیقاً نمی‌دانم. فرض کنید به سن‌وسال شما بود. به سن که نیست. چابک و چالاک بود. پله‌ها را بی وقفه بالا کشیده و خود را به چکاد آن کوه رفیع رسانده بود. من اما یکی دو باری در میانه‌ی عروج آسمانی، دست به دیوار، زیر آلاچیق بهانه‌ی سال‌خوردگی، نفسی تازه کرده بودم. کم مانده بود روی یکی از پله‌ها بنشینم. اما این شرم بود که آبرو و حیثیتم را حفظ کرد.

در باز بود. دچار تردید شدم. آخرین مهلت پا پس کشیدن از بازی ناشناخته‌ی سرنوشت بود. باید پاکت را کنار در می‌گذاشتم و می‌گریختم. گویا رگه‌ی تردید را در نفس‌زدن‌هایم شنیده بود. با لحنی آمرانه خوش‌آمد گفت. مرا بار دیگر آقای نویسنده خواند و از من خواست وارد خانه‌اش بشوم. با لحنی آمرانه؟ بله! خودتان را برای آشنا شدن با چهره‌های متفاوت این بیگانه آماده کنید. در خانه‌اش فرد دیگری شده بود. پنداری پوست انداخته بود. البته هر کسی امپراتور قلمروی خویش است.

خیس عرق وارد خانه شدم. در را پشت سرم و تردیدهایم بستم. خوب نیست آدم در را بر تردیدهایش ببندد؟ توصیه داهیانه‌ای است! در را که ببندیم، نمی‌دانیم چه چیزی یا چه کسی را حبس کرده‌ایم. خودمان را؟ تردیدهایمان را؟ هر دو را؟ شرط عقل حکم می‌کند که آدم پیش از پا گذاشتن به سفری ناآشنا راه بازگشت را روی خود نبندد. همه‌ی پل‌ها را که نباید پشت سر خراب کرد. می‌دانستید که تبعیدی‌ها بلیت رفت می‌خرند، بی‌آنکه به بلیت بازگشت بیاندیشند؟ پدیده‌ی سفر بی‌بازگشت را خیلی از تبعیدی‌ها دست‌کم دو بار در زندگی‌شان تجربه می‌کنند. یک بار پس از دیدار فرح‌بخش‌شان با ملک‌الموت و دست‌کم یک بار پیش از آن.

می‌گویید بهره بردن از حق انتخاب از جنس آزادی است؟ این تصمیم‌ها هستند که انسان‌ها را می‌سازند و مسیر سرنوشت آنان را تعیین می‌کنند؟ نفس‌تان ظاهراً از جای گرم بلند می‌شود. سخت در اشتباه هستید. زمانه وقتی درشت‌خویی پیشه می‌کند، آنگاه که مرگ بر در مشت می‌کوبد و ریسمانِ جبر گلویِ اختیار را می‌فشرد، دو گزینه بیشتر روی میز قمار زندگی نمی‌ماند: ماندن یا رفتن. آنجاست که ماندن یا رفتن اغلب با بودن یا نبودن یکسان می‌شود. این زمانه است که با تحمیل هزینه‌ی سرسام‌آور چنین تصمیم‌هایی، برخی از انسان‌های دست‌چین شده را به پشت میز قماری کلان می‌کشاند. پاک‌باخته‌ها را پروای باخت دیگری نیست. چیزی برای باختن در بساط‌شان نمانده است. سفر

بی‌بازگشت بردش باخت است.

به رخت‌آویز کنار در اشاره کرد و گفت پالتویم را می‌توانم آنجا به دار بیاویزم. دار؟ می‌گویید لحن تندش رعشه به جان‌تان می‌اندازد! حق دارید! نه فقط لحنش بلکه حتی انتخاب واژه‌هایش عادی نبود. به دار آویختن پالتو؟ اصلاً خنده‌دار نیست. دست‌کم برای کسانی که از سرزمینی گریخته‌اند که خاکش بوی خون می‌دهد. هر آنچه آن شب گفت، می‌توانست تلنگری به خرد مستم باشد. تلنگری که گرچه آن شب بارها خردم را تکان داد، آب یخ بر سروصورتش پاشید و نیشگونش گرفت، اما نتوانست بیدار و هوشیارش کند. اصلاً آن شب صحنه‌گردان مخالف پریدن مستی از سر آن خرد بدمست بود. در همان رابطه بود که پرسید آیا چیزی می‌نوشم؟ جرعه‌ای شراب یا لیوانی ویسکی؟ از یک شیشه شراب عالی سخن گفت. شرابی که برای ضیافت آن شب خریده بود. مدعی شد که در سراسر عمرم بخت نوشیدن چنین شرابی نصیبم نشده است. راست می‌گفت. ننوشیده باشید، نمی‌دانید چیست. معجونی بود!

ضیافت شبانه؟ از خود پرسیدم اینجا چه خبر است؟ کدام ضیافت؟ مگر قرار نیست قصه‌ای را تعریف کند و من پس از شنیدنش، شال‌وکلاه کرده، بدون ذره‌ای عذاب وجدان، بی‌آنکه عرق شرم بر جبینم بنشیند، با پاکت پول در جیب، به راه خود بروم؟ وای! حالم از دست این مصلحت‌گرایی که در جای‌جای ذهنم رسوب کرده، به‌هم می‌خورد. این مصلحت‌گرایی بیمارگونه نه تنها چون عنکبوتی بر سلول‌های پندارم تار دوانیده، بلکه مهار گفتار و کردارم را سخت در مشت خود گرفته است. لعنت به این سوپرایگوی فرویدی که به اسم الزام گردن نهادن به اخلاق و ارزش‌های والا از تک تک ما عروسک‌های خیمه‌شب‌بازی می‌سازد، عروسک‌هایی بیش‌یاکم شبیه به یکدیگر. از سر این مصلحت‌گرایی بود که گفتم اگر زحمتی نباشد، شراب را ترجیح می‌دهم. آن چنان به نفس‌نفس افتاده بودم که دم و بازدمم بین هر دو واژه دره‌ای فاصله می‌انداخت.

گوشزد کرد که از اهمیت ورزش غافل نشوم. گفت پانزده دقیقه در روز کافی است. خودش هر هفته، چه در گرمای تابستان و چه در سرمای زمستان، دست‌کم سه بار در حاشیه رود راین می‌دوید. گفت به‌قول آلمانی‌ها هوای بد وجود ندارد، لباس‌مان می‌تواند مناسب یا نامناسب باشد. به بالا و پایین رفتن روزانه‌اش از آن نودوسه پله اشاره کرد. پس از گزارش فعالیت‌های ورزشی روزانه و هفتگی‌اش، از جایش بلند شد و از من خواهش کرد

لحظه‌ای او را ببخشم. از من خواست تا برمی‌گردد، گوشه‌ای بنشینم و نفسی تازه کنم.

از خود پرسیدم چرا باید هر روز این پله‌ها را بالا و پایین برود؟ چرا آسانسور را یک بار برای همیشه تعمیر نمی‌کنند؟ پیش از آنکه فرصت طرح این پرسش را بیابم، از اتاق خارج شده بود. نگاهی به گوشه و کنار آپارتمانش انداختم. گفته بود تنها زندگی می‌کند. به‌رغم آن، خانه بسیار منظم و مرتب بود. همه چیز و همه جا از تمیزی برق می‌زد. همین موضوع تعجبم را برانگیخت. خانه‌ی هیچ مرد عزبی را ندیده بودم که این چنین پاک و منظم باشد.

درباره‌ی آپارتمانم می‌پرسید؟ شما که آپارتمانم را موقع آوردن پوشه دیده بودید. من ستایشگر نظم و پاکیزگی هستم. مشروط به آنکه ناظم کس دیگری باشد. آپارتمانم مصداق آشفتگی ازلی است. تن‌آسایی هر روز لرزه‌ای به بنیانش می‌اندازد و نظمش را از نو تعریف می‌کند. البته اشیا خانه‌ام را خوب می‌شناسم. مثلاً لیوان قهوه‌ام را. آن را روی میزکارم حتماً دیده‌اید. پس از جدایی از همسرم، آمد و روی میزم جا خوش کرد. اوایل به آن سفیدبرفی می‌گفتم. اکنون در سایه‌ی جرم روزگار به رنگ قهوه در آمده است. قهوه را تا آخرین قطره‌اش می‌نوشم و تتمه‌ی نم نشسته بر جداره‌ی لیوان را به دست خشک‌شویی تردد نامرئی ذرات هوا می‌سپارم. به همه‌ی چیزهای این خانه عادت کرده‌ام. فقط چینش آن‌هاست که همیشه ناآشنا است. جست‌وجو برای کشف محل اختفای هر کدام‌شان کلی لذت‌بخش است. اگر هر چیزی بر سر جای خود می‌بود، زندگی ملال‌آورتر می‌شد. شاید انگیزه‌ی آفریدگار از خلق این همه آشفتگی، گریز از ملال آسمانی بوده است. کسی چه می‌داند.

آن لیوان قهوه همراه با دیگر چیزهای اقامتگاهم، در هم‌زیستی مسالمت‌آمیزشان با صاحب‌خانه پیر می‌شوند. گاهی بد نیست انسان واقعیت پیری‌اش را در سال‌خوردگی اشیایی ببیند که پیرامون خود جمع کرده است. مثلاً در کهنگی یک کتاب، در برگ‌های زردش. چرا اصلاً جای دور برویم، سال‌خوردگی‌ام را می‌شود در همین خودنویس دید. همین خودنویسی که در این پاتختی گذاشته‌ام. زن سالمندی را می‌شناختم که اصرار به انکار سنش داشت. خود را چون دختران نوبالغ می‌آراست. لاغر و خوش‌اندام بود. از نوع آن عشوه‌گرانی که از پشت دل می‌برند و از روبه‌رو، زهره. اسباب‌اثاثه‌ی خانه‌اش عتیقه بودند. می‌گفت عاشق اشیای آنتیک است. همسرش با لبخند معناداری و با اندکی بدجنسی همین را می‌گفت! جالب اینجاست که آن دختر نوبالغ به‌رغم چین‌وشکن‌های

نشسته بر رخسارش، زهر نهفته در کلام طعنه‌آمیز همسرش را درک نمی‌کرد. برای کسی که پیام آینه را نمی‌بیند، نشنیدن و انکار چنین پیام‌هایی نباید دشوار باشد.

آپارتمان او حکایت دیگری داشت. گلدانی با چند شاخه گل رز سفید روی میز شیشه‌ای اتاق پذیرایی دیده می‌شد. یک لامپ قدی بزرگ همچون زرافه‌ای گردن درازش را روی آن میز خم کرده بود. نورش در حدی نبود که بر تاریکی کاملاً چیره شود. در گوشه‌ی دیگر، میز سفیدرنگی با شش صندلی چرمی سفید قرار داشت. آپارتمانش مدرن و در عین حال کسالت‌بار بود. سرد و بی‌روح. تقریبا همه چیز یا سفید بود یا سیاه.

نگاهم در جست‌وجوی رنگی دیگر، بی اختیار متوجه یک تابلوی نقاشی شد. کنار یک قاب عکس، پشت همان میز سفید نصب شده بود. تصویری بود از چند زن روستایی کوزه‌برسر. ظاهراً از سر چشمه باز می‌گشتند. در آن قاب تصویر مردی دیده می‌شد، مردی مسن. تشخیص چهره‌اش از آن فاصله ممکن نبود. زور زرافه فقط به پرتوافکنی بر سطح میز وسط اتاق می‌چربید. گرداگرد میز در سایه گم شده بود.

انگیزه‌ی رمزگشایی از چهره‌ی آن مرد باعث شد از جایم برخیزم و به سوی قاب عکس بروم. در حین عبور از کنار تابلوی نقاشی، دیدن چیزی مرموز خواب کابوسی قدیمی را در روحم برآشفت. کابوسی که هر از گاهی به سراغم می‌آید و آرامش از بسترم می‌زداید. در این کابوس گروهی را در ظلمت شبانه در گورستانی می‌بینم. شش نفرشان تابوتی بر دوش می‌برند و عده‌ای پشت سر آنان در حرکتند. چهره‌ی هیچ کدام‌شان را نمی‌شود دید. یکی از مردان تابوت بر دوش، چهره‌اش را به سویم برمی‌گرداند و به من لبخند می‌زند. ظلمت بر چهره‌اش نشسته است. تنها درخشش دندان‌هایش را می‌بینم. مشاهده‌ی سفیدی دندان‌ها در تاریکی خیلی وحشتناک است. مو بر تن آدمی سیخ می‌کند. آن تابلو مرا به یاد آن کابوس انداخت.

چه چیز مرموزی در آن می‌دیدم؟ شاید باورتان نشود. نه! باید تصحیح کنم. باور کردنش نباید چندان سخت باشد. تخیل هنری تصور هر چیزی را ممکن می‌سازد. چیزی که شاید فهمش برای‌تان دشوار باشد، حس آن لحظه‌ی من است. سه زن روستایی در این تابلو تصویر شده بودند. هیچ کدام‌شان چهره نداشتند. تصویر بی‌چهره‌ی یک انسان فقط پرسش‌برانگیز نیست، می‌تواند بذر دلهره بر خاک روان بپاشد و از دلش وحشت درو کند.

نقاش به سوژه وفادار بود. همه چیز را با دقت تحسین‌برانگیزی تصویر کرده بود. از

گل‌دوزی‌های الوان روی پیراهن‌ها گرفته تا منجوق‌دوزی‌های زرین روسری‌های رنگارنگ. آن تصویر چنان در ذهنم نقش بسته که پنداری هم اکنون در برابر چشمانم قرار دارد. یکی‌شان پیراهن بلند نارنجی به تن داشت، آن دیگری آبی و آخری سرخ عنابی. اما نقاش چهره هیچ یک را نکشیده بود. شاید در ابتدا کشیده بود و آنگاه با نوک انگشتش چشم و ابرو و بینی و دهان‌شان را درهم تابیده و محو کرده بود. نوعی مخدوش کردن تصویر چهره‌ها، نوعی از هویت انداختن زنان کوزه‌برسر.

انگیزه‌ی نقاش چه بود؟ نمی‌دانم. فقط می‌دانم که اگر چهره‌هایشان را کشیده بود، اثرش یک تابلوی عادی می‌شد. از جنس تابلوهای رنگارنگی که برای آراستن دیوار خانه‌ها می‌خرند. اما حکایت آن تابلو چیز دیگری بود. از خود پرسیده بودم آنان که بودند و چرا باید هویت‌شان انکار می‌شد؟ مهم‌تر از آن، از خود پرسیده بودم انگیزه‌ی آن بیگانه از نصب آن در اتاق پذیرایی‌اش چه بوده است؟ پرسشی که پاسخش در متن گپ‌وگفت آن شب برایم تا حدودی روشن شد. این پاره‌ای از آن رازی بود که آن شب برای رهایی‌اش از قفس سکوت لحظه شماری می‌کرد. ماجرا آن شب چنان سریع روی داد و زمان چنان شتابان سپری شد که مجالی برای چنین پرسش‌هایی نماند.

کرانه‌های آن تابلو پایان حضور رنگ‌های دیگر در اتاق ملال بود. رنگ سرخ کافه لوتا اینجا جای خود را به دو رنگ سیاه و سفید داده بود. در کنار این تابلو، عکس آن مرد دیده می‌شد. عکسی سیاه‌وسفید، نشسته در حاشیه‌ی سفیدِ قابی سیاه. چیز عجیبی در آن نبود. یک عکس ساده بود. شباهت زیادی به خود او داشت. اما نمی‌توانست خود او باشد. مسن‌تر بود. موهای سر آن بیگانه ریخته بود. اما نه به اندازه‌ی پیرمرد قاب عکس.

چنان محو تماشای زنان بی‌چهره و آن پیرمرد شده بودم که بازگشتش را متوجه نشدم. از شنیدن صدایش به خود آمدم. گفت عکس پدرش است. در حین گذاشتن شیشه شراب و لیوان‌ها به آن اشاره کرد و چیزی گفت که باعث حیرتم شد. پدرش را باهوش و در عین حال ابله خواند. غافل‌گیر شدید؟ من هم انتظارش را نداشتم. گفت پدرش ابله بود، اما احمق نبود. به زهری اشاره کرد که در واژه‌ی احمق وجود دارد. گفت آدم گاهی دلش برای یک ابله می‌سوزد، اما برای یک احمق هرگز. بلاهت را رقت‌بار خواند، حماقت را تهوع‌آور. دلش برای پدرش می‌سوخت.

نمی‌دانستم چه واکنشی باید از خود نشان می‌دادم. گفت بلاهت و هوش الزاماً مغایر

هم نیستند. اغلب مکمل هم‌اند. انسان‌ها را نمی‌شود به دو دسته‌ی هوشمند و ابله تقسیم کرد. گفت اگر چنین چیزی ممکن می‌بود، کار انسان خیلی ساده می‌شد. می‌توانستیم با هوشمندان دمخور شویم و از تماس با ابلهان بپرهیزیم. پس از آن لبخند تلخی بر لبانش نشست. گفت هوش سرشار پدرش هرگز مانعی بر سر راه گردن‌کشی بلاهتش نبود.

سکوتم کش آمد. لبخند هیچ‌مگویی بر لبانم نشست. از نوع آن رفتارهایی بود که عموماً پیامی به‌همراه ندارند. رفتاری بی‌دلیل و بی‌معنا، آنگاه که نمی‌دانیم چه واکنشی درخور و مناسب لحظه است. شاید پاسخی به لبخند تلخش بود. یک واکنش غیرعادی به یک داوری غیرعادی. نمی‌دانم. دانستنش در این لحظه اهمیتی ندارد. بی‌آنکه چیزی بگویم، بی‌اختیار به سویش رفتم و روبه‌رویش نشستم.

گفت حتماً می‌پرسم چرا جای عکس مادرش روی دیوار خالی است؟ چنین پرسشی ذهنم را هیچ به بازی نگرفته بود. آشنایی چندانی با او نداشتم. چرا باید چنین پرسشی در ذهنم نقش می‌بست؟ شاید شیفته‌ی پدرش بود. همان پدر ابله‌اش. شاید مادرش سر زا رفته بود. کسی چه می‌داند. ترجیح دادم سکوت کنم و پاسخ را به خودش وانهم. داستان تخیلی‌اش درباره‌ی معشوقه‌ی صاحب‌کافه‌ی لوتا مرا بر آن داشته بود تا در بیان حدس و گمان‌هایم محتاط‌تر عمل کنم. منتظر پاسخم نماند. گفت چهره‌ی مادرش را دائماً در برابر خودش می‌بیند. چه با چشمان باز و چه با چشمان بسته. از این رو نیازی به نصب عکسش حس نمی‌کرد. گفت همه جا حضور دارد. در خواب و در بیداری.

می‌دانید از مادرش با چه نامی یاد کرد؟ این بار باور کردنش برای‌تان ساده نخواهد بود. به علت شغلم با افراد زیادی در طول عمر نشست و برخاست داشته‌ام. بودند کسانی که دل‌شان از دست والدین‌شان خون بود. اما کسی را تا آن روز ندیده بودم که مادرش را عفریته بخواند. درست شنیدید. عفریته! عین این کلمه را گفت و پس از آن سکوت کرد. نگاهش را در نگاهم گره زد. شاید می‌خواست تاثیر تلخی کلامش را در چهره‌ام ببیند. خشکم زده بود. نفس‌اش را با صدایی بلند از سینه بیرون داد و گفت آن عفریته زن زیبایی بوده است. حتی از کلمه‌ی دلربا استفاده کرد. دلربا! سال‌ها بود که این واژه از دایره‌ی لغات فعال ذهنم کوچ کرده بود. تبعیدی‌ها بسیاری از واژه‌ها را در سرزمین مادری‌شان جا می‌گذارند. همه‌ی واژه‌ها، خاطره‌ها و یادها در حجم چمدان کوچک یک تبعیدی نمی‌گنجند.

در توصیف زیبایی مادرش به آن هم اکتفا نکرد. زیبایی‌اش را مسحور کننده خواند. یک زیبایی که بیننده را جادو می‌کند. در وصف چشمانش گفت. توصیفی شاعرانه بود از چشمان سیاه مادرش. چشمانی چنان زیبا که وسوسه به جان خویشتن‌دارترین مردان می‌اندازد و چون نسیمی شورانگیز یال اسب هوس و تمنا را پریشان می‌کند. این احساس امروزم از توصیف شاعرانه‌ی اوست. در آن لحظه، دو سه دانگ حواسم جای دیگری بود. به دنبال فهم رابطه‌ی نامکشوف زیبایی با واژه‌ی عفریته بودم. تناقضی در هم‌نشینی این دو واژه حس می‌کردم، که قادر به فهمش نبودم.

پس از آن، به چهره‌ی خودش اشاره کرد. گفت ذره‌ای از زیبایی مادرش را به ارث نبرده است. به توزیع ناعادلانه ژن زیبایی در خانواده‌شان اشاره کرد و گفت برخلاف او، خواهر و برادرش از آن زیبایی نصیب فراوانی برده‌اند. آنگاه عکس پدرش را نشان داد و گفت چهره‌اش را مدیون غلبه ژن نازیبای اوست. از این که چهره‌اش شباهتی به مادرش نداشت، ناراحت نبود. گفت اگر به او می‌مانست، شاید هرگز به آینه نمی‌نگریست. زیبایی مادرش را نفرت‌انگیز خواند. پرسید آیا پدیده زیبایی نفرت‌انگیز را می‌شناسم. درباره‌اش فکر نکرده بودم. گفت زیبایی مادرش چنان چندش‌آور بوده که صرف اندیشیدن به آن حالش را بد می‌کند. بر خشونت کلامی‌اش افزود و گفت چندش‌آور واژه دقیقی نیست. زیبایی‌اش تهوع‌آور بود.

آنچه درباره‌ی والدینش گفت ستون‌های روحم را لرزاند. گردبادی بود سهمگین‌تر از طوفانی که نقد ویرانگرش درباره‌ی رمان‌هایم به پا کرده بود. از خود پرسیدم چگونه کسی می‌تواند این چنین خشن درباره والدینش سخن بگوید؟ مخلوقی را می‌مانست که از سر نفرتی مهار ناشدنی علیه خالقش به پا خاسته باشد. تردیدم درباره‌ی سلامت روحی‌اش، پس از شنیدن آن داوری تند، جلوه‌ی تهدیدآمیزی به خود گرفت. دیگر تردید نبود. ملغمه‌ای از نگرانی، دلهره و وحشت بر من چیره شده بود. باید اقرار کنم ترسیده بودم. نمی‌دانستم آن شب چه چیزی در انتظارم است. مات و مبهوت به او زل زده بودم. آن چیستان خوان چیستان‌های بس بزرگتری را در برابرم گسترده بود.

کسانی را دیده‌ام که از زخم‌های روح‌شان خون افسردگی چکه می‌کرد. خون افسردگی را در سرخی چشمان‌شان دیده بودم. سال‌خوردگانی را دیده‌ام با زخم‌هایی که برخی‌شان هنوز بوی ایام کودکی را می‌دادند. گذر عمر اغلب نمی‌تواند غبار فراموشی روی خون

لخته‌بسته‌ی این زخم‌ها بنشاند. این زخم‌ها سایه به سایه انسان را در خلوت شبانه‌اش تعقیب می‌کنند. اما، هیچ‌گاه هیچ زخم‌خورده‌ای را چون او ندیده بودم. روحی عصیان‌زده داشت. روحی زنجیر به پا که در زندان کالبدِ فردی خجالتی و ساکت، دوران حبسش را سپری می‌کرد. او زخم‌هایش را آن شب به من نشان داد.

باید چهره‌اش را در آن لحظاتی می‌دیدید که درباره‌ی مادرش سخن می‌گفت. خون به رخسارش می‌دوید. سرخِ سرخ می‌شد. بین هر دو جمله‌اش آهی بلند می‌نشست. از خود پرسیدم چرا؟ چه اتفاقی، چه خاطره‌ای می‌تواند به چنین تنفری مجال سرکشی بدهد؟ سکوتم را به درستی تفسیر کرد. از گستاخی و بی‌پروایی‌اش پوزش خواست. گفت نیازی به حدس و گمان نیست. گفت پرده‌دری از علت این نفرت تغلیظ و ته‌نشین شده در روح و روانش، بخشی از داستانی است که قرار است بشنوم.

نیم‌خیز شد و جرعه‌ای شراب ریخت. آن را چند باری بر محوری فرضی گرداند. سپس لیوان را به بینی‌اش نزدیک کرد، چشمانش را بست و آن را بویید. سپس گفت چه بوی مطبوعی! آمیزه‌ای از بوی آلو، توت وحشی و خاک جنگل. لبخند رضایتی که بر لبانش نشست از تلخی خاطراتی چرک‌آلود کاست. لیوان را نیمه‌پر کرد و به من داد. طبق عادت لیوان را جلوی چشمانم گرفتم. جهان در آن سوی تیرگی گلگون شراب محو شد. برای خودش نیز شراب ریخت. لیوانش را به سوی من گرفت. از آغاز یک آشنایی دیرهنگام و در عین حال بسیار کوتاه سخن گفت. صدای جرنگ برخورد لیوان‌ها، در فضای انباشته از ملال، حسی دل‌پذیر نشاند.

شراب را مزه‌مزه کردم. فوق‌العاده بود. مزه‌ای گس و ماندگار داشت. رایحه‌اش در بینی می‌پیچید، همچون نسیم فرح‌بخشی که از سوی گلزاری بوزد. همانی بود که گفته بود. بوی خاک و توتِ وحشی می‌داد. جرعه‌ای نوشید. از حس رقص قطره قطره‌اش در دهان، غرق در لذت شد. گفتم باید گران باشد! سرش را به نشانه‌ی تایید تکان داد. گفت ارزش‌اش را دارد. ضیافت آن شب را رویدادی استثنایی خواند. گفت در زندگی چنین لحظاتی نادرند. لحظاتی هستند که خط ممتد تکرار را قطع می‌کنند و بر مسیر زندگی طرحی دیگر می‌زنند. اغلب یک بار روی می‌دهند. فقط خاطره‌شان می‌ماند.

واژه‌ی زندگی را بلند و کش‌دار ادا کرد. از خود پرسیدم از چه مناسبتی سخن می‌گوید؟ دیدار و گفت‌وگو با بیگانه‌ای که حاضر شده چند ساعت از وقتش را به ده هزار یورو بفروشد،

چه حادثه‌ی ویژه‌ای است؟ برای آقای نویسنده شاید باشد، که بود. اما برای او چرا؟ شیشه‌ی شراب را به طرفم گرداند و برچسبش را نشانم داد. یکی دو کلمه‌ی قرمز بر حاشیه‌ای سفید چاپ شده بود. برچسبی بسیار ساده داشت. از آن فاصله نمی‌توانستم نوشته‌ی برچسب را بخوانم. گفت از مرغوب‌ترین شراب‌های بوردو است. از سال‌ها انتظار آن شراب برای فرارسیدن موعد آن ضیافت سخن گفت. نامش چه بود؟ نیم‌خیز شدم و نگاهی به شیشه‌اش انداختم: شاتو پتروس[1].

اجازه خواست درباره قیمتش سکوت کند. به توصیه فروشنده‌اش اشاره کرد که گفته بود شیشه را باید چند ساعتی پیش از نوشیدن باز کرد. گفته بود باید نفسی تازه کند تا غنچه‌هایش بشکفد. باید ذرات هوا را به عطرش بیامیزد. گفت این شرابی نیست که بشود جرعه جرعه نوشید. باید لب لب، قطره قطره، آهسته و با تانی در دهان چرخاند. گفت هر لبش بوسه‌ای فراموش ناشدنی است. بوسه‌هایی هوس‌انگیز که باید ساعت‌ها حس‌اش انسان را سرخوش کند. باید از دیدن رنگ سرخش لذت برد. به تماشای رقص بی‌نظیرش در لیوان نشست. از بوییدن رایحه‌ی خوش‌اش سرمست شد. و سلول‌های زبان را در آمیزش با قطرات نابش به سفری آن‌جهانی فرستاد. به نقل از فروشنده گفت مزه‌ی آن شراب با گذشت هر لحظه تغییر می‌کند. شرابی است که هر دم دگر می‌شود و دگر می‌کند.

نامش را پیش از آن نشنیده بودم. چگونه ممکن بود نویسنده‌ای گمنام چنین شرابی را بشناسد؟ شرابی نبود که بشود آن را در این یا آن فروشگاه دید و خرید. چندی پس از آن، هنگامی که سرگرم نوشتن یادداشت‌ها بودم، از روی کنجکاوی، از ناگفته‌های این شراب پرده برگرفتم. نامش را جست‌وجو کردم. آنگاه بود که دریافتم چرا این شراب ممکن نیست به خانه‌ی من، به خانه‌ی او و یا شاید به خانه‌ی شما راهی بیابد. اینکه چرا آن شراب در آن ضیافت شبانه گذرش به خانه‌ی آن بیگانه افتاد، راز دیگری بود که می‌توانست آرامش روحم و خوش‌خیالی کودکانه‌ام را به چالش بکشد. علت آن دستمزد کلان، آن حاتم‌بخشی درکافه و خرید این شراب چندهزار یورویی در آن لحظه به تمامی برایم پوشیده بود. اما پس از آن، همه چیز برایم روشن شد. آن شب برای اکثر پرسش‌هایم پاسخ قانع کننده‌ای در چنته داشت.

لیوانش را روی میز گذاشت. صدایش را صاف کرد. به گسست‌ها در سرنوشت اشاره

---

[1] Château Petrus

کرد و گفت فرجام داستان زندگی را گسست‌ها رقم می‌زنند و نه آن خط ممتدی که تولد را به مرگ وصل می‌کند. با لحنی خشک و جدی گفت زندگی جمع جبری روزها و سال‌هایی نیست که در قفسه‌های گذشته بایگانی شده‌اند. مسیر زندگی از کنار هم نشستن گسست‌هایی شکل می‌گیرد که قلاده‌ی سرنوشت را، اغلب برخلاف میل‌مان، گاه به یمین و گاه به یسار می‌کشانند. زندگی‌نامه‌های واقعی، آنجا که غرور لکنت‌زبان می‌گیرد، ثبت گسست‌ها هستند. ماجرای پوشه‌ی زرد حکایت یکی از آن گسست‌ها بود. گسستی که هم بر سرنوشت آن بیگانه نقشی پررنگ و انکار ناشدنی زد و هم بر زندگی این بیمار خفته در بستر مرگ.

جو سنگین شده بود. با انگیزه‌ی تغییر مسیر گپ‌وگفت، به تمیزی و نظم حاکم بر آپارتمانش اشاره کردم. سرش را به نشانه‌ی تایید تکان داد. اغلب سرش را به نشانه‌ی تایید تکان می‌داد، اما خلاف چیزی را می‌گفت که انتظارش می‌رفت. گفت این نظم و پاکیزگی تصویر دائمی آپارتمانش نیست. اغلب به‌هم‌ریخته و نامرتب است. از زنی سخن گفت که هر هفته برای نظافت آپارتمانش می‌آید. برای ضیافت آن شب از او خواسته بود در ازای دریافت دستمزدی بیشتر، دو برابر همیشه وقت بگذارد و همه جا را تمیز و مرتب کند.

نکته دیگری توجهم را به خود جلب کرده بود. در همان چند دقیقه‌ای که کنار هم نشسته بودیم، متوجه‌ی بی‌تابی‌اش شدم. مضطرب به نظر می‌رسید. دست‌کم دو بار به ساعت مچی‌اش نگاه کرده بود. پرسیدم منتظر کسی است؟ با لحنی قاطع گفت قرار نیست کسی بیاید. حوصله‌ی دیدار با هیچ تنابنده‌ای را نداشت. گفت فقط منتظر است وقتش برسد. وقت چه چیزی قرار بود برسد؟ این پرسش می‌بایست به مغزم خطور می‌کرد، اما نکرد.

همه چیز آن شب برایم عجیب بود. وقتی همه چیز عجیب باشد، همه چیز عادی به نظر می‌رسد. مثل فیلم‌های تخیلی‌علمی که در آن همه چیز غیرعادی است و چون همه چیز غیرعادی است، تماشاچی همه چیز را عادی می‌بیند. سکوت کردم و خود را به دست رایحه سرمست کننده شراب سپردم. بوسه‌ای از لیوان گرفت و بی مقدمه از جایش بلند شد. با لحنی آمرانه گفت که آیا می‌تواند از من خواهشی بکند. پاسخم مثبت بود. از من خواست پشت آن میز سفید بنشینم. گفت باید چیزی را به من نشان دهد. بی آنکه منتظر پاسخم بماند، شراب و لیوانش را برداشت و به طرف میز رفت. از جای خود بلند شدم و

لیوان به دست، به دنبالش به راه افتادم.

با دست صندلی روبه‌روی خودش را نشان داد. گفت مایل است موقع روایت داستان به چهره‌ام نگاه کند. مایل بود تاثیر گفته‌هایش را در چهره‌ی یگانه مخاطبش ببیند. بی چون و چرا جایی نشستم که تعیین کرده بود. سخنش برایم عجیب بود. مگر نه آنکه او از نگاه کردن مستقیم به چشمان دیگری پرهیز داشت؟ البته در بلندی‌های جولان یکی دو بار جسارت کرده و برای لحظه‌ای نگاهش را در نگاهم گره زده بود. از خود پرسیدم چه شده که می‌خواهد با بی‌پروایی در چشمانم نگاه کند؟

نگاه دیگری به ساعتش انداخت. پوزش خواست و گفت باید برای لحظه‌ای مرا تنها بگذارد. منتظر واکنشم نماند. شتاب‌زده به اتاقی رفت و در را پشت سرش بست. افسار ارابه‌ی زمان در اختیار او بود و من مسافری بیش نبودم. مسافری که از مقصد و مقصود هم‌سفرش خبر نداشت. چه می‌توانستم بگویم؟ با گرفتن آن پاکت لعنتی، زیر قراردادی نانوشته را امضا کرده بودم. در زندگی هیچ قراردادی بی‌هزینه نیست. این را باید می‌دانستم.

جایی را که برایم تعیین کرده بود، مقابل تابلوی زنان کوزه‌برسر بود. چه تصادف عجیبی! نمی‌دانست رویارویی مستقیم با آن کابوس قدیمی چقدر برایم آزار دهنده است. از زنان بی‌چهره نگاه برگرفتم. یک سینی گرد با یک شیشه آب و دو لیوان در سمت راست میز قرار داشت. دیدن یک خودنویس و یک برگ کاغذ توجهم را به خود جلب کرد. این همان خودنویسی بود که گفته بودم. چیزی روی آن کاغذ نوشته بود. از خود پرسیدم آیا این کاغذ آن چیزی نیست که می‌خواهد به من نشان دهد؟ کنجکاوی باعث شد کاغذ را به سوی خود بکشم و نگاهی به آن بیاندازم. نمی‌بایست چنین می‌کردم؟ رفتارم را تعرض به حریم خصوصی می‌دانید؟ چه لحظه‌ی مناسبی را برای سرزنش بیماری خفته در بستر مرگ انتخاب کرده‌اید! رفتار عادی و منطبق بر قواعد مربوط به شرایط عادی می‌شود. در اوضاع غیرعادی رفتار عادی توی ذوق می‌زند. آدم را انگشت‌نمای خاص و عام می‌کند. از شما می‌پرسم، در آن شب چه چیز عادی وجود داشت که انتظار رفتاری عادی و متعارف از من دارید؟

آن کاغذ چه بود؟ به نظر می‌رسد که خوره‌ی کنجکاوی به جان شما هم افتاده است. تاریخ مصرف توصیه‌های اخلاقی چه زود سپری می‌شود. اتفاقاً مضمونش چیزی بود که باید برای‌تان شرح بدهم. فهم ماجرای آن شب وابسته به فهم مضمون آن برگه کاغذ است.

سند؟ نه! سند نبود. نقشه‌ی راه آن شب نفرین شده بود. روی آن خط سیاهی ترسیم شده بود که در امتدادش به دایره‌ی نسبتاً بزرگی ختم می‌شد. در برخی از نقاطش اعدادی نوشته شده بود. خطاب به خود گفتم این نمی‌تواند آن چیزی باشد که او مایل بوده به من نشان دهد. نگاهی به پشت کاغذ انداختم، به دنبال یادداشتی یا مدرکی. سفید بود. می‌گویید موضوع شاید بر سر همان خط و دایره بوده است؟ هوش و ذکاوت سرشارتان جداً مرا غافل‌گیر می‌کند. طعنه؟ نه! چنین جسارتی نمی‌کنم. در آن خط و دایره ناگفته‌هایی وجود داشتند که منتظر رمزگشایی بودند.

دقیق‌تر به اعداد نوشته شده روی خط ممتد نگاه کردم. فهمش ساده‌تر از چیزی بود که گمان می‌کردم. ثبت ساعت و دقیقه بودند. در ابتدای خط سیاه ساعت یازده و چهل و پنج دقیقه و در پایانش ساعت سه و پانزده دقیقه نوشته شده بود. در دل دایره نیز با حروفی بزرگ ساعت سه و چهل و پنج دقیقه به چشم می‌خورد. بی‌اختیار نگاهی به ساعت مچی‌ام انداختم. ساعت یازده و چهل و چهار دقیقه بود. نفسم در سینه حبس شد. رمزگشایی از این اعداد رعشه‌ای بر تنم انداخت. هنوز نمی‌توانستم پیام این خط و دایره و اعداد را متوجه شوم. از خود پرسیدم که آیا او منتظر ساعت یازده و چهل و پنج دقیقه شب نبوده است؟ چه پرسش ابلهانه‌ای! از خود پرسیدم آیا به این علت نبود که مرتب به ساعتش نگاه می‌کرد؟ این تنها چیزی بود که توانسته بودم از خطونشان ثبت شده روی آن برگه‌ی کاغذ دریابم. پرسشی به ذهنم خطور کرد. گفته بود منتظر است که وقتش برسد. از خود پرسیدم قرار است چه چیزی در آن ساعت روی دهد؟ در ساعت یازده و چهل‌وپنج دقیقه؟

در افکار شیرازه گسیخته‌ام سرگردان بودم که صدای بسته شدن در مرا به خود آورد. شاهد صحنه‌ی عجیبی بودم. عجیب‌تر از آن تکه کاغذ، عجیب‌تر از هر آنچه تا آن لحظه دیده بودم. از خود پرسیدم این دیگر چه بازی است؟ در سر این بیگانه چه می‌گذرد؟ می‌پرسید چه دیدم؟ بگویم هم باورتان نمی‌شود. اصلاً چگونه ممکن است بتوانید چنین چیزی را باور کنید؟ باید خودتان آن صحنه را می‌دیدید. باید آنجا می‌بودید. تمایلی ندارید؟ حق با شماست. چه خوب که آنجا نبودید. شرح آن صحنه برای یک نویسنده و چه بسا برای یک نویسنده زبردست نیز ساده نیست. چگونه می‌توانم آن صحنه را برای‌تان شرح بدهم؟ سعی خودم را می‌کنم.

لباسش را عوض کرده بود. برخلاف انتظار، به جای لباسی راحت، کت‌وشلوار شیکِ سیاه رنگی پوشیده بود. روی پیراهن سفید اتوکشیده‌ای کراوات سیاه پرکلاغی زده بود. کراوات؟ در آن ساعت از شب؟ در هم‌نشینی با یک غریبه؟ در خانه‌ی خود؟ برای هیچ یک از این پرسش‌ها پاسخی نداشتم. لباس‌هایش به‌ظاهر نو بودند. کفش‌هایش برق می‌زدند. زبانم بند آمده بود. خشکم زده بود. به یاد فیلم‌های وحشتناکی افتادم که در نوجوانی دیده بودم. متوجه حال‌وروز پریشانم شد. آن را از روی لبخندی که بر لبانش نشست، قرائت کردم. حیرت‌زده و با دست‌پاچگی پرسیدم مگر نگفته بودید که منتظر کسی نیستید؟ پاسخش را تکرار کرد. گفت حوصله‌ی دیدن احدی را ندارد. دلش می‌خواست در تنهایی مطلقش غرق شود. گفت در زندگی، آنگاه که ملال از دیواره‌ی روح چکه می‌کند و حوصله‌ی انسان چنان تنگ می‌شود که تحمل خود را نیز ناممکن می‌سازد، جهان آب می‌رود، کوچک می‌شود، به اندازه‌ی یک قطره از یک جرعه شراب ناب.

به لباسش اشاره کردم و پرسیدم که اگر منتظر کسی نیست، پس چرا این قدر شیک‌وپیک کرده است. گفت دلیلش را به‌زودی متوجه خواهم شد. مدعی شد که در آن لباس بهتر می‌تواند داستانش را روایت کند. گفت داستانی که قرار است آن شب بشنوم، بسیار جدی است. تا حد مرگ جدی. داستانی که آن شب شنیدم، تا حد مرگ جدی بود. جدی و در عین حال وحشتناک.

آن شب‌نشینی را آغاز یک سفر خواند. گفت شاید همه چیز برایم غافل‌گیر کننده باشد و شاید در آن لحظه نتوانم مقصودش را متوجه شوم. اما خودش خوب می‌داند که چه می‌کند و مقصد سفرش کجاست. نفس عمیقی کشید و بازدم خود را با صدایی بلند بیرون داد و پس از مکث کوتاهی گفت هیچ انسانی نمی‌داند از کجا آمده است و زیر این گنبد کبود، این همه سال در پی یافتن چه چیزی سرگردان بوده است. گفت آن شب، برای نخستین بار در زندگی‌اش لحظه‌ای فرا رسیده که پایان جست‌وجو و پایان سرگردانی است.

برگه‌ی کاغذ را به سوی خود سُراند. از جایش بلند شد و به طرف ویترین شیشه‌ای قدی رفت که در گوشه‌ای از اتاق پذیرایی قرار داشت. از درونش چیزی برداشت و به پشت میز بازگشت. دو پاکت قرص بود. در این سن و سال خوردن چند قرص در روز پدیده عجیبی نیست. دست‌کم برای من نامانوس نبود. عادت دارم صبح‌ها و شب‌ها قرص‌هایم را به ترتیب قد و رنگ، روی میز بچینم و با ولع خاصی هر یک را به نوبت با جرعه‌ای آب فرو

دهم. بخت یارم بوده و پزشک ارشد زایشگاه مرگ نیز چند سری قرص جدید و سرم نیز به سمومی که هر روز وارد بدنم می‌کنم، افزوده است. اما آن شب، آنچه باعث بهت و حیرت من شد، این دو پاکت قرص نبود. رفتارش بود.

برای لحظه‌ای احساس کردم تماشاگر یک بازی عجیب و تکان دهنده هستم. دو نوع قرص مختلف آورده بود. این موضوع را می‌شد به‌سادگی از تفاوت پاکت‌هایشان متوجه شد. هنوز همه چیز عادی به نظر می‌رسید. عادی؟ نه! هیچ چیز آن شب عادی نبود. خشکم زده بود. سکوت کرده بودم. فقط به او زل زده بودم. آرام و با شکیبایی توصیف ناشدنی یکی از پاکت‌ها را باز کرد و چند قرص در آورد. چند قرص؟ هفت عدد. تعدادشان را در همان بهت‌زدگی و حیرت، در یک نگاه شمردم. برگه‌ی کاغذ را جلوی خودش صاف کرد. آنگاه قرص اول را روی نقطه مربوط به ساعت یازده و چهل و پنج دقیقه گذاشت و قرص دوم را یک ساعت پس از آن. پنج قرص دیگر را نیز با اختلاف‌های زمانی نیم‌ساعت روی کاغذ چید. آخرین آن را روی نقطه‌ی ساعت سه و پانزده دقیقه. دایره؟ ابتدا خالی بود. پاکت دیگر را باز کرد و همه‌ی قرص‌هایش را در آن دایره ریخت. چیزی حدود پانزده یا بیست قرص.

این یک بازی ساده نبود. جدی‌ترین بازی زندگی بود. طبق گفته‌ی خودش تا حد مرگ جدی! پرده‌ای از یک نمایشنامه تراژیک. آرام و خون‌سرد شیشه آب را برداشت و لیوان را پر کرد. قرص اول را در دهانش گذاشت و چند جرعه آب نوشید. با دست به چینش قرص‌ها روی کاغذ اشاره کردم و پرسیدم این‌ها چیست؟ آیا می‌داند که چه می‌کند؟ پاسخش کوتاه بود. کوتاه همچون نیشتری که عمیق بر دلم نشست. خون‌چکان و دردآور. سوزش ناشی از آن پاسخ تکانم داد. پریشانم کرد. برای لحظه‌ای همه چیز را از یاد بردم. زمان به اندازه یک عدد کوچک شده بود. جهان در هاله‌ای از ابهام، در همان تابلوی زنان بی‌چهره محو شده بود. پاسخش چه بود؟ پاسخش را می‌دانید. به‌رغم آن می‌خواهید از زبان من بشنوید؟ ایرادی ندارد. قرص را که فرو داد، لبخندی زد که بیشتر به قهقهه‌ای می‌مانست. احساس سرمای شدیدی کردم. لرزی به جانم نشست. پیکرم را در هم گره زدم. مات و مبهوت به او نگاه کردم. قهقهه‌اش که تمام شد، با لحنی خشک و جدی گفت: خودکشی!

آخرین خروس‌خوان

لطفاً شتاب‌زده داوری نکنید! شما هنوز از همه‌ی ماجرای آن شب خبر ندارید. فقط شنیده‌اید که کسی تصمیم داشته است به زندگی‌اش پایان دهد. آیا دانستن این موضوع برای داوری کافی است؟ می‌گویید صرف مشارکت در خودکشی یک نفر جرم محسوب می‌شود؟ این را چه کسی می‌گوید؟ قاضی یا دادستان؟ وانگهی گیرم حکم‌تان درست باشد، شما از کجا به مشارکت من در آن ماجرا رسیدید؟ مگر نه آنکه برای داوری صحیح به اطلاعات بیشتری نیاز داریم؟ شما نه از واکنشم در آن شب خبر دارید و نه از فرجام آن ماجرا.

گردن نهادن به قراردادهای اجتماعی، از زندگی تک تک ما مجموعه‌ای جالب برای داوری دیگران می‌سازد. حق قضاوت درباره‌ی دیگران، در شمار خدمات رایگان و در عین حال پرهزینه‌ی هم‌زیستی انسان‌هاست. تنهایی؟ نه! دوست من! حتی پناه بردن به زیر آلاچیق تنهایی نیز مانع از قضاوت دیگران نمی‌شود. اتفاقاً عزلت‌گزینی خوراک مناسبی برای سفره‌ی گمان و داوری فراهم می‌آورد. چرا جای دور برویم. او نیز تنها زندگی می‌کرد. اما مگر تنهایی‌اش توانست مانع از داوری شما یا قضاوت من بشود. من هم تنها هستم. شاید به تنهایی خود او. من هم مثل او از نشستن در جمع و گپ‌وگفت با دیگران می‌پرهیزم. چرا؟ چون زندگی در حضور دیگران یعنی گشودن دروازه روی دخالت آشکار و پنهان‌شان، آنجا که پرچین‌ها کوتاه، مرزها سیال و خانه‌ها از جنس شیشه هستند. تنهایی گرچه پایان داوری نیست، اما جهیدن از فراز سایه‌ی ناشنیده‌ها را سهل‌تر می‌سازد. شما هم به‌خوبی من می‌دانید که پشت سر یک فرد تنها و گوشه‌گیر، بازار حرف و حدیث پررونق است.

موضوع غریبی است! تعجب می‌کنم. چگونه است که شما درباره پوشیدن یا نپوشیدن ردای قاضی تردید می‌ورزید، اما چنین شتاب‌زده درباره پرونده‌ای این چنین مهم، داوری می‌کنید؟ فقط نظرتان را گفته بودید؟ چه معصومیت رشک‌برانگیزی! آیا پشت هر نظری، حتی اگر ساده و پیش‌پاافتاده باشد، رد پای یک داوری دیده نمی‌شود؟ یا مثلاً زیر جلد بسیاری از داوری‌ها سوزش سرزنشی در کمین ننشسته است؟ خام‌فکری در این سن گناهی نابخشودنی است.

آنگاه که کاهلیِ ذهن از جدیت نگاه و انگیزه‌ی پیگیری می‌کاهد، داوری برای جلوسِ پیش‌داوری جای خود را خالی می‌کند و تخت و تاج را دودستی به آن وامی‌نهد. پیش‌داوری، آن داوری است که بوی سنت، بوی عرف، بوی کهنگی و بوی عادت‌های گندیده و مسموم را می‌دهد. اگر در درستی این نکته با یکدیگر اتفاق نظر داریم، پس لطفاً اجازه بدهید ابتدا ماجرای آن شب را شرح بدهم و آنگاه شما درباره‌ی نقش و سهم من در ماجرای آن خودکشی یا به قول دادستان، در پرونده‌ی آن قتل، قضاوت کنید.

امیدوارم از دست من نرنجیده باشید. باید بدانید کسی که در بستر مرگ خفته است، دیگر دلیلی برای پنهان کردن خود پشت هاله‌ی مصلحت نمی‌بیند. شنیدن این موضوع که من عاقبت ردای مصلحت‌گرایی را از تن برگرفته‌ام، باعث تعجب‌تان شده است؟ صراحت، عین عریانی است. عریان که نمی‌شود در جمع نشست. می‌شود؟ پوشاندن شرمگاهِ صراحت یکی از شروط اصلی دوام هم‌زیستی مسالمت‌آمیز انسان‌هاست. وانگهی علت تعجب شما را متوجه نمی‌شوم. مگر نه آنکه انسان‌ها مرتب پوست می‌اندازند، تغییر می‌کنند و گاهی چنان تغییر قیافه می‌دهند که از خود بی‌خود شده و بیگانه‌ای از پیله‌شان زاده می‌شود؟

از شنیدن چنین چیزی تعجب می‌کنید؟ فراموش‌اش کنید! شوخی بود. ادعای تبدیل شدن به فردی دیگر دروغ مضحکی بیش نیست. از جلوه‌های شیرین خودفریبی است. چنین چیزی اصلاً امکان ندارد. تغییرات ما در پهنای زندگی فقط باعث افزایش تناقض‌هایمان می‌شود. می‌گویید انسان به‌مرور زمان پیچیده‌تر می‌شود؟ نمی‌دانم. شاید، همیشه نه! اما می‌دانم که انسان هیچ‌گاه از این به آن تبدیل نمی‌شود. نمی‌تواند بشود. می‌پرسم کدام این؟ کدام آن؟ مرزی جدای‌شان نمی‌کند. در کاروان‌سرای روح‌مان برای مهمانان زیادی سفره پهن کرده‌اند. بفرمایید! سرپا خوب نیست. کلبه‌ی درویشی است. نان

و پنیری هست که با هم بخوریم.

ماجرای آن شب خیلی چیزها را در زندگی من تغییر داد. تلنگری بود به آن مصلحت‌گرایی بیمارگونه. زمانه پرداخت هزینه‌ی گزافش را به من تحمیل کرد. زایشگاه مرگ مکان مناسبی برای دلبری نیست. بهای رنجاندن دیگران، گاهی نازل‌تر از آن است که انسان در شط میان‌مایگی تهوع‌آور برای همیشه غرق شود. از این رو، چه از دستم برنجید یا خود را به نرنجیدن بزنید، چاره‌ی دیگری برایم باقی نیست مگر به صراحت سخن گفتن.

آنچه آن شب از سر گذراندم، یک تراژدی بود. تراژدی بی‌تردید آبستن یک فاجعه است، اما هر فاجعه‌ای الزاماً برخاسته از یک تراژدی نیست. متوجه منظورم نمی‌شوید؟ شکسته‌نفسی می‌کنید! فروتنی در حد و اندازه‌اش خوب است. به‌رغم آن می‌خواهید تفاوت بین تراژدی و فاجعه را از زبان من بشنوید؟ ما اغلب تفاوتی بین‌شان قائل نمی‌شویم، و این یک اشتباه محض است. مثلاً هر روز در گوشه‌ای از جهان سیلی یا زلزله‌ای مرگبار و ویرانگر روی می‌دهد. این سیل و زلزله، به‌رغم پرشمار بودن قربانیان و گستردگی ویرانی‌ها، فاجعه هستند، اما تراژدی نیستند. تراژدی آن است که اغلب بی‌آنکه تقصیری متوجه ما باشد، از ما یک مقصر می‌سازد و بی‌آنکه جرمی مرتکب شده باشیم، مجرم شناخته می‌شویم. می‌خواهید بدانید چرا آن شب برای من یک تراژدی بود؟ چون بر سر یک دوراهی قرار گرفته بودم که هر دو راهش می‌توانست فاجعه‌بار باشد.

هنوز متوجه‌ی منظورم نشده‌اید؟ بیشتر توضیح می‌دهم. اجازه دارم بی‌آنکه متهم به فضل‌فروشی بشوم به سخن یکی از فلاسفه درباره تراژدی اشاره کنم؟ ایرادی ندارد؟ خیالم راحت شد. ارسطو را می‌گویم. او تراژدی را ناشی از یک انتخاب می‌دانست، ناشی از یک تصمیم تحمیل شده به انسان. پادشاهی را تصور کنید که کاخش طعمه‌ی حریق شده است. صاحب یک دوقلو است. شوربختانه اما می‌تواند فقط یکی از آن دو را نجات دهد. دو فرزندی که تفاوتی با یکدیگر ندارند. کدام را باید انتخاب کند؟ هیچ کدام را؟ خودش کنارشان بماند و در شعله‌ی آتش بسوزد؟ یا خود و یکی از آن دو را نجات دهد؟ می‌داند نجات یکی هم‌زمان به معنای مرگ آن دیگری است. اما چه کسی به او اجازه داده درباره مرگ و زندگی این دو کودک تصمیم بگیرد؟ چرا این و چرا نه آن یکی؟ آن دیگری چرا باید بمیرد؟ تاوان کدام گناه را باید پس بدهد؟ این یکی چرا باید به بهای مرگ آن دیگری،

زنده بماند؟

این انتخاب مرگبار و عذاب ناشی از آن تا پاییز زندگی پادشاه، بر خط سیاه منتهی به دایره‌ی مرگش، سایه می‌اندازد. این یک تراژدی است. افزون بر آن، آزار و رنج روحی کودکی که زنده مانده است نیز بر سنگینی بار عذاب وجدان او می‌افزاید. چون آن کودک نیز تا پایان عمر می‌داند هستی‌اش ریشه در نیستی هم‌زادش داشته است. انگشت اتهام در مرگ هم‌زاد متوجه‌ی پدر است. این رازی نیست که بشود تا ابد پنهانش کرد. آیا آن کودک باید از پدرش به علت مرگ هم‌زادش متنفر باشد؟ یا که باید سپاسگزار او؟ تراژدی یعنی تن دادن به انتخابی تحمیلی که پیشاپیش خطاست. ایستادن بر حاشیه این دوراهی، آن شب برای من یک تراژدی واقعی بود.

جالب اینجاست که ماجرای آن شب همه‌ی ما را به سر یک دوراهی کشانده است. تصمیم او درباره‌ی خودکشی یا ادامه‌ی زندگی، تصمیم من درباره‌ی ماندن یا رفتن و تصمیم شما درباره‌ی پوشیدن یا نپوشیدن ردای قاضی. یک ماجرا، سه دوراهی و سه تصمیم دشوار! می‌پرسید آیا تصمیم یک نفر به خودکشی یک تراژدی است؟ نه الزاماً! گاهی برخاسته از جنونی آنی است. گاهی ناشی از یک اجبار. اما در مورد آن بیگانه یک تراژدی بود.

اگر شما بودید پاکت را روی میز می‌گذاشتید و آپارتمان را ترک می‌کردید؟ چه تصمیم داهیانه‌ای! مایلم بدانم شما از کجا می‌دانید چنین چیزی آن شب به ذهنم خطور نکرد؟ وانگهی آیا مطمئن هستید که این تصمیم، تصمیم درستی بود؟ گردن نهادن به فرمان سکوت و خویشتن‌داری به قصد فهمیدن درست یک واقعه، گاه فضیلتی است. داوران باید مضمون این جمله‌ی داهیانه را هر بار پیش از گشودن چاک دهان در مخیله‌شان مزه‌مزه کنند.

با صدای بلند و لحنی تحکم‌آمیز گفتم که به او اجازه چنین کاری را نخواهم داد. پس از آن بود که از خود پرسیدم تو کیستی که بخواهی اجازه بدهی یا ندهی؟ چه کسی افسار سورتمه سرنوشت آن دیگری را به دست تو سپرده است؟ به چه حقی می‌توانی به یک بیگانه امر و نهی کنی؟ آیا حضور تصادفی تو در پرده‌ای از سرنوشت کسی که نمی‌شناسی، در را بر نقش تو در زندگی‌اش می‌گشاید؟ برای هیچ یک از این پرسش‌ها پاسخ قانع کننده‌ای نداشتم. اما به‌رغم آن، با تحکم تمام مجدداً خطاب به او گفتم که اجازه نخواهم

داد دست به خودکشی بزند. لحن آمرانه‌ام خودم را نیز غافل‌گیر کرد. سال‌ها بود که با هیچ تنابنده‌ای با چنین لحنی سخن نگفته بودم. اما در آن لحظه انتخاب با من نبود. بی‌آنکه خواسته باشم، به او تشر زده بودم. به او گفتم اجازه نمی‌دهم در برابر چشمانم آن قرص‌های لعنتی را قورت بدهد.

صدایم چنان بلند بود که با دو دستش گوش‌هایش را گرفت. از رفتارم شرمنده شدم. اما، رفتار غیرعادی‌ام واکنش به چیزی بود که در حجم تصور و فهمم نمی‌گنجید. چگونه می‌توانستم شاهد خودکشی کسی باشم؟ آرام گوشه‌ای بنشینم و اجازه بدهم کسی در برابر چشمانم، قرص‌ها را دانه به دانه در دهانش بگذارد و با هر قرص به قامت یک گام بزرگ دیگر به مرگ نزدیک‌تر شود؟ می‌گویید کنجکاوی یک نویسنده و جست‌وجوی دائمی‌اش برای یافتن سوژه‌ای جدید باعث آن بوده که آن شب در خانه‌اش بمانم؟ می‌دانید چه می‌گویید؟ این اتهام بزرگی است. شما که فرجام آن نویسنده را می‌دانید. مگر نه آنکه آن شب لحظه‌ی پایان حیاتش فرا رسید؟ نویسنده‌ای که ننویسد، بی‌تردید مرده است. حتی اگر او را در این کافه یا آن خیابان، مست‌وپاتیل و تلوتلوخوران ببینیم! خیلی از نویسندگان و شاعران پیش از فرارسیدن مرگ‌شان می‌میرند. خودکشی او، خودکشی آقای نویسنده بود. آن شب بود که خودکشی کرد و مرد.

واکنش او چه بود؟ شروع به دست‌زدن کرد. لبخندی زد و با لحنی کنایی گفت براوو آقای نویسنده! لیوان شرابش را بلند کرد و پرسید آیا اجازه دارد به سلامتی شهامت من جرعه‌ای بنوشد؟ مرا قهرمان خواند. از جایم تکان نخوردم. پنداری خشکم زده بود. گفت نکند به دریافت مدال شجاعت امید بسته‌ام؟ پرسید درباره‌اش چه فکر می‌کنم؟ این تصور که گویا فرد مرددی از سر ناچاری و شوربختی به فکر پایان دادن به عمر خود افتاده است؟ فردی که درشت‌خویی زمانه را تاب نیاورده و بر آن شده تا با پرشی بلند از وادی هستی به جایی بگریزد که در آن درد و رنج را راهی نیست؟ آیا گمان می‌کنم که همه چیز برای هنرنمایی‌ام فراهم شده است؟ صحنه را چنان آراسته‌اند، که با بالا رفتن پرده، منجی با جهشی بلند خود را به وامانده‌ای برساند و هفت‌تیر را از دستش بقاپد؟ در انتظار آنکه پرده به‌موقع بیافتد؟ نمایش به‌خوبی به پایان برسد؟ بازیگر و تماشاچی، در کمال آرامش به خانه‌هایشان بروند و هیچ چیز سکون برکه‌ی بی‌تفاوتی را برنیاشوبد؟

تحمل شنیدن چنین چیزهایی برایم دشوار بود. مدال شجاعت کدام است؟ از خود

پرسیدم او به چه حقی خود را مختار دیده که پای مرا به چنین ماجرایی بکشد؟ می‌خواهد از شر خود خلاص بشود؟ خود را بکشد؟ این چه ارتباطی به من نگون‌بخت دارد؟ چرا من باید تقاص چیزی را بپردازم که تا نیم ساعت پیش، روحم از آن بی‌اطلاع بود؟ نیم‌خیز شدم که از جایم بلند شوم. تصمیم داشتم پیش از دیر شدن خانه را ترک کنم. از آنجا فرار کنم. دیگر تردیدی نداشتم که آن پاکت پول نفرین شده ارزش آن مکافات را ندارد.

نیم‌خیز شد، پیکر خود را به سویم خم کرد، دستش را روی دستم گذاشت و مانع از برخاستنم شد. گفت قرار نیست در برابر چشمانم خودکشی کند. به قرص‌هایی که روی آن خط سیاه چیده بود، اشاره کرد و گفت آن‌ها کنداثر هستند. آرام آرام اثر می‌کنند. سپس قرص‌های دایره را نشان داد و گفت آن‌ها اما خیلی قوی هستند. می‌توانند هر کسی را ضربه فنی کنند. در تبلیغ‌شان گفته‌اند که حتی فیلی را از پا می‌اندازند. گفت نگرانیم بی‌مورد است. تکرار کرد که در لحظه‌ی خودکشی‌اش، آنجا نخواهم بود و پس از رفتنم، او قرص‌های دایره‌ی مرگ را یک‌جا خواهد خورد. نگاهی به قرص‌ها انداختم. مجدداً روی صندلی نشستم و با لحنی لبریز از تردید و ابهام پرسیدم که اگر قرص‌ها را به زور از دستش بگیرم چه می‌کند؟ خندید، خنده‌ای کش‌دار و آزار دهنده. پس از آن بود که با صدایی بلند و لحنی تحکم‌آمیز گفتم اصلاً نیازی به زور نیست. زبان به تهدیدش گشودم. گفتم می‌توانم به پلیس زنگ بزنم و آن‌ها را از قصد و برنامه‌ی شومش مطلع کنم.

سخنم را قطع کرد. پرسید آیا مطمئن هستم پلیس به موقع می‌رسد؟ پیش از آنکه او فرصت قورت دادن قرص‌ها را بیابد؟ مرا بار دیگر آقای نویسنده خطاب کرد. گفت لازم نیست برایش نقش قهرمان را بازی کنم. به حضور قهرمانان در تبعید اشاره کرد. آن‌ها را پهلوان پنبه‌هایی نامید که تنها وقتی احساس امنیت می‌کنند، پا به میدان نبرد می‌نهند. گفت ببر را که به غل‌وزنجیر بکشند، موش‌ها هم یکی پس از دیگری رقصان از سوراخ‌هایشان بیرون می‌آیند. توهینی به این بزرگی نشنیده بودم. از آن همسفر مودب و ساکت پیشین اثری باقی نمانده بود. پنداری تاثیر و گیرایی شاتو پتروس بر شهامتش افزوده بود. کس دیگری شده بود. در آن لحظه با بیگانه‌ای روبه‌رو بودم که کت‌وشلوار سیاهی پوشیده و کراواتی به همان رنگ زده بود. شباهت چندانی به آن فردی نداشت که ساعتی پیش از آن در کافه لوتا دیده بودم.

رفتارش مجالی برای تلطیف سخن و پناه گرفتن پشت خاک‌ریز مصلحت باقی

نمی‌گذارد. با خشم و تحکم گفتم قهرمان چیست؟ ببر و موش کدام است؟ پرسیدم اصلاً می‌داند چه می‌گوید؟ به او گفتم پای یک بیگانه را به بحران روحی‌اش کشیده است و آنگاه با بی‌پروایی شهامتش را به سخره می‌گیرد؟ به او گفتم که حتی اگر با من گلاویز شود، چاره دیگری مگر برداشتن قرص‌ها ندارم. می‌دانید چه گفت؟ گفت نیازی به زورآزمایی نیست. می‌توانم همه‌ی قرص‌ها را بردارم. زبانم برای لحظه‌ای بند آمد. نمی‌دانستم چه باید می‌گفتم یا چه می‌کردم. انتظار چنین واکنشی را نداشتم. دستم را دراز کردم که قرص‌ها را از جلویش بردارم. گفت فکر آن را هم کرده است. مدعی شد که از قرص‌های موثر و قوی چند پاکت دیگر هم دارد. هر کدام را جایی پنهان کرده است. گفت حتی اگر تصمیم بگیرم همه آپارتمان را برای پیدا کردن‌شان زیرورو کنم، باز بی‌نتیجه خواهد بود. تغییری در برنامه‌اش ایجاد نمی‌شود. گفت خدا پدر موسس دارک‌نت را بیامرزد. همه چیز آنجا پیدا می‌شود. فروشگاه بزرگی است پر از کالاهای ممنوعه. مدعی شد تهیه یک پاکت دیگر از این قرص‌های فیل‌افکن فقط چند روز طول می‌کشد. پستش هم رایگان است.

به من فهماند تنها کاری که از دستم برمی‌آید این است که انجام تصمیم‌اش را چند ساعت یا در بهترین حالت چند روز به تعویق بیاندازم. گفت ماه‌ها درباره چنین لحظه‌ای اندیشیده است. همه‌ی جوانب کار را در نظر گرفته است. احتمال شکست و موفقیت را سبک سنگین کرده و همه چیز را برای آن ضیافت پرشکوه تهیه دیده است. گفت روزی که ناشر خبر برگزاری کتابخوانی را منتشر کرد، زمان اجرای برنامه‌اش فرا رسید. به خبر جلسه‌ی رونمایی رمان جدیدم اشاره داشت. اطلاعیه‌اش را در کتاب‌فروشی دیده بود. تا لحظه‌ی اجرای برنامه‌اش سه هفته فرصت داشت. فردای آن روز سپرده بانکی‌اش را نقد کرد. درآمد ماهیانه‌ی نسبتاً بالایی داشت، اما اهل صرفه‌جویی و پس‌انداز نبود. برای چه کسی یا برای چه چیزی باید پس‌انداز می‌کرد؟ به تنهایی و به بی‌کسی‌اش اشاره کرده و گفته بود پس‌انداز کردن برای چنین فردی کاری بیهوده است. حساب بانکی‌اش در حدی بود که بتواند دستمزدم را بپردازد، یک دست کت‌وشلوار و یک جفت کفش نو بخرد، چند پاکت قرص و شیشه شراب نابی تهیه کند. شرابی که نوشیدن یک جرعه‌اش آرزوی خیلی‌هاست.

گفت در غروب زندگی، آنگاه که مرگ گام به گام نزدیک می‌شود، شمع هستی به

پت‌پت کردن می‌افتد و انسان سایه‌ی عزرائیل را بر بالین خود می‌بیند، درست در آن هنگام است که خساست ورزیدن، عین فرومایگی است. گفت مرگ که پا پیش نهد، میل به امساک از اعتبار می‌افتد و سخاوتمندی جای خالی‌اش را پر می‌کند. به وحشت از مرگ اشاره کرد. وحشتی که باعث می‌شود خسیس‌ترین انسان‌ها دست‌ودلباز شوند. با لبخند تلخی بر لب گفت اگر کسی را دیدید که برخلاف روال غالب و همیشگی زندگی‌اش، راحت‌تر دست در جیب می‌کند و حاتم‌بخشی پیشه می‌سازد، تردید نکنید که پیام فرشته‌ی مرگ را شنیده است. حتی اگر آن را بلند جار نزده باشد.

می‌خواهید حس آن لحظه‌ام را بدانید؟ حس عجیبی بر من مستولی شده بود. احساس می‌کردم به ورطه‌ی یک ماجراجویی خطرناک کشیده شده‌ام. قربانی شده‌ام. حس می‌کردم دستی پرزور و قدرتمند مرا به دنبال خود می‌کشد. می‌پرسید آیا مقاومت نکردم؟ تلاش نکردم گریبان خود را از چنگ این دست پرزور رها کنم؟ تلاش کردم، بی‌فایده بود! همان دست مرا به فصلی نامربوط در روزشمار زندگی‌ام پرتاب کرد. فصلی که با خوانش لحظات زندگی‌ام تا آن شب نفرین شده سازگار نبود. واقعیت اغلب از تخیل تکان‌دهنده‌تر است. دست‌کم این درسی بود که تجربه‌ی آن شب به رایگان در اختیار این نویسنده نهاد. تجربه‌ای که پیکان واقعی‌اش از دوردست‌ترین کرانه‌ی تخیل و تصورم فراتر می‌رفت.

می‌گویید این سخنان شما را متقاعد نمی‌کند؟ این‌ها را با هدف کاستن از بار مجازاتم می‌گویم؟ هنوز هیچ دلیل قانع کننده‌ای در توجیه علت ماندن آن شب من نمی‌بینید؟ ایرادی ندارد. تردید ورزیدن در درستی اظهارات متهم، حق شماست. اما باید بگویم که توضیحاتم درباره تصمیم آن شب هنوز به پایان نرسیده است. گاهی مجازات آن قاضی که احساس مسئولیت می‌کند چندان کمتر از مجازاتی نیست که در انتظار متهم است.

پرسیدم چرا من؟ چرا قرعه باید به نام من می‌افتاد؟ گفت چه شنونده‌ای بهتر از یک نویسنده؟ بار دیگر به اختیار و آزادیم درباره‌ی نوشتن یا ننوشتن داستانش اشاره کرد. گفت اما احتمال اینکه داستانش را یک نویسنده بنویسد بیشتر از آن است که یکی از سربازان کافه لوتا قلم به دست گیرد. به حافظه‌ی کوتاه‌مدت کسانی اشاره کرد که بلندی‌های جولان را هر شب محاصره می‌کنند. گفت هر چه برای آن سیاه‌مست‌ها تعریف کنند، فردای آن روز، پس از پریدن سرخوشی شبانه، از یادشان پاک می‌شود.

گفت داستانش را نمی‌تواند برای هر کسی روایت کند. کمتر کسی قادر است آن را

بفهمد. نگاه‌ها خسته هستند. همدردی در این روزگار تبدیل به یک واژه شده است. غم دیگران مدت‌هاست که دیگر حسی برنمی‌انگیزد. زخم‌های نشسته بر روح و روان انکار می‌شوند. عمق این زخم‌ها گاهی تا پایان بازی پنهان می‌مانند. گفت در پس پوست هر زخمی که بر روح کسی می‌نشیند، رازی نهفته است، رازی که اغلب ناگفته می‌ماند و در یک غروب سرد و تاریک، در گورستانی که همچون هر گورستان دیگری، گورستان رازها است، سربه‌مُهر دفن می‌شود.

از جای خود بلند شدم. بر آن بودم شتابان از آن خانه بگریزم. دستش را از روی دستم برداشت و گفت: خداحافظ آقای نویسنده. گفت می‌توانم بروم. اما باید بدانم که در صورت رفتن محکوم به عذاب وجدانی دائمی خواهم شد. یک عذاب روحی آزار دهنده! تهدیدش به نظرم توخالی آمد. پوزخندی زدم. طبیعی است که آن تهدید نمی‌توانست مرا وادار به ماندن کند. با لحنی طعنه‌آمیز پرسیدم کدام عذاب روحی؟ با دست به رخت‌آویز کنار در ورودی اشاره کردم و گفتم من آن پاکت لعنتی را همانجا خواهم گذاشت و در را پشت سر خودم می‌بندم. پس دیگر چه عذابی؟

پاسخی که داد، کیش‌ماتم کرد. گفت موضوع بر سر آن پاکت نیست. چه آن را بردارم و چه نه، تاثیری بر عذاب وجدانم نخواهد داشت. عذاب وجدانم برخاسته از آن نقشی است که در ماجرای یک خودکشی ایفا می‌کنم. گفت با رفتنم تا پایان عمر با این پرسش درگیر خواهم بود که چرا برای مانع شدن از خودکشی یک نفر تلاشی نکردم؟ باید اقرار کنم انتخاب واژه‌هایش هوشمندانه بود. راه‌ورسم افزودن بر سنگینی عذاب وجدان مخاطبش را آموخته بود. با مهارتی تصور ناشدنی بر نقاط ضعفم انگشت می‌گذاشت. رمان‌هایم را با دقت خوانده بود. در آینه کاستی‌ها و ضعف‌هایشان از ضعف‌های شخصیتی نویسنده‌اش رمز و راز گشوده بود. در آن لحظه بود که متوجه هم‌نشینی آن همه علامت پرسشی شدم که در حاشیه پارگراف‌های رمانم نشانده بود. او پستوهای تاریک ذهنم را کاویده بود. نانوشته‌هایم را خوانده بود. ناگفته‌هایم را شنیده بود.

به این نکته اشاره کرد که در رمان‌هایم همواره از لزوم پایبندی به موازین اخلاقی و ارزش‌های انسانی سخن رانده‌ام. گفت برای چنین کسی پا پس کشیدن از بازی سرنوشت یک انسان باید خیلی دشوار باشد. می‌دانید نکته جالب چیست؟ اینکه ساعتی پیش از آن، در کافه لوتا، از اصرار بیش از حد من به پایبندی به اخلاق در رمان‌هایم انتقاد کرده بود.

گفته بود که چرا چهره‌ی شخصیت‌ها را بزک می‌کنم. چرا از ارائه تصویری واقعی از انسان‌هایی که پیرامونم زندگی می‌کنند، تن می‌زنم. از آن معصومیت کودکانه‌ای انتقاد کرده بود که شخصیت‌های رمان‌هایم به‌رغم گذشت سال‌ها همچنان در دل خود حفظ کرده‌اند. پرسیده بود هدفم از اینکه بدطینتی، کوته‌بینی، خودخواهی، حسرت و حسادت را از شخصیت این چهره‌ها حذف می‌کنم، چیست؟ چرا شخصیت‌های رمان‌هایم همه مثل دانشمندان، مثل نخبه‌ها سخن می‌گویند؟ از من خواسته بود صورتک‌های جعلی و غیرواقعی را از شخصیت‌هایشان برگیرم و تقدس دروغین‌شان را افشا کنم. پرسیده بود این کدام جامعه است که شهروندانش این چنین هوشمند، این چنین پاک و منزه‌اند؟

از من پرسید آیا رفتنم به معنای شانه خالی کردن از بار مسئولیت فردی نیست؟ خشکم زده بود. نمی‌دانستم چه باید بکنم. در کمال سکوت هاج‌وواج به او نگاه کردم. گیج آن ضربه بودم که با ضربه‌ای کاری‌تر مقاومتم را در هم شکست. تصویری تکان دهنده در برابرم قرار داد. اتاقی را تصویر کرد که در آن کسی تصمیم گرفته خودکشی کند و من شوربختانه در آن لحظه آنجا حضور دارم. گفت دو راه در برابر من قرار دارد. گزینه نخست این است که بروم، در را پشت سر خود ببندم و اجازه دهم آن فرد به زندگی‌اش پایان دهد. پس از آن به خانه‌ام بروم، دوش آب گرم بگیرم، جرعه‌ای شراب بنوشم، چراغ‌ها را خاموش کنم و بی‌خیال آدم و عالم بخوابم. گزینه‌ی دوم اما آن است که بمانم و تلاشم را به کار گیرم تا او را از انجام این برنامه منصرف کنم. گفت انتخاب راه برعهده‌ی خودم است. با این تفاوت که در پیش گرفتن گزینه‌ی نخست آرامش را از بسترم تا به ابد به جزیره‌ای تبعید خواهد کرد که فضایش سرشار از گرد سرزنش و غبار شماتت است.

از تراژدی صحبت کرده بودم. باز می‌پرسم به باور شما چه باید می‌کردم؟ می‌ماندم یا می‌رفتم؟ تلاش نکنید در این لحظه برای این پرسش مهم پاسخی بیابید. یافتن پاسخ درست برای این پرسش، حتی پس از گذشت سال‌ها، همچنان برایم دشوار است. اجازه بدهید مابقی ماجرا را تعریف کنم. پس از شنیدن سخنش، مردد و مشوش پرسیدم مگر ممکن است کسی بتواند نظرش را تغییر بدهد؟ آن هم نظر کسی را که جوانب کار را سنجیده و مدت‌ها برای اجرای تصمیمش برنامه‌ریزی کرده است؟ می‌دانید در پاسخ به این پرسش چه گفت؟ لحنش را هنوز خوب به یاد دارم. گفت قانع کردن او برای چشم‌پوشی از اجرای تصمیمش، از عهده‌ی هر کسی برنمی‌آید. گفت اگر قرار باشد چیزی

از دست کسی ساخته باشد، آن فرد من هستم. نگاهی به دور و بر خود انداخت و پس از آن با لحنی طعنه‌آمیز پرسید به غیر از من چه کس دیگری از حاضران آن اتاق قادر به انجام چنین کاری است؟ لبخند تلخی زد و گفت به‌نظر می‌رسد زحمت منصرف کردن او در آخرین پرده‌ی نمایشنامه‌ی زندگی‌اش، چه بخواهم و چه نخواهم، روی دوش من افتاده است.

از نوشیدن شراب غافل مانده بودم. همه‌ی فکرم درگیر پرسش لحظه بود. حال آنکه او در نهایت خون‌سردی شرابش را تا آخرین جرعه نوشیده بود. کمی شراب در لیوان خود ریخت. لیوان شرابش را بر محوری فرضی در فضا گرداند. جرعه‌ای نوشید، لب‌هایش را جمع کرد و در انتظار واکنش من سکوت کرد. پرسشم را بار دیگر مطرح کردم. پاسخش هوشمندانه بود. گفت متاسفانه یا خوش‌بختانه، در این جهان آشفته هر چیزی ممکن است. اگر من در آن لحظه خانه‌اش را ترک کنم، از مدال شجاعت خبری نخواهد بود. اما اگر بمانم و داستانش را گوش بدهم، شاید بتوانم او را متقاعد کنم. شاید پس از شنیدن سخنانم حاضر شود در تصمیم‌اش تجدیدنظر کند. پس از آن برای لحظه‌ای سکوت کرد و پرسید آیا به امتحان کردنش نمی‌ارزد؟ جان انسان این قدر بی‌ارزش شده است؟

باورتان می‌شود؟ آن لعنتی فکر همه چیز را کرده بود. کارگردان زبردستی را می‌مانست که صحنه را با دقت تمام چیده و دیالوگ‌ها را موبه‌مو تعیین کرده است. چه می‌توانستم بگویم؟ چه می‌توانستم بکنم؟ آیا آن پادشاه فلک‌زده باید هر دو کودک خود را آنجا در شعله‌های آتش رها می‌کرد و می‌گریخت؟ آیا این گریز پایان آن تراژدی بود، یا آغاز یک تراژدی بزرگ‌تر؟

از گام بعدی‌اش خبر ندارید. شاهکار بود. صیاد تور خود را انداخته بود و صید مذبوحانه برای رهایی خود تلاش می‌کرد. روی خود را به سویم برگرداند و گفت هر زمانی که بخواهم می‌توانم بروم و او مانع نمی‌شود. گفت حتی اگر بخواهد هم نمی‌تواند. تصمیم درباره اینکه قصه را تا کجا بشنوم، با من است. گفت می‌توانم قصه را ناشنیده رها کنم و بروم. یا مثلاً فقط یک ساعتش را بشنوم. یا همه‌اش را. به این ترتیب، تصمیم در این باره که کی بروم، با من بود؛ فوراً، ساعتی بعد یا در ساعت سه‌وپانزده دقیقه‌ی بامداد.

تکرار کرد که من در لحظه‌ی خودکشی‌اش آنجا نخواهم بود. اما اگر اراده کنم می‌توانم به لحظه‌ی خودکشی‌اش شتاب ببخشم. به نیاز راوی به مخاطب اشاره کرد و پرسید اگر

آخرین تماشاچی نیز سالن را ترک کند، چه الزامی به ادامه‌ی نمایش وجود دارد؟ قرص‌های کنداثر را روی خط سیاه نشان داد و پرسید که آیا می‌دانم معنای خوردن تک تک و با فاصله‌ی این قرص‌ها، به چه شباهت دارد؟ نمی‌دانستم. حتی در آن لحظه حاضر نبودم مغزم را مشغول چنین پرسش‌هایی بکنم. سکوتم را که دید گفت شبیه به خودکشی قسطی است. در خانه را نشان داد و گفت، اگر بروم، چاره‌ی دیگری ندارد مگر پرداخت یک‌باره‌ی همه‌ی اقساط باقی مانده.

لعنتی مرا بر سر یک دوراهی سخت قرار داده بود. اگر می‌رفتم، تا همین امروز که در بستر مرگ خفته‌ام، در آتش عذاب وجدان می‌سوختم که چرا همه تلاش خود را برای منصرف کردنش به کار نگرفتم. از کجا می‌توانستم مطمئن باشم که قادر به متقاعد کردنش نیستم؟ کسی چه می‌داند؟ شاید با تعریف کردن داستانش احساس سبکی می‌کرد. شاید روایت داستانش می‌توانست از اندوه گرانش، که در آن لحظه نمی‌دانستم از بابت چیست و چرا، می‌کاست. شاید با در میان گذاشتن رازش، زخم‌های روحش کمی التیام می‌یافت. از سوی دیگر، ماندن من به معنای تبدیل شدن به هم‌دست و شریک او بود. شما بگویید! اگر شما بودید چه می‌کردید؟ کمترین تردیدی ندارم که تصمیم‌اش قطعی بود. اگر می‌رفتم همه قرص‌ها را یک جا می‌خورد و بی‌درنگ به زندگی‌اش پایان می‌داد.

آن شب یک تراژدی بود. چون دو راه در برابر من وجود داشت که هر یک از آن دو، می‌توانست پیامدی فاجعه‌بار داشته باشد. می‌بینم سکوت کرده و به فکر فرو رفته‌اید. تراژدی اگر برخاسته از یک تصمیم باشد، این آن تصمیمی است که به آدم تحمیل می‌شود. وگرنه هیچ آدم عاقلی با پاهایی لرزان، به عبور از باریکه‌ی لغزان کوهی بر فراز دره‌ای مخوف تن نمی‌دهد. مهلکه‌ای که هم سقوطش مرگبار است و هم سکونش.

از او پرسیدم چرا چنین تصمیمی گرفته است؟ چراغ‌ها را چرا باید پیش از موعد خاموش کرد؟ چشمان را چرا باید تا ابد بست و پیش از آنکه مرغ مرگ بر سر آدم بنشیند، چرا باید زندگی را زنده‌به‌گور کرد؟ لبخندی زد. گفت شب‌زنده‌داری تازه آغاز شده است. گفت پاسخ این پرسش ساده در آن داستانی نهفته است که مایل است آن را پیش از قورت دادن آخرین قرص کنداثر، برایم تعریف کند. پرسید آیا مایلم داستانش را بشنوم؟

پرسشی ساده! پرسش بودن یا نبودن، هرگز پرسش ساده‌ای نیست. این دشوارترین و جدی‌ترین پرسش زندگی است. یک ضرب‌المثل یهودی می‌گوید که اگر فقط دو راه برای

برگزیدن وجود دارد، بهتر است راه سوم را در پیش بگیریم. می‌گویید بر سر دوراهی راه سومی وجود ندارد؟ اشتباه می‌کنید! اغلب وجود دارد. ما از دیدنش غفلت می‌ورزیم.

قرص بعدی را در دهانش گذاشت و آن را با چند جرعه آب قورت داد. نگاه‌مان برای لحظه‌ای در هم گره خورد. در اعماق چشمانش رد پای رنجی انکارناپذیر را دیدم. لرزه‌ای به جانم افتاد. می‌پرسید راه سوم من کدام بود؟ نهادن بار تصمیم درباره ماندن یا نماندم بر دوش او. باید کار را به آنجا می‌کشاندم، که از حضورم، از شر رگبار پرسش‌هایم کلافه می‌شد و خودش عذرم را می‌خواست. به آن امید بسته بودم که مشتش را از سر خشم روی میز بکوبد، شیشه شراب را واژگون کند، بر سرم فریاد بکشد و با لحنی تحکم‌آمیز از من بخواهد خانه‌اش را ترک کنم و گم‌وگور شوم. بیرون راندن من از خانه‌اش می‌توانست از غلظت عذاب وجدانی که این ماجرا به جانم انداخته بود، یا می‌توانست بیاندازد، بکاهد. این چنین بود که مجدداً روبه‌روی‌اش نشستم.

قمارباز نیستم. آن شب اما بیگانه میز را برای یک قمار سرنوشت‌ساز چیده بود. با پراکندن رایحه شرابی ناب، خردم را فریفته و با راز ناگفته‌اش مرا شیفته داستانش کرده بود. از خود می‌پرسیدم چه رازی روح او را این چنین مچاله کرده است؟ پنداری از تمایلم به کشف رازش بو برده باشد. گفت نخستین فردی هستم که آن را می‌شنود.

آن راز را به هیچ کس نگفته بود. به هیچ کس، حتی به نزدیک‌ترین کسانی که در ترمینال زندگی‌اش گاهی از سفری دور آمده، چند صباحی با او همدم شده و زمانی به سفری دور و گاه بی‌بازگشت پا نهاده بودند. گفت آن راز را تنها می‌توان در گفت‌وگو با یک بیگانه، از صندوق‌خانه‌ی متروک ناخودآگاهی سرکوب شده بیرون کشید و از لبش قفل سکوت برگرفت. گفت این بیگانه یگانه شنونده‌ای است که تنها برای چند ساعت مسیرش با او یکی شده است. بیگانه کسی است که می‌آید، می‌شنود و پیش از آخرین خروس‌خوان می‌رود. آن خروس‌خوان بوی مرگ می‌داد.

از خود پرسیده بودم این چه رازی است که نمی‌توان آن را به عزیزی یا که به دوستی گفت؟ آیا روزگار دست نوازشگر خویشان و عزیزان را از جبین تب‌دار او پس کشیده است؟ او را این چنین سرگردان در برگ‌ریزانِ تنهایی رها کرده است؟ به هر روی، ماجرای آن شب حکایت قماری بود بین دو پاک‌باخته. یکی مست و دیگری جام زهر در دست. شاید بتوانید با یاری جستن از تخیل‌تان درباره‌ی فرجام راه سوم آن شب گمانه‌زنی کنید. بله،

حق کاملاً با شماست. راه سومی که به آن دل بسته بودم، بن‌بست از کار درآمد. آن شب، شوربختانه این تراژدی بود که حرف اول و آخر را می‌زد.

معما

چیزی از شادی‌های کودکانه به یادتان مانده است؟ مثلاً تماشای لذت‌بخش بالا رفتن کفش‌دوزی از قاب پنجره یا شیفتگی دیدن رد گذر هواپیمایی بر تن آبی آسمان؟ چه حیف که تاریخ مصرف‌شان زود سپری می‌شود. گاهی حتی فراموش می‌کنیم زمانی کودک بودیم. با ناباوری به عکس‌های آن ایام می‌نگریم. شوربختانه کمتر چیزی می‌تواند سال‌خوردگان را شاد کند یا مانع از پروار شدن غم و غصه‌هایشان شود. امروز اما حال‌وروزم فرق می‌کند. مثل یک کودک از دیدن مجددتان شاد شدم. نگران شده بودم. از اینکه این بار، مرا با این یادداشت‌ها، در این وانفسا، به حال خودم رها کرده و رفته باشید.

مرا ببخشید. تاثیر داروهاست. ظاهراً درد کسی را درمان نمی‌کنند، فقط به درد خمار کردن آدم می‌خورند. اغلب بی‌آنکه بخواهم، چشمانم سنگین می‌شود و خوابی ناخواسته برای تصرف پس‌مانده هوشیاری‌ام خیز برمی‌دارد. نه! نامش را حتی نمی‌شود خواب گذاشت! نوعی خماری تغلیظ شده است. پلک‌هایم سنگین می‌شوند، مقابل چشمانم پرده می‌کشند و من چون آونگی جایی بین زمین و آسمان، در عالم هپروت، مدتی نامعلوم آویزان می‌مانم. چشمانم را پس از فرود آمدن از عروج آسمانی‌ام گشودم و اثری از شما ندیدم. عدم حضورتان رنجم داد. غمگینم کرد. فراموش نباید کرد که شما آخرین مخاطب این نویسنده هستید. آخرین مخاطب یک نویسنده‌ی مرده!

البته که می‌توانید داستان را نیمه‌کاره رها کنید و بروید. غل‌وزنجیری در کار نیست. اگر باشد، به دست و پای بیماری چون من بسته شده است. پای شما گرچه ناخواسته به این ماجرا کشیده شد، اما تصمیم بین ماندن یا رفتن با شماست. این عین آن حقی است

که او برای من قائل شده بود. می‌گویید قصدی برای رفتن نداشتید؟ حتی وسوسه هم نشده بودید؟ فقط نمی‌خواستید با حضورتان در اتاق، خوابم را پریشان کنید؟ چه انسان نازنینی! برای نوشیدن فنجانی قهوه، به کافه‌ای در نزدیکی بیمارستان رفته بودید؟ کار خوبی کردید. اینجا نه قهوه‌اش طعم قهوه می‌دهد و نه آن ناهار و شامی که به خورد آدم می‌دهند، چنگی به دل می‌زند. بله! حق با شماست. از غذای زایشگاه مرگ نمی‌شود انتظار بیشتری داشت.

جالب است بدانید هر روز لیستی به بیماران می‌دهند و از آنان می‌خواهند بین چند نوع نان و یکی دو نوع پنیر و کالباس انتخاب کنند. مزه‌ی همه‌شان یکی است. بیماران برای دسر از آزادی بیشتری برخوردارند. می‌توانند با ضربدر زدن از بین شش نوع ماست‌ومیوه یکی را از روی لیست انتخاب کنند. در همان روز نخست، موقع ضربدر زدن کنار یکی از آن‌ها، بی‌اختیار به یاد لیست احزاب در برگه‌ی انتخابات افتادم. مقایسه جالبی نیست؟ خاصیت همه‌شان یکی است. فقط رنگ و بوی‌شان با هم فرق می‌کند. بوی برخی‌شان چندش‌آورتر است.

نگاهی به سینی شامم بیاندازید! شرط می‌بندم دو برش نان، یک تکه پنیر و دو برگ کالباس، زیر این محفظه‌ی فلزی نسبتاً بزرگ در انتظار کام‌جویی از دستگاه هاضمه‌ی بخت‌برگشته‌ی من لحظه‌شماری می‌کنند. می‌خندید؟ خنده‌دار هم هست! از کجا نسبت به این تجاوز آشکار به قوه‌ی چشایی‌ام اطمنیان دارم؟ علم غیب ندارم. تکرار حکایت هر شب است. ببینید! نگفتم؟ تا از این بشقاب رونمایی نکنیم، گمان می‌کنیم زیر آن محفظه‌ی فلزی چه خوراک اشتهابرانگیزی وجود دارد. اینجا برای کلافه کردن آدم همه چیز ماهرانه تدارک دیده شده است.

این بار به ماست‌ومیوه با طعم زردآلو رای داده‌ام. از زردآلو خوشم نمی‌آید. آن را با بی‌میلی انتخاب کردم. در ادبیات سیاسی به آن می‌گویند رای اعتراضی! البته باید بگویم که بقیه را شب‌های پیش تجربه کرده بودم. هیچ‌کدامشان به وعده‌هایشان پایبند نبودند. دقیقاً مثل احزابی که هر بار با هدف پشیمان کردن مردم، با انگیزه‌ی عمق بخشیدن به بحران لیبرال دموکراسی، چشم در چشم رای‌دهندگان، با بی‌پروایی شگفت‌انگیزی دروغ می‌گویند. امیدوارم امشب از انتخابم پشیمان نشوم. اگر بشوم، از فردا از سر خشم هم که شده باشد، یا از شرکت در این انتخابات دموکراتیک پا پس می‌کشم و یا همه‌ی خانه‌هایش

را به نشانه‌ی اعتراض و از روی لج ضربدر می‌زنم. با این کار رای‌ام از اعتبار می‌افتد! بیافتد! توفیر چندانی نمی‌کند. فقط بار تصمیم را بر دوش پرستاری می‌نهم که سینی‌ها را می‌چیند. همین و بس!

انتخاب آن شب کجا و این انتخاب کجا؟ ریسمان زندگی را از تنیدن الیاف جبر و آزادی می‌بافند. این همان ریسمان نامرئی‌ای است که روی دره‌ی نیستی کشیده‌اند و ما ناگزیر برای ادامه‌ی حیات در آن چنگ می‌اندازیم، به آن تمسک می‌جوییم. انسان‌ها گمان می‌کنند که پس از بریدن بند نافشان به آزادی می‌رسند. به باورشان بلوغ جنسی یا حتی بلوغ سیاسی هم نوعی بریدن بند ناف است. اما آزادی واقعی تنها زمانی به دست می‌آید که آخرین رشته‌ی وابستگی‌مان به جهان بگسلد و ما در کهکشان رها شویم.

می‌دانستید که جنس الیاف جبر و آزادی با هم تفاوت می‌کند؟ الیاف جبر محکم و مقاوم‌اند و رشته‌های آزادی سست و کم‌جان. از این رو، الیاف آزادی وزن کسی را تاب نمی‌آورند. سقوط حتمی است. چنگ انداختن در الیاف جبر گرچه ممکن است، اما به بهای وداع با آزادی است. از آزادی یک توهم می‌سازد. توهمی که روزی مثل یک حباب بی‌سروصدا می‌ترکد. اغلب حتی متوجه ترکیدنش نمی‌شویم! زندگی کردن در کلیشه‌ها به معنای پایان آزادی، پایان فردیت انسان‌هاست. فردیتی که قرن‌ها برای به دست آوردنش کوشش شده است. مگر نه آن‌که انسان قرن‌ها جنگید تا یوغ اسارت را از گردن خود برگیرد؟ اکنون زیستن در سایه‌ی کلیشه‌ها تن دادن به اسارتی داوطلبانه است.

دوست من! انتخاب داریم تا انتخاب. گاهی انتخابی سرنوشت‌ساز پیش‌روی ماست و اغلب روزگار برای به سخره گرفتن حق آزادی‌مان، انتخابی بیهوده بین چند گزینه‌ی پیش‌پاافتاده در قلمروی روزمرگی را در برابرمان می‌نهد. مثل حق انتخاب بین چند نوع ماست‌ومیوه. این انتخاب‌های پیش‌پاافتاده، انتخاب‌هایی هستند که خواب هیچ پروانه‌ای را برهم نمی‌زنند، لرزه‌ای به شعله‌ی هیچ شمعی نمی‌اندازند و شوری در دل هیچ شاعری نمی‌نشانند.

آمده‌اید مابقی داستان را بشنوید؟ بسیار خرسندم. من هم آن شب مایل بودم داستانش را بشنوم. نه! به خاطر دستمزد سخاوتمندانه‌اش نبود. تاثیر تهدیدش جدی‌تر بود. از ته دل می‌خواستم پانسمان از روی زخم‌های روح آزار دیده‌اش برگیرم و نگاهی به عمق چرکین‌شان بیاندازم. می‌خواستم به آن زخم‌های آماسیده و متورمی بنگرم که گذشته با

خاطرات تلخش، بر روح شاید حساس و شاید چه بسا سرکش او نشانده بود. برای منصرف کردنش لازم بود داستانش را بشنوم و بدانم که ماجرا بر سر چه بوده است.

اجازه دارم موضوع دیگری را از شما بپرسم؟ خُب به هر حال این احتمال را هم نباید نادیده گرفت که امکان خروج بی‌بازگشت شما از زایشگاه مرگ، موضوعی نیست که از پیش منتفی باشد. می‌گویید ایرادی ندارد؟ اجازه‌اش را پیش از این داده بودید؟ حق با شماست. از روی ادب بود که مجدداً پرسیدم. یادتان هست در همان ابتدای گفت‌وگوی‌مان، نظرتان را درباره‌ی وحشت از مرگ پرسیده بودم؟ قطعاً که یادتان هست. حال دلم می‌خواهد نظرتان را درباره‌ی خودکشی بدانم. هیچ شده به خودکشی بیاندیشید؟ آیا وسوسه‌اش گاهی به سراغ‌تان نیامده است؟

اجازه بدهید پاسخ این پرسش را به کسانی وانهیم که همه‌ی عمر به این موضوع پرداخته‌اند. مثلاً آلبر کامو. او خودکشی را یگانه مسئله‌ی جدی فلسفه می‌دانست. تعجب‌آور نیست؟ برخی از فلاسفه مرگ را مسئله اصلی فلسفه می‌دانند. اما حکایت خودکشی با مرگ تفاوت دارد. فرشته‌ی مرگ اغلب بی‌آنکه نظرمان را بپرسد، با بی‌اعتنایی کامل به میل و اراده‌مان، ناگهان بر بسترمان فرود می‌آید و ما را در خواب غفلت غافل‌گیر می‌کند. اما خودکشی یک تصمیم است. حتی اگر ناگزیر و از سر جبر باشد.

کامو به زندگی از دریچه‌ی مرگ نگاه می‌کرد و ارزش زیستن را از این منظر وامی‌کاوید. برخلاف باور بسیاری، او مبلغ خودکشی نبود. اگر از بیهودگی و از پوچی سخن می‌گفت، بر آن نبود که بر بار ملال انسان بیافزاید. معتقد بود که نگریستن از سکوی نیستی است که می‌تواند به هستی معنا ببخشد. کامو می‌پرسید که آیا این زندگی ارزش زیستن دارد؟ و اگر ندارد، آن موقع چه باید کرد؟ چه باید کرد که این زندگی، با همه‌ی دردهایش، بار گران رنج‌هایش و به‌رغم ملال برخاسته از تکرار لحظه‌هایش، شایسته زیستن بشود؟

از یک بیماری سخت، طولانی و علاج‌ناپذیر بیشتر از مرگ می‌ترسید؟ ترجیح می‌دهید که پیش از درغلتیدن به چنین موقعیت اسفناکی، به زندگی‌تان پایان دهید؟ جالب است. عین این موضوع را از خیلی‌ها شنیده‌ام. به خصوص از کسانی که به حاشیه‌ی کم‌رنگ و محو بین بودن و نبودن نزدیک شده‌اند. وانگهی چرا جای دور برویم. از خودم بگویم. آنگاه که درد شدیدی زیر شکمم پایکوبی می‌کند، رنج از تارهای اعصابم بالا می‌رود و ملالی ناآشنا با انگیزه‌ی حکم‌روایی، در ساحت روحم دست به تقسیم سلولی می‌زند، بی‌اختیار

به فکر گذر از وادی پرغوغای هستی به بارگاه آرامش ابدی می‌افتم.

در برخی از کشورها برای این عبور داوطلبانه مقررات حقوقی خاصی نیز پیش‌بینی شده است. مردن در چنین کشورهایی فقط مالیات دارد. باید عوارضش را پرداخت. آنگاه می‌شود مجوز عبور را به دربان نشان داد، سری به نشانه‌ی وداع برگرداند، به بازماندگانی که مدت‌ها منتظر دریافت سهم خود هستند، لبخندی زد و قدم به عدم نهاد. اما موضوعی که کامو به آن اشاره می‌کند یک چنین خودکشی نیست. فرار ناگزیر به جلو نیست. گریز از چنگ گذشته است. آن لحظه‌ای است که انسان با پایان دادن به جان، گلوگاه روح زخم‌خورده‌اش را از حس پوچی، از دست تارهای تو در توی تارتنک بیهودگی می‌رهاند. می‌گویید برای جهیدن از فراز سایه بیهودگی راه‌های زیادی وجود دارد؟ حق با شماست. من هم معتقدم که خودکشی فقط یکی از این راه‌هاست. شاید کوتاه‌ترین راه باشد، اما کوتاه‌ترین راه الزاماً بهترین راه نیست. به‌هرحال، ریسمانی که مرا به زندگی وصل کرده است، به‌رغم خفتن در بستر مرگ، به‌رغم گپ‌وگفت روزانه‌ام با ملک‌الموت، به‌رغم زل زدن‌های این شهید زنده، همچنان محکم به نظر می‌رسد. هنوز استحکام الیاف جبر بر پایداری رشته‌های اختیار می‌چربد. دلم می‌خواهد زنده بمانم.

اجازه بدهید به ماجرای عجیبی که امروز شاهدش بودم، اشاره کنم. به نظرم بیمار اتاق ته راهرو همین یکی دو ساعت پیش دست به خودکشی زده است. یک خودکشی ناموفق. می‌پرسید این موضوع را از کجا می‌دانم؟ این را به دو علت می‌گویم. علت نخستش حضور ناگهانی و خارج از برنامه‌ی دکتر ارشد در زایشگاه مرگ است. یادتان نیست که گفتم باید اتفاق شومی افتاده باشد که در چنین ساعتی آفتابی شده است؟ کلاغ‌ها هم با قارقار بی‌وقفه‌شان بر آن بودند که همین را بگویند. علت دوم؟ علت دوم مربوط به پرحرفی و بیش‌فعالی زبان یکی از پرستاران بخش است.

در این بخش پرستار ترکی کار می‌کند. شاید او را موقع ورود و خروج به این اتاق دیده باشید. اغلب در راهرو پلاس است. آرام و قرار ندارد. موهای سیاه وزوزی‌اش را پشت سرش گیس می‌کند. چهل و چند ساله به نظر می‌رسد. به‌شدت پرحرف و غرغرو است. آلمانی را بد حرف نمی‌زند، اما لهجه‌اش آن چنان غلیظ است که گمان می‌کنم بیماران دوسوم حرف‌هایش را متوجه نمی‌شوند. من اما در فهم آنچه می‌گوید، مشکلی ندارم. گاهی حتی با من به زبان ترکی سخن می‌گوید. می‌داند که ترکی نمی‌دانم. به نظر می‌رسد برایش

کوچکترین اهمیتی ندارد که مخاطبش متوجه سخنش می‌شود یا نه. برایش فقط یک چیز مهم است و آن اینکه حرف دلش را بزند. بگذارید موضوعی را به شما بگویم. لطفاً گوش‌تان را مجدداً بیاورید نزدیک. می‌گویید به این کار کم‌کم عادت کرده‌اید؟ عادت بدی نیست. باعث می‌شود برخی از رازها با یک پرش بلند نتوانند از فراز دیوار حاشا بجهند. بله، درست شنیدید. این پرستار برای من جاسوسی می‌کند. بی‌آنکه چنین چیزی را از او خواسته باشم.

یک لبخند و دو کلمه‌ی مهرآمیز برای دریافت خدمات گران‌بهایش کفایت کرده است. همه‌ی اخبار بخش را روزانه در یکی دو گزارش مفصل به اطلاعم می‌رساند. نمی‌دانم به دنبال یک جفت گوش مجانی می‌گردد، دهانش لق است یا به یک خارجی، به یک یابانجی[1] از جنس خودش بهتر می‌تواند اعتماد کند. دلیلش هر چه باشد، نتیجه این است که تقریبا از هر چیزی که در هر اتاقی روی دهد، دیریازود مطلع می‌شوم. حتی گاهی درباره‌ی مسائل خصوصی و مشکلات خانوادگی پرستاران دیگر نیز به من گزارش می‌دهد. پشت سرشان حرف می‌زند. بدشان را می‌گوید. اما من به او عادت کرده‌ام. نیاید غصه‌ام می‌شود. پیش از آنکه با شما سر صحبت را باز کنم، در زایشگاه مرگ او یگانه هم‌سخنم بود.

از رفتن دکتر ارشد ساعتی نگذشته بود که به اتاقم آمد. درست در همان لحظه‌ای که شما برای نوشیدن قهوه رفته بودید. برای آمدن، همیشه بهانه‌ای دارد. آوردن یا بردن سینی، شمردن تعداد ضربان قلب این جنازه یا مثلاً محاسبه دمای پیکر من برای کشاندن پای‌اش به این اتاق هم دلیل لازم محسوب می‌شود و هم دلیل کافی. این بار سینی شام را آورده بود. آخرین خبرش درباره‌ی بیمار اتاق ته راهرو بود. گفت علت آمدن دکتر ارشد، جدا شدن لوله‌ی سرُم از پشت دست آن تکه گوشت بی‌جان بوده است. پیش‌تر از او شنیده بودم که آن تکه گوشت معمولاً یا خواب است یا دست در گریبان نوعی اغما. گفت کسی نمی‌داند آیا خود او سرُم را از دستش کنده یا تصادفاً، مثلاً در اثر تکان شدیدی، اتصال وریدی‌اش کنده شده است. اما من تردیدی درباره‌ی خودکشی او ندارم. این پرستار در موقعیت مشابهی با بیماران زایشگاه مرگ قرار ندارد که بتواند چنین چیزی را بفهمد.

---

[1] یابانجی (yabanci) یک واژه ترکی است: خارجی یا بیگانه.

می‌دانید چه گفت؟ مدعی شد که خدا به دادش رسیده است. منظورش خود خدا که نبود. مگر او بیکار است که غروب جمعه کار و زندگی‌اش را تعطیل کند، به بهای بی‌توجهی به سرنوشت میلیاردها نفر جمعیت کره خاکی، با انگیزه‌ی حراست از جان این تکه گوشت بی‌جان، سری به این واگن آخر قطار سرنوشت بزند و این لقمه‌ی چرب و نرم را از منقار خونین لاشخورهای آن سوی آسمان برباید؟ هم‌اتاقی‌اش را می‌گفت. گویا نفس کشیدن‌های توام با ناله‌ی آن تکه گوشت، توجه‌اش را جلب کرده بود. متوجه لوله‌ی معلق در فضا شده و آرامش بعدازظهر پرستار بخش را برهم زده بود. گفت اگر یک لحظه دیر رسیده بودند، پرده‌ی آخر نمایش غم‌انگیز زندگی آن تکه گوشت به پایان می‌رسید. گفت زندگی‌اش را مدیون غریبه‌ای است که سرنوشت، پایش را به زایشگاه مرگ کشانده است.

می‌گویید هم‌اتاقی‌اش به وظیفه‌ انسانی‌اش عمل کرده است؟ شاید. نمی‌دانم. شاید هم وحشت از مرگ بود که باعث شد پرستار را خبر کند. کسی نمی‌داند در چنین شرایطی مرز همدردی کجا به پایان می‌رسد و دربار شکوهمند خودخواهی کجا آغاز می‌شود؟ شگفت‌انگیز است که انسانی که از مرگ و نیستی وحشت دارد، گاه داوطلبانه روی سکویی می‌نشیند و مرگ آن دیگری را نظاره می‌کند. این دقیقاً عین ماجرای آن شب من بود. بارها از خود پرسیده‌ام آیا حکایت این نویسنده شبیه به آن ابلهانی نیست که خواب شبانه را بر خود حرام می‌کنند و به قصد تماشای اجرای حکم اعدام به میدان شهری می‌شتابند یا بر سر تصرف یکی از صندلی‌های ردیف نخست در سالن اعدام با صندلی الکتریکی، با دیگران سرشاخ می‌شوند؟ جای بهتر نصیب ابلهانی می‌شود که زودتر رسیده‌اند.

قرص دوم را در دهانش نهاد و آن را با چند جرعه آب فرو داد. من هم جرعه‌ای شراب نوشیدم. حق با فروشنده بود. مزه‌اش لحظه به لحظه تغییر می‌کرد. پنداری با هر نفسی که می‌کشید، طعم جدیدی در دلش می‌پروراند. در خود می‌شکفت و در درونش از خود دگر می‌شد. هر جرعه‌اش آدم را غافل‌گیر می‌کرد. آن شب نوعی سرمستی به سراغم آمده بود. از نوع آن مستی‌هایی که قلوه‌سنگ‌های شرم و حیا را در درون خود حل می‌کنند، بی‌آنکه هوشیاری را به تمامی از آدم بستانند. حس عجیبی است. فقط کسانی آن را می‌شناسند که تجربه‌اش کرده باشند. نوعی پرسه زدن است در حاشیه‌ی بین بدمستی و هوشیاری. آن جایی است که دو کفه‌ی ترازو می‌کوشند تعادل‌شان را حفظ کنند. یک جرعه بیشتر همه چیز را تغییر می‌دهد.

قورت دادن قرص دوم از عزمش برای پایان دادن به زندگی‌اش حکایت داشت. بازی جدی شده بود. روی این خط سیاه به راه افتاده بود و با هر قرصی که در دهانش می‌گذاشت به دایره‌ی مرگ نزدیک‌تر می‌شد. معنای هر قرص پرش به مرحله‌ی دیگری از بازی مرگ بود. از خود می‌پرسیدم چرا تصمیم به خودکشی گرفته است؟ نخستین دلیلی که به ذهنم خطور کرد، شبیه به آن چیزی بود که لحظه‌ای پیش شما گفته بودید. خطاب به خود گفتم شاید او نیز مثل بسیاری از انسان‌ها به علت ابتلا به یک بیماری جان‌گداز و دردناک تصمیم گرفته شیشه‌ی عمرش را پیشاپیش بر زمین بکوبد. راه بر آن رنج‌ها و شکنجه‌هایی ببندد که در همدستی با هم برآنند تا جسم و جانش را بگزند و بیازارند. اما پرسیدن چنین چیزی از یک بیگانه کار ساده‌ای نیست. اصولاً سخن گفتن با افراد درباره‌ی بیماری درمان‌ناپذیرشان خیلی دشوار است. سخت است از چنین کسی بپرسیم که آیا وحشتش از درد بیشتر است یا وحشتش از مرگ؟ چنین پرسشی بوی مرگ می‌دهد و این موضوع بر هیچ یک از دو طرف پنهان نیست، نه بر گوینده و نه بر مخاطب.

در سایه‌ی شهامت برخاسته از آن سرمستی، با کلامی منقطع، به زبان ایما و اشاره، شاید در سایه‌ی صراحتی ناآشنا، موضوع را از او پرسیدم. دقیق نمی‌دانم چه گفته بودم. هر چه بود، متوجه پیام نهفته در پرسشم شد. لبخندی زد، با دست به پیکرم اشاره کرد و گفت که وضعیت جسمانی من بیشتر از حال‌وروز او نگران کننده است. به آزمون مسخره‌ای به نام بالا آمدن از چند پله اشاره کرد و نفس‌نفس‌زدن‌های ساعتی پیش را به رخم کشید. در عین حال به من اطمینان داد که از سلامت جسمی کامل برخوردار است.

لیوانش را بلند کرد و گفت جرعه‌ای به سلامتی من می‌نوشد. پس از آن برای آقای نویسنده طول عمر آرزو کرد. استفاده‌ی مکررش از عنوان آقای نویسنده برایم بیش از پیش آزار دهنده شده بود. اما هیچ یک از ما در وضعیت عادی قرار نداشتیم که چنین موضوعاتی تبدیل به دغدغه‌ی ذهنی‌مان بشود. به جواب آزمایش‌های پزشکی‌اش که چند روز پیش دریافت کرده بود، اشاره کرد. با لبخند رضایت بر لب، به نقل از پزشک معالجش گفت قلبش مثل جوانی بیست ساله می‌زند، دقیق و منظم! البته اعتراف کرد که کمی مشکل کلسترول دارد و کبدش در سال‌های پیری به فکر پس‌انداز چربی‌ها افتاده است. پس از آن بود که نگاهش را مجدداً در نگاهم گره زد و پرسید چه کسی را می‌شناسم که در سن‌وسال او با چنین مشکلاتی دست‌وپنجه نرم نکند؟ به‌رغم نوشیدن دائمی الکل، گفت

که کبد و کلیه‌هایش خوش‌بختانه تا آن لحظه به تعهدات اخلاقی‌شان به مثانه و دیگر ارگان‌های پیکرش پایبند مانده‌اند.

با دست به پاکت سیگارش اشاره کرد و گفت آن را پس از بیست و اندی سال خریده است. پرسید آیا مایلم بدانم چرا سیگار را ترک کرده است؟ این موضوع در آن لحظه برایم اصلاً جذاب نبود. پاسخ این پرسش چه ربطی به موضوع خودکشی او داشت؟ به‌رغم بی‌اعتنایی من نسبت به آن پرسش، ماجرای روزی را تعریف کرد که منجر به تصمیم‌اش برای ترک سیگار شده بود. در آن ایام، سیگار کشیدن در اماکن عمومی آلمان هنوز قدغن نشده بود. آخرین سیگارش را در کافه لوتا کشیده بود. پس از شنیدن روایت آن ماجرا متوجه‌ی ربط عجیب آن خاطره با ماجرای خودکشی او شدم.

آن شب سیگارش تمام شده بود. یکی از سربازان دشمن پیام مچاله کردن توام با خشم پاکت را متوجه می‌شود. خاک‌ریز خود را ترک می‌کند و به سوی او می‌آید و سیگاری به او تعارف می‌کند. او به‌رغم آنکه ترجیحش همیشه به تنها نشستن در بلندی‌های جولان بوده، با بی‌میلی از او می‌خواهد روبه‌روی‌اش بنشیند. برایش لیوان آبجویی سفارش می‌دهد. آن شب به سلامتی یکدیگر چند لیوانی می‌نوشند. از بلندی‌های جولان دود بلند می‌شود. آن سرباز دشمن در گپ‌وگفت آن شب از سرطان ریه‌اش می‌گوید.

از من پرسید آیا می‌توانم باور کنم که کسی به‌رغم توصیه اکید پزشکان، به‌رغم ابتلا به سرطان ریه، به سیگار کشیدنش ادامه بدهد؟ حتی بیش از پیش سیگار بکشد؟ پرسید مگر او نمی‌دانست که سیگار کشیدن برایش حکم سم مهلکی را دارد؟ کوبیدن میخ بر تابوت خود است؟ پرسید چرا چنین کسی با دست خودش طناب دار را بر دور گردنش می‌افکند؟ پس از آن گفت که از کار انسان‌ها هیچ سر درنمی‌آورد و رفتار انسان‌ها همیشه باعث تعجب و حیرتش می‌شود.

تعجب‌آور نیست؟ این عین آن حکایتی بود که آن شب تعریف کرد. می‌پرسید چگونه ممکن است کسی که تصمیم به خودکشی دارد، از کار کسی دچار حیرت شود که به‌رغم ابتلا به سرطان، ریه‌اش را به سم می‌آلاید؟ پاسخش را نمی‌دانم. گفت همان شب تصمیم گرفته پرونده‌ی اعتیادش را برای همیشه ببندد و بایگانی کند. پس از آن خندید و گفت پس از بیست و اندی سال ترک سیگار، بار دیگر پرونده‌ی اعتیادش را به جریان انداخته است. خنده‌اش مثل خیلی از خنده‌های آن شبش طعم تلخی داشت.

موضوع حتی از این هم جالب‌تر می‌شود. در ادامه گفته بود از بیمار شدن و بیمارستان متنفر است. به او گفتم چه کسی از بیمار شدن یا بدتر از آن، از پرتاب شدن به یک بیمارستان دل خوشی دارد؟ گفتم این ما نیستیم که به دنبال بیماری می‌رویم. این آن‌ها هستند که دربه‌در به دنبال آدرس یک یا چند عضو ما می‌گردند، تا همانجا چتر بیاندازند، لانه کنند و آزارمان بدهند. گفت فقط نویسنده‌ها می‌توانند هر چیزی را به گونه‌ای دیگر جلوه دهند. به سرطان ریه آن مرد اشاره کرد و گفت که او برخلاف دیگران همیشه به فکر سلامت خودش بوده است. پس از آن مجدداً رشته‌ی سخن را به وضعیت جسمانی من کشاند و از من خواست که نگران حال‌وروز خودم باشم. گفت هیچ چیز در دنیا ارزش سلامتی را ندارد.

به گلدان روی میز اتاق پذیرایی اشاره کرد و گفت زیر آن نامه‌ای قرار دارد. نامه‌ی که از منظر حقوقی حکم برائت من است! خندید و در ادامه از من خواهش کرد از خیال‌بافی درباره‌ی آن نامه خودداری کنم و این بار به دنبال شرح مصیبت عشقی ناکام نگردم. این همان نامه‌ی چندخطی است که پیش‌تر گفته بودم. جرعه‌ای شراب نوشید و در ادامه گفت متن آن نامه هیچ شباهتی به ماجرای معشوق دل‌شکسته‌ی کافه لوتا ندارد. تاکید کرد پدیده‌ای به نام عشق را نه تجربه کرده و نه می‌شناسد. گفت در سراسر عمرش هرگز کسی را از ته دل دوست نداشته است.

نامه را برای پلیس و پزشکی قانونی نوشته بود. گفت اگر مایل باشم می‌توانم آن را بخوانم. خودش آن را به دستم داد. خواندم. فقط درباره‌ی گمانه‌زنی پیرامون علت خودکشی‌اش به پلیس و پزشکی قانونی هشدار داده بود. نامه را از دستم گرفت، تا کرد و مجدداً زیر همان گلدان نهاد. از بابت این موضوع که کسی خودکشی او را به پای ضعف شخصیتی‌اش بگذارد، متنفر بود. هدفش از نوشتن آن نامه، فقط بیان این موضوع بود که در لحظه‌ی اجرای تصمیم‌اش نه مشکل مالی داشته، نه دچار افسردگی بوده، نه گرفتار عشقی بدفرجام و نه مبتلا به یک بیماری لاعلاج.

آیا افسرده نبود؟ پرسش خوبی است. من روان‌شناس نیستم که بخواهم چنین پرسشی را پاسخ بدهم. اما وسوسه‌ی خودکشی معمولاً نمی‌تواند بدون رنج ناشی از افسردگی به سراغ کسی بیاید. این را از روی تجربه می‌گویم. اما او بر آن بود با نوشتن آن نامه و با آراستن خویش و صحنه، خلاف آن را ثابت کند. می‌پرسید چه اصراری به این کار داشت؟

آیا بر آن بود چیزی را پنهان کند؟ و اگر پاسخ مثبت است، چه چیزی را؟ مطمئنم شما هم پس از پی بردن به رازش، پاسخ بسیاری از پرسش‌هایتان را خواهید یافت.

به پشت میز بازگشت و در جای خود، زیر تابلوی زنان بی‌چهره نشست. گفت مایل نیست علت اصلی تصمیم‌اش را به اطلاع پلیس و پزشکی قانونی برساند. به آن‌ها بگوید که چه بشود؟ معما را برای‌شان حل کند تا شب را راحت و آسوده بخوابند؟ گفت حتی اگر علت خودکشی‌اش را در این نامه بنویسد، باز تردید دارد که آنان قادر به فهم موقعیتش باشند. تاکید کرد که اگر قرار باشد کسی حال‌وروزش را بفهمد، این کس فقط من هستم. نویسنده‌ای که با شرکت در این ضیافت باشکوه، حق قرائت آخرین برگ آخرین فصل داستان زندگی‌اش را به‌دست آورده است.

بارها از خود پرسیده‌ام چرا کسی که به استقبال مرگ می‌رود، این چنین نگران داوری دیگران است؟ چه اهمیتی دارد کسانی که تابوتش را بر دوش می‌برند، درباره‌ی او و علت خودکشی‌اش چه می‌اندیشند؟ نظر صاحب کافه لوتا چرا باید مهم باشد؟ آن ارواح سرگردانی که گاهی در بلندی‌های جولان با او هم‌صحبت شده‌اند، احتمالاً در لحظه‌ی خاک‌سپاری‌اش آنجا نخواهند بود. وانگهی حتی اگر برخی‌شان بیایند، بود و نبودشان، در روایت این خودکشی چه تاثیری خواهد داشت؟ اینکه پلیس علت خودکشی را در پرونده‌ی مرگش چگونه بازتاب دهد و پزشکی قانونی چه گزارشی را تهیه کند، دغدغه ذهنی چه کسی است؟

نه! این‌ها چند پرسش نیستند. روایت‌های مختلف یک پرسش هستند. می‌پرسم چرا باید داوری دیگران دغدغه ذهنی کسی باشد که تصمیم به خودکشی می‌گیرد؟ مگر نه آنکه داوری دیگران تنها آنگاه که هستیم، دغدغه‌ی ذهنی ماست؟ آن سوی کرانه‌ی هستی، در آن لحظه‌ای که گورکن با بیلش خاک در گور می‌ریزد، چه اهمیتی دارد که دیگران درباره‌ی جسم بی‌جانی که می‌رود تا از گوشت و استخوان به یاد و خاطره تبدیل شود، چه می‌اندیشند؟ پاسخ این پرسش را نمی‌دانید؟ تا به حال درباره‌اش فکر نکرده‌اید؟ ایرادی ندارد. من هم تنها به یاری گمانه‌زنی و پس از گذشت سال‌ها برای این پرسش پاسخی پیدا کرده‌ام. پاسخی که هنوز قانعم نکرده است. داستان خودکشی افراد بسیاری را خوانده‌ام. حتی داستان نویسندگان و شاعرانی را که آخرین دقایق زندگی‌شان را تصویر کرده‌اند.

کنجکاو شده‌اید نظرم را بدانید؟ اجازه بدهید به ماجرای آن شب باز گردیم. مگر نه آنکه او در آخرین پرده زندگی‌اش، در پی حفظ ظاهری آراسته برای خود و خانه‌اش بود؟ کت‌وشلوار شیکی بر تن کرده، کراوات زده بود و آپارتمانش از پاکیزگی برق می‌زد. چند شاخه گل رز سفید و نامه‌ای که زیر گلدان نهاده بود، حامل پیامی بودند برای آن غریبه‌هایی که قرار بود روزی با شکستن قفل در، جسدش را کشف کنند. او از مرگ خود چند بار تحت عنوان ضیافت باشکوه یاد کرده بود. از خودم پرسیده بودم، چرا؟ چرا ضیافت؟

خودکشی این روزها پدیده خیلی عجیبی نیست. به‌ویژه در اروپا، در ماه‌های نوامبر و دسامبر، آنگاه که خورشید به اکراه روی می‌نماید و ملالِ نگریستن به آسمانی خاکستری‌رنگ از نشاط هستی می‌کاهد و انگیزه‌ی پایان دادن به اندوهی کسالت‌بار دامن می‌گسترد، وسوسه‌ی خودکشی به جان خیلی‌ها می‌افتد. اما ماموران پلیس و پزشکی قانونی اغلب در چنین مواردی با جسد کسانی روبه‌رو می‌شوند که نماد آشکار درهم‌شکستگی و افسردگی هستند.

نیازی به گمانه‌زنی درباره‌ی خودکشی چنین افرادی وجود ندارد. علت‌های گوناگونی، اغلب در آخرین مرحله، به علت اصلی خودکشی ره می‌برند و آن افسردگی شدید است. دیدن موهایی ژولیده زنی با چهره‌ای بی‌آرایش و صورت اصلاح نشده‌ی مردی به خیلی از پرسش‌های ماموران پلیس و پزشکی قانونی پاسخ می‌دهد. کافی است عکاس از محل حادثه و از جسد چند عکس بردارد تا همه چیز مثل روز روشن شود. خانه چنین افرادی اغلب کثیف و به‌هم‌ریخته است. بوی جسدی متعفن در آمیزش با بوی تهوع‌آور ظرف‌های کثیف تلنبار شده، به بیرون خانه راه باز می‌کند و توجه و چه بسا کنجکاوی کسی را برمی‌انگیزد. گاهی صدای ناله‌ی بی‌وقفه‌ی گربه‌ای عاصی یا پارس سگی درمانده بر بی‌تفاوتی هم‌زیستی مردم در جامعه‌ای مدرن غلبه می‌کند و پای ماموران را برای تبدیل گمان‌شان به یقین به درون چنین خانه‌هایی می‌کشاند.

اما حکایت خودکشی او با حکایت آشنای خودکشی بسیاری دیگر، تفاوت داشت. او بر آن بود تا از مرگ خود معمایی بسازد. این کلمه را خودش به کار برده بود. مایل بود دیگران را شوکه کند. انگشت به دهان از خود بپرسند که چرا چنین فردی به زندگی خود پایان داده است؟ برگه‌های حقوق ماهانه‌اش را بیابند و از این طریق به موفقیت او در زندگی حرفه‌ای‌اش پی ببرند. شاید حتی گزارش معاینات اخیر پزشکی‌اش هنوز روی میز اتاق

کارش باشد. البته که این گزارش‌ها از نگاه کنجکاو ماموران پلیس به دور نمی‌مانند. آلبوم عکسش را، اگر چنین آلبومی وجود داشته باشد، قطعاً به دنبال یافتن سرنخ، صفحه به صفحه ورق خواهند زد. شاید ماموری مسحور تابلوی زنان بی‌چهره شود، بی‌آنکه معنایش را بفهمد. نامه‌هایش را زیرورو می‌کنند.

دیدن چند لیوان، یک شیشه خالی شراب، یک شیشه ویسکی و یک بشقاب پنیر تکه شده کنجکاوی ماموران پلیس را بی‌تردید برمی‌انگیزد. لابد ماموری به دیگران می‌گوید اثری از رژلب روی هیچ یک از لیوان‌ها نیست. نتیجه می‌گیرند که مهمان مرد بوده است. شاید همین موضوع لبخند موذیانه‌ای بر لب یکی‌شان بنشاند. وجود دو پاکت قرص خواب‌آور با تاثیراتی متفاوت همه را غافل‌گیر می‌کند. از خود می‌پرسند اگر آن یکی، پس چرا این یکی؟ به‌ویژه دیدن آن خط سیاهی که به دایره‌ای منتهی می‌شود، شاید برای ماموران پرسش برانگیز باشد. شاید همین معما چنان موثر واقع شود که خواب برخی‌شان را برهم زند و آرامش بسترشان را بر باد دهد. آیا کسی متوجه خواهد شد چه چیزی قرار بوده، دقیقاً در ساعت سه و چهل و پنج دقیقه‌ی بامداد روی دهد؟

شما هم می‌خواهید علتش را بدانید؟ می‌پرسید چرا در ساعت سه و چهل‌وپنج دقیقه‌ی بامداد؟ من هم آن شب علت ثبت این زمان‌های متفاوت روی آن خط سیاه و در درون دایره‌ی مرگ را نمی‌دانستم. بعدها، در یکی از آن غروب‌هایی که پرسش‌های بی‌پاسخ آرامش آدم را سلب می‌کنند، علتش را به گمان خودم کشف کردم. ضیافت مرگ حدود پنج ساعت پس از غروب روز ۲۱ دسامبر آغاز شده بود و سه ساعت پس از پاییز به پایان رسید. این آخرین غروب پاییز زندگی او بود.

چهار ساعت؟ از ساعت یازده و چهل‌وپنج دقیقه‌ی شب تا ساعت سه و چهل‌وپنج دقیقه‌ی بامداد، چهار ساعت فاصله وجود دارد؟ زنده‌باد! می‌پرسم چه تصوری درباره‌ی من دارید؟ گمان می‌کنید، این موضوع پس از گذشت سال‌ها، همچنان بر من پوشیده مانده است؟ آیا پاسخ یک محاسبه ساده‌ی ریاضی را نمی‌دانم؟ لطفاً پیش از شنیدن کامل داستان قضاوت نکنید! داوری شتاب‌زده فرجام خوبی ندارد، حتی اگر تصادفاً صحیح از کار درآید.

تماشاگر ابله

با صدایی بلند و لحنی تحکم‌آمیز گفتم مسخره‌بازی بس است! باید آنجا می‌بودید و چهره‌ی حیرت‌زده‌اش را با چشم خودتان می‌دیدید. انتظار شنیدن چنین چیزی را نداشت. پیام صدای جرنگ برخورد لیوان‌ها را به نشانه‌ی مصالحه، شاید به معنای نوعی پذیرش و کنار آمدنم با ماجرای خودکشی‌اش تفسیر کرده بود. این بار دهان او باز مانده بود. هاج‌وواج به من زل زده بود. با لحنی تردیدآمیز پرسید مسخره‌بازی؟ خشک و جدی در پاسخش گفتم بله، مسخره‌بازی! از او خواستم به این بازی بچگانه خاتمه دهد.

می‌گویید صراحتم در آن لحظه شما را نیز غافل‌گیر کرده است؟ چاره‌ی دیگری نداشتم. در آن لحظه فضا برای مصلحت‌گرایی، برای مهار چرخش زبان در دهان، هیچ مناسب نبود. باید صورتک مصلحت از چهره‌ام می‌افتاد، که افتاد. اما شاید دیر افتاد. او در آن لحظه بیگانه‌ای را می‌دید، بیگانه‌تر از پیش. تصویر آن بیگانه با تصور او از یک نویسنده‌ی بهت‌زده خیلی تفاوت داشت. پنداری غریبه‌ای بود که در پستویی تاریک از وجودم پنهان شده بود. یکی از همان مهمانان کاروانسرای وجودم. آن رفتارم دست خودم نبود. یک واکنش عصبی بود. از نوع آن واکنش‌هایی که هیچ‌کس انتظارشان را ندارد. از جنس آن رفتارهایی که بی‌اعتنا به فاعل و مفعول جمله، قادرند همه را به یکسان غافل‌گیر کنند.

انسان‌ها اغلب خوش دارند از مصلحت‌گرایی بیمارگونه‌شان فضیلتی بسازند. آن را پشت عناوین فریبنده‌ای مثل رواداری، مردم‌داری، احترام به دیگری، گردن نهادن به شرط ادب، رعایت حال‌وروز دیگران، شعورِ تشخیص پیام لحظه و امثال این‌ها پنهان می‌کنند. می‌پرسم کدام مردم‌داری؟ طرف صحبتم آن شب کسی بود که قصد داشت شیشه‌ی

عمرش را پیش از سر رسیدن تاریخ مصرفش بر زمین بکوبد. ادامه‌ی آن رفتار مصلحت‌گرایانه، عملاً راه را برای مرگش هموار می‌کرد. شاید بیش از آن بود. شاید حتی نوعی تشویق به حساب می‌آمد. فرض کنید کسی تصمیم به خودکشی دارد، مشتی قرص خواب‌آور در دهانش ریخته و شما لبخند بر لب و در نهایت احترام و رواداری لیوان آبش را پر می‌کنید. نوش جان‌تان! مراقب باشید آب توی حلق‌تان نپرد!

سرتان را به نشانه‌ی عدم تفاهم تکان می‌دهید؟ می‌پرسید مگر نه آنکه آن شب من لیوان آبش را پر کردم و به او دادم؟ بله، حق با شماست. این را خودم به شما گفته بودم. حتی باید اعتراف کنم که دو بار لیوانش را آب کردم و به او دادم. اما باور کنید به قصد همراهی با او نبود. انگیزه‌ام جلب اعتماد او بود. می‌گویید برای قاضی و دادستان جرم مهم است و نه انگیزه؟ حتی انگیزه‌ای نیک نمی‌تواند از سنگینی پرونده بکاهد؟ بله، می‌دانم. این را در دفاع از خودم نمی‌گویم. چه دفاعی؟ آن هم در چنین لحظه‌ای؟

همراهی در بازی مرگ آن رفتار شنیعی است که فقط از عهده‌ی جانیان برمی‌آید. جلادانی که چهره‌شان را با پارچه‌ای سیاه می‌پوشانند و ضامن تیغه‌ی گیوتین را می‌کشند. یا به آن سه‌پایه، به آن آخرین امید یک محکوم به اعدام، لگد می‌زنند. مشارکت در بازی مرگ قابل توجیه نیست. وقتی با کسی روبه‌رو هستید که تصمیم دارد دست به کاری غیرعقلایی بزند، بدانید که پنهان شدن پشت ماسک مردم‌داری خطای بزرگی است و رعایت ادب در آن لحظه هیچ نمی‌ارزد. پوست انداختنم آن شب ارادی نبود. از یک الزام برمی‌خاست. الزامی که افسار لحن و کلامم را در اختیار خود گرفته بود.

خود را مسافر قایقی طوفان‌زده می‌دیدم. صحنه‌گردان برخلاف میل و اراده‌ام از من تماشاچی ساخته بود. در آن لحظه کسی در پی شنیدن نظرم نبود. کارگردان این بازی مرگبار از من خواسته بود ساکت و بی‌حرکت، سربه‌زیر و فرمان‌بر، گوشه‌ای بنشینم و شاهد ماجرا باشم. اما چگونه چنین چیزی ممکن است؟ تن دادن به این رفتار منفعلانه به معنای سپردن سرنوشتم به دست آن طوفانی بود که تداوم شناوری قایق را در آن دریای خروشان و مواج به چالش می‌کشید. هم‌دستی با طوفان، آنگاه که در یک قایق طوفان‌زده نشسته‌اید، گزینه‌ی مناسبی نیست.

تن دادن به سکوت و سپردن جنبش عقربه‌ها به دست انتظار، با راه سومی که به موفقیتش امید بسته بودم، سازگاری نداشت. باید کلافه‌اش می‌کردم. باید پوسته‌ی آرامش

و خونسردی‌اش را می‌خراشیدم، اعصابش را به هم می‌ریختم، خشمگین‌اش می‌کردم، چنان عاصی که خودش عذرم را بخواهد. مرا از خود براند. مگر خود او به صراحت نگفته بود که حال و حوصله‌ی گپ‌وگفت با کسی را ندارد؟ پس باید چنان کاسه‌ی صبرش را لبریز می‌کردم که خلوت مرگبارش را به مصاحبت با این غریبه‌ی وراج و لجوج ترجیح دهد. از آن گذشته، مگر نه آنکه امید بسته بودم با بهره‌گرفتن از توان بیانم و با توسل به قوه‌ی منطق و استدلال، او را از اجرای تصمیم‌اش بازدارم؟ آنگاه بود که متوجه شدم برای اقناع یک نفر سکوت ابزار موثر و کارآمدی نیست.

در این جهان آشفته پیوستن به انجمن ادب و سکوت، نشستن زیر سایبان بی‌تفاوتی و پرداختن به حکایت کسل‌کننده‌ی نان و بقل[1] عملاً به معنای سپردن تاج‌وتختِ بازیِ سرنوشت به خدایگانی است که کشتزار شادی‌شان را با غم بندگان‌شان آبیاری می‌کنند. او از بندگی کلافه شده بود. هوای خدایی در سر داشت. گمان می‌کرد پس از چیرگی بر سرنوشتش می‌تواند به غم‌نامه‌ی زندگی‌اش پایان بدهد و به محفل خدایگان پای نهد. نمی‌دانست مرگ اگرچه می‌تواند پایان بندگی باشد، مسیرش به ایستگاه جاودانگی ره نمی‌برد، از هیچ بنده‌ای خدا نمی‌سازد.

از آن سو، صحنه‌گردان از من می‌طلبید چون بنده‌ای قفل سکوت بر لب، عروج آسمانی آن بیگانه را به بهای سقوط اهریمنی خودم ممکن سازم. طبیعی بود که من از پذیرش چنین سرنوشتی تن بزنم و به آن نقش منفعل در بازی مرگ و زندگی گردن ننهم. باید آستین‌ها را بالا می‌زدم، کمر همت می‌بستم، سینه جلو می‌دادم، از ناملایمات نمی‌هراسیدم و با عزمی جزم پا به میدان می‌گذاشتم و تابوها و قواعد آن بازی مرگ را زیر پا لگدمال می‌کردم. این یگانه راهی بود که برای گریز از هر دو راه آن دوراهی نفس‌گیر، در برابرم وجود داشت.

از بابت خنده‌ام مرا ببخشید. به اوضاع بی‌ریخت خودم می‌خندم. باید اعتراف کنم در ایام جوانی، هرگاه که با خودم خلوت می‌کردم، به‌ویژه شب‌ها، پس از آنکه چراغ‌ها یکی پس از دیگری به دل تاریکی پناه می‌بردند، در آن لحظه‌ای که به بستر تنهایی خود می‌خزیدم، اغلب از خودم شخصیتی خیالی در ذهن می‌آفریدم. می‌گویید این پدیده

---

[1] - سبزی. اشاره به یکی از اشعار مولانا است:

این سُکر بین هل عقل را وین نقل بین هل نقل را   که بهر نال و بقل را چندین نشاید ماجرا

عجیبی نیست؟ خیلی از انسان‌ها، در خلوت شبانه‌شان، از خود شخصیتی رویایی می‌سازند که توانایی‌ها و فضیلت‌هایشان بر کاستی‌هایشان می‌چربد؟ این را می‌دانم. اما می‌دانید مشکل کجاست؟ آنجا است که برخی از آنان در بستر بیداری فراموش می‌کنند، شخصیتی که شب پیش از خود آفریده بودند، تولیدی کارگاه وهم و خیال بوده است.

در عالم خیال، خود را فردی می‌دیدم سرآمد سخنوری. یک بلبل شیرین سخن! واقعاً که خنده‌دار و مضحک است. باید اعتراف کنم همه‌ی استعدادم برخاسته از پیوند نامشروعی است که یک زبان بیش‌فعال با چند سلول مغزی فریب خورده برقرار کرده است. آن شب همین شخصیت خیالی که واقعی پنداشته بودمش، پشت میز آزمونی سرنوشت‌ساز و تا حد مرگ جدی نشسته بود. می‌گویید پسندیده نیست که انسان با شخصیت خیالی و چه بسا رویایی‌اش پا به مناسبات اجتماعی بنهد؟ حق با شماست. خطایی است که اغلب همه مرتکب می‌شوند. کافی است فقط برای لحظه‌ای چهره‌ی واقعی‌شان از پس هاله‌ی وهم آشکار شود، تا باد حیثیت‌شان را با خود ببرد.

زبان مثل یک سلاح گرم عمل می‌کند. از این سلاح بارها در زندگی استفاده کرده‌ام. در مجموع می‌شود گفت آدم ناموفقی نبوده‌ام. بخش زیادی از این موفقیت را وامدار چرخشِ زیرکانه‌ی این زبان بوده‌ام. زبانی که خیلی زود لذت نشستن سر سفره‌ی مصلحت‌گرایی فرصت‌طلبانه را چشید و آموخت که در فرجامین نگاه، این کلام است که سرنوشت جهان و انسان را رقم می‌زند. در انجیل یوحنا آمده که در آغاز کلمه بود، کلمه نزد خدا بود و کلمه خود خدا بود. چه اعتراف تکان دهنده‌ای!

هیچ سلاحی در جهان به گرمی سلاح زبان نیست. مگر نه آنکه مغز سربازان را پیش از اعزام به جنگ باید در چشمه‌ی کلامی سحرآمیز شست‌وشو داد؟ فقط چنین سربازانی می‌توانند سلاح به دست گرفته و ماشه را روی سامانه‌ی مدار بسته‌ی گردش خون دیگران بچکانند. تنها سربازی خوب می‌جنگد که به حقانیت جنگ باور داشته باشد. فقط این سلاح گرم است که می‌تواند به جنگ حقانیت ببخشد، انسان را به از خودگذشتگی برانگیزد و او را به ورطه‌ی کارزاری هلاکت‌بار پرتاب کند. زبان می‌تواند تخم جنون بکارد، دیوانگی برداشت کند. می‌پرسید چاره چیست؟ چاره‌اش همان زبان است. فقط زبان از عهده‌ی زبان برمی‌آید.

در لحظه‌ای که او قرص سوم را در دهانش می‌نهاد، سخنرانی را می‌مانستم که مشتی

آرد دهانش را انباشته و لکنت زبان گرفته است. این زبان لعنتی اصلاً در دهان نمی‌چرخید. پنداری به کف دهانم میخ‌کوب شده بود. در آن شب نفرین شده، تا آن لحظه یا دم فرو بسته بودم، یا اگر چیزی گفته بودم، شیاری بر سطح ناگفته و رازی نمی‌زد که او در چنبره‌ی اسارت خود گرفته بود. باورتان می‌شود؟ او هنوز از خود هیچ نگفته بود. آیا حضور در چنین وضعیتی قابل تحمل است؟ من شاهد صحنه‌آرایی یک خودکشی بودم، بی‌آنکه دلیلش را بدانم. تنها به گفتن این موضوع بسنده کرده بود که داستان خودکشی‌اش با حکایات آشنای پلیس و پزشکی قانونی تفاوت دارد. اما این پاسخ پرسش‌های من نبود. او باید به الزام افشای چرایی این اقدام گردن می‌نهاد. تنها پس از دانستن علت تصمیم‌اش بود که می‌توانستم سلاح گرم خودم را از غلافش بیرون بکشم، مغزش را نشانه بگیرم و خرد از کار افتاده‌اش را هدف قرار دهم.

قرص سوم را فرو داد. چرخ‌دنده‌ی زمان شتاب گرفته بود و دقیقه‌ها به سرعت سپری می‌شدند. نگاهی به قرص چهارم انداختم. فاصله زمانی بین قرص‌ها به نیم ساعت کاهش یافته بود. عقربه‌ها بی‌اعتنا به راه سوم و به زیان برنامه‌ای که در سر پرورانده بودم، می‌جنبیدند. باید قاب تنگی را که او برای حضور و نقش من تعیین کرده بود، در هم می‌شکستم. از آن فضای سنگین بیرون می‌جستم و در بازی مرگ نقش موثرتری برعهده می‌گرفتم. شاید نقش یک منجی. همان منجی که به نقل از خود او، شاید به امید دریافت مدال شجاعت، قرار بود پیش از فرو افتادن پرده، به میانه‌ی صحنه خیز بردارد و تپانچه را پیش از تهوع گلوله‌ای آتشین از دستش بقاپد.

حتماً شما هم چنین لحظاتی را در زندگی خودتان تجربه کرده‌اید. کدام لحظات؟ لحظاتی را می‌گویم که فرد باید بین نقش بازیگر و تماشاچی یکی را برگزیند. ربطش را متوجه نمی‌شوید؟ اجازه بدهید ماجرایی را برای‌تان تعریف کنم. شنیدن روایت نسخه‌ی کوتاه شده‌اش، نیاز به وقت زیادی ندارد. آن را می‌توانم در چند جمله بگویم. این ماجرا به ماه‌ها پیش از دیدارم با او بازمی‌گشت. یک روز گرم تابستانی بود. در یکی از کافه‌های خیابانی سرگرم شادنوشی بودم که دختر جوان و زیبایی سوار بر دوچرخه به کافه نزدیک شد. باد ملایمی می‌وزید. پیراهن گل‌دار کوتاهی به تن داشت. به پاهای سفید و به رقص پیراهنش در اثر وزش باد زل زده بودم. رکاب زدن‌هایش هر بار گوشه‌ای از نادیده‌های وسوسه‌انگیزش را در معرض دیدگان جادو شده‌ام، می‌نهاد. نه! اشتباه می‌کنید. فرد

نظربازی نیستم. از دیدن زیبایی‌ها لذت می‌برم. می‌گویید عین این سخن را از آدم‌های چشم‌چران هم شنیده‌اید؟ در موقعیت دفاع از خود نیستم. به هر حال، غرق تماشای آن دختر بودم که ناگهان در برابر چشمانم، بی هیچ دلیل آشکاری، نقش بر زمین شد. نه با خودرویی یا چیز دیگری اصابت کرده بود و نه کف خیابان خیس و مرطوب بود. هیچ دلیلی برای سقوطش نمی‌دیدم.

من آنجا بی‌حرکت مانده بودم. پنداری خشکم زده باشد. شاید به دنبال فهم علت سقوطش بودم. برخلاف من، گارسونی از درون کافه سریعاً خود را به او رساند، زیر بغلش را گرفت و او را کشان کشان به پیاده‌رو منتقل کرد. اقدام گارسون تلنگر محکمی به بزدلی نهادینه شده‌ی من بود. می‌پرسم مگر نه آنکه فهم علت سقوط آن دختر در آن لحظه کوچک‌ترین اهمیتی نداشت؟ آن روز بود که از خودم و از نقش یک تماشاچی بدم آمد. شهامت مدنی آن گارسون حقیقتاً از هراس حقوقی آن تماشاگر ابله بیشتر بود. او بازیگر بود و من تماشاگر. می‌دانستید که انسان‌ها در نقش تماشاگر به دنیا می‌آیند؟ مشکل اینجاست که اکثرشان تا پایان عمر در همین نقش به بازی زندگی ادامه می‌دهند.

آن شب صحنه‌گردان در ماجرای آن خودکشی نقش یک تماشگر ابله را برای من پیش‌بینی کرده بود. بی‌اختیار به یاد ماجرای آن دختر دوچرخه‌سوار افتادم. باید ناسازگاری در پیش می‌گرفتم. باید در برابر این خیمه‌شب‌بازی، در برابر این بازی مرگبار دست به عصیان می‌زدم. سخنم را بار دیگر تکرار کردم. گفتم این مسخره‌بازی چیست؟ گفتم ده هزار یورو به من نداده است تا شنونده‌ی حکایت ببر و موش باشم. خوب به یاد دارم که در آن لحظه لرزشی به جانم افتاد. لرزشی که به تارهای صوتی‌ام نیز سرایت کرد. با لحنی منقطع و تردیدآمیز گفتم که به او اعتماد ندارم. به او گفتم به من دروغ گفته است.

طلبکارانه پرسید کدام دروغ؟ گفتم درباره‌ی آسانسور. گفتم خراب نبود و او آن را می‌دانست. سرش را به نشانه‌ی تایید تکان داد و حتی اعتراف کرد که این آسانسور از زمان سکونتش در آن خانه تا آن شب حتی یک دقیقه هم خراب نبوده است. لیوان شرابش را مجدداً بلند کرد و به سوی من گرفت. ناگزیر لیوانم را به لیوانش زدم. امان از دست این جرنگ فریبنده! هر دو جرعه‌ای نوشیدیم.

می‌پرسید در آن لحظه پی‌جویی علت دروغش درباره‌ی آسانسور چه اهمیتی داشت؟ کشف آن دروغ اصلاً مهم نبود. اما این سرآغاز ایفای نقشم به عنوان یک بازیگر بود. پرسیدم

چرا درباره‌ی آسانسور دروغ گفته است؟ گفت در آن لحظه چاره دیگری نداشته است. از بابت واکنشم نسبت به وحشتش از آسانسور مطمئن نبوده است. نجواکنان گفت سال‌هاست نه سوار هواپیما می‌شود و نه پا به درون آسانسور می‌نهد. دلش می‌خواست همیشه سفتی زمین را زیر پاهایش حس کند. نمی‌خواست بین زمین و آسمان معلق بماند. گفت معلق بودن حس بدی به او می‌دهد. یک نوع حس عدم اطمینان! گمان می‌کند کسی زمین را از زیر پایش می‌کشد. می‌ترسد هر لحظه زمین بخورد، کله‌پا بشود و سقوط بکند. گفت درست به آن دلیل است که هیچ‌گاه پنجره‌ی باز یک آسمان‌خراش او را به پرواز وسوسه نکرده است. از من پرسیده بود مگر نه آنکه خیلی‌ها برای خودکشی به دنبال یک ساختمان بلندمرتبه می‌گردند؟ هم هزینه‌اش کمتر است و هم دردسرش! او اما برخلاف آنان، این ضیافت شبانه را انتخاب کرده بود.

لیوان شرابم را روی میز گذاشتم و گفتم منظورش را متوجه نمی‌شوم. پرسیدم آیا او هر روز این پله‌های نفس‌گیر را بالا و پایین می‌رود؟ گفت اغلب چند بار در روز. حتی گاهی که گذرش به ساختمان بلندی می‌افتد، بدون اندکی تعلل ده طبقه را بالا و پایین می‌رود. به اداره‌ی سابقش اشاره کرد و گفت سال‌ها دفتر کارش واقع در طبقه نوزدهم یک ساختمان سی و چند طبقه بود. دست‌کم هر روز دو بار این پله‌ها را بالا و پایین می‌رفت. موقع رفتن به اداره و موقع رفتن به سالن ناهارخوری. سالن ناهارخوری‌شان حتی یک طبقه پایین‌تر از طبقه‌ی هم‌کف قرار داشت.

آیا این موضوع به نظرتان عجیب نمی‌آید؟ می‌پرسم چگونه ممکن است کسی که از مرگ نمی‌هراسد و حتی به استقبال آن می‌رود، از پا گذاشتن به درون یک آسانسور وحشت داشته باشد؟ آن هم دقیقاً در همان روزی که تصمیم گرفته به زندگی‌اش پایان دهد؟ مگر نه آنکه مرگ، مرگ است؟ حال می‌خواهد پرواز از پنجره‌ی باز طبقه‌ی فوقانی یک آسمان‌خراش باشد یا خوردن مشتی قرص، یا زدن رگ دست، چکاندن ماشه، یا یک تصادف مرگبار یا سقوط یک هواپیما؟

گفت راه‌های زیادی برای مردن وجود دارد، درست همان طور که راه‌های زیادی برای زندگی کردن در برابر انسان‌هاست. گفت در هر سرفصلی از زندگی ناگزیر یک راه را انتخاب می‌کنیم، یا شاید یک راه به ما تحمیل می‌شود و نمی‌دانیم آن راه‌های دیگر ما را به سوی کدام مقصد، به سوی کدام سرنوشت می‌کشاندند. نمی‌دانیم که اگر راه دیگری را در پیش

می‌گرفتیم، پایان داستان زندگی‌مان چه می‌شد. گفت آگاهانه زندگی نکرده است، حال اما زمان آن رسیده است که آگاهانه بمیرد.

آگاهانه مردن! ترکیب عجیب و شگفت‌انگیزی است! آیا مرگ و مردن نیاز به آگاهی دارد؟ اغلب محصول یک لحظه است. کلاغ‌ها بی‌وقفه قارقار می‌کنند، بادی پنجره‌ی اتاق را به‌شدت به هم می‌کوبد، پرده تکان می‌خورد، خستگی بر جان و جسم مستولی می‌شود و دفترچه‌ی عمر در چشم‌برهم‌زدنی به برگ آخر می‌رسد، به نقطه‌ی پایان. کدام سطح از آگاهی در ظرفیت تنگ این یک لحظه می‌گنجد؟ طبیعی بود از او بپرسم کسی که از راه‌های متفاوت برای زندگی کردن سخن می‌گوید، پس چرا به سراغ یکی از راه‌های متفاوت مرگ رفته است؟ و چرا حاضر نیست راه دیگری را در زندگی امتحان کند؟ مثلاً راه بی‌فرجام پیموده را بازگردد یا راهی ناپیموده را در پیش گیرد؟ از بلندای سکوِی حال، نگاه در نگاه گذشته بیافکند، در پی کشف نقطه‌ی آغاز گمراهی‌اش برآید و گام‌هایی را واپس نهد که طرحی رنج‌آور به روایت زندگی‌اش زده‌اند؟ می‌دانید چه پاسخی داد؟ گفت راه‌های زیادی را در زندگی تجربه کرده است، اما پس از هر تجربه‌اش، از ادامه‌ی زندگی بیشتر وحشت کرده تا از فرا رسیدن لحظه‌ی مرگ.

ناآگاهانه زندگی کردن، در عالم بی‌خبری روز را به شب رساندن، پرسه زدن در هپروت و دربه‌در در کوچه‌پس‌کوچه‌های بی‌تفاوتی، به دنبال حباب خوش‌بختی سرگردان بودن، ماجرای عجیبی نیست که ندیده و نشنیده باشیم. اکثر انسان‌ها برای بقا و ادامه‌ی زندگی به سطح بسیار نازلی از دانش و آگاهی نیاز دارند. به قول داستایفسکی آگاهی زیاد اغلب دست‌وپاگیر است. دردسرساز است. طعم زندگی را تلخ می‌کند. اکنون که در زایشگاه مرگ خفته‌ام، اعتراف به این موضوع برایم چندان دشوار نیست. جهان را ما میان‌مایگان ساخته‌ایم. چه از اعتراف به آن خوش‌مان بیاید و چه نیاید. می‌پرسم آیا انتظار آگاهانه زندگی کردن توهمی بیش نیست؟ مگر نه آنکه زندگی سرشار از تصادف‌ها است؟ تصادف‌هایی که نه تنها سرگذشت فصل‌های سپری شده‌ی زندگی را رقم زده‌اند، بلکه حتی ادعای مصمم‌ترین افراد را درباره‌ی تسلط بر اکنون‌شان به چالش می‌کشند و از ادعای پیش‌گویی آینده، افسانه‌ای کودکانه می‌سازند. زندگی بارها به ما نشان داده است که سد آگاهی هرگز نتوانسته مانع از خیزاب تصادف‌ها گردد. این اعتراف شاید، می‌گویم شاید، می‌توانست آن روز بر تصمیمش تاثیر بنهد. در این باره اما مطمئن نیستم. فقط

می‌دانم که در آن لحظه‌ی حساس، چنین چیزی به ذهنم خطور نکرد و تخیل نویسندگی‌ام به کارم نیامد. آن سلاح گرمی که به آن دل خوش کرده بودم، پیش از آغاز پیکار، عرق‌ریزان و شرمگین در برابر جنونی ناآشنا سر تسلیم فرود آورد.

اگر از این یادداشت‌ها به عنوان یادداشت‌های پراکنده سخن می‌گویم، غلو نمی‌کنم. نظمی ندارند. اگر ببینیدشان متوجه می‌شوید که شماره‌گذاری هم نشده‌اند. در آن روزهایی که ماجرای آن شب را می‌نوشتم، نیازی به ثبت شماره‌ی صفحه‌ها نمی‌دیدم. این مغایر عادت همیشگی‌ام بود. شاید در اثر غرق شدن در ماجرای آن شب از لزوم شماره زدن بر این یادداشت‌ها غافل شده بودم. آن‌ها را شماره می‌زدم که چه می‌شد؟ قصدی برای انتشارشان نداشتم. آن‌ها را مرتب و منظم در پوشه‌ی زرد قرار دادم. اما این نظم، نظم پایداری نبود. مثل نظم خیلی از چیزهای دیگر در زندگی. از زندگی شما، یعنی از زندگی قاضی چیز زیادی نمی‌دانم. اما زندگی این متهم سرشار از بی‌نظمی پایدار است. می‌گویید این بی‌نظمی را می‌شناسید؟ چه جالب! شاید همین ذات مشترک ماست که پای شما را به زایشگاه مرگ کشانده است. شما تنها کسی هستید که می‌توانید مرا بفهمید. این همان چیزی بود که او آن شب به من گفت. گفت فقط من می‌توانم حال‌وروز او را درک کنم. چه انتظار بزرگی از یک غریبه، از یک رهگذر.

روزی که یادداشت‌ها را تا به آخر نوشتم، حس بدی به من دست داد. حسی بدتر از حس آن شب. مثل جای یک زخم روی اعصابم گزگز می‌کرد، یک زخم روحی. مگر نه آنکه یک زخمِ تازه دردش کمتر است؟ آدم خون را می‌بیند و شاید کمی درد را هم حس کند. اما شدت درد تنها پس از گذشت مدتی به سراغ آدم می‌آید. آن موقع است که زخم‌مان را باور می‌کنیم و آن زخم رنجمان می‌دهد. زخم‌های روح هم دقیقاً همین طور هستند. ابتدا باورشان نمی‌کنیم. انکارشان می‌کنیم. خود را فریب می‌دهیم که همه چیز مثل گذشته است. به خود می‌قبولانیم که تغییر بزرگی روی نداده است. مگر نه آنکه خورشید به موقع، طلوع و غروب می‌کند؟ اما کافی است لحظه‌ای برسد که انکار ناممکن شود. این آن لحظه‌ای است که ناگزیر زخم‌های نشسته بر روح‌مان را باور می‌کنیم. زخم‌هایی که خون‌چکان دهان باز می‌کنند. دردشان شروع می‌شود. گوش‌های‌مان تیر می‌کشند. جلوی چشمان‌مان سیاه می‌شود. به خود می‌پیچیم و در خود مچاله می‌شویم.

روزی که این یادداشت‌ها را تا به آخر نوشتم، دقیقاً چنین حسی به من دست داد،

حسی دردآور و آزار دهنده همچون آن حسی که او از آن گفته بود، نوعی حس معلق ماندن. احساس می‌کردم کسی زمین را از زیر پاهایم می‌کشد. پنداری بین هستی و نیستی سرگردان شده‌ام. از خودم بدم آمد. شاید نوعی تنفر از خود بود. نمی‌دانم. مرزهایشان را به طور دقیق نمی‌شناسم. فقط می‌دانم که پشیمانی با یک خیز بلند آمده بود تا روح زخم دیده‌ام را بیازارد. سرزنش را دیدم که از روی پرچین غرور به این سوی خلوتگاهم جستی زده بود تا با وجدانم دمخور و محشور شود.

آن روز بود که پوشه را با همه یادداشت‌هایش به گوشه‌ای پرتاب کردم. هر برگش در سویی نشست. وسوسه شده بودم که همه را جر بدهم. پیش‌تر گفته بودم که دلم می‌خواست خاطرات آن شب را به زور هم که شده از ذهن و روانم بزدایم، نیست و نابود کنم. اما نتوانستم. در هر دو سوی ماجرا، همان طور که می‌دانید عذاب وجدان در انتظارم بود. روی زمین خم شدم و برگ‌های پریشان این یادداشت‌ها را یکی پس از دیگری جمع کردم و در پوشه نهادم. پوشه شد پوشه‌ی یادداشت‌های پراکنده. پوشه را در پایین‌ترین کشوی سمت راست میز کارم گذاشتم و زیر انبوهی از کاغذ و یادداشت دفن کردم. وسوسه‌ی خلاص شدن از تیرکش این جسد سال‌ها با من بود. اما عُمر این جسد طولانی‌تر از آن چیزی بود که گمان می‌کردم. در تابوت کاغذیِ‌اش ماند به انتظار روز داوری داور.

از او پرسیدم چه تضمینی وجود دارد که دروغ دیگری در کار نباشد؟ چرا باید به او اعتماد کنم؟ با پاسخش مرا مجدداً غافل‌گیر کرد. قاعده‌ی بازی را خوب می‌شناخت. شوربختانه از چکاد کوه هستی به سوی دره‌ی مرگ شتابان سرازیر شده بود. تصمیم به حضور در دور آخر بازی گرفته بود. می‌گویید جامعه به افراد تیزبینی مثل او نیاز دارد؟ سخن‌تان متین است. مشکل اینجاست که این قبیل انسان‌ها نیازشان را به جامعه و دیگران خیلی زود از دست می‌دهند. خیلی زودتر از آنچه دیگران متوجه این دل‌کندن شوند. در پاسخ گفت که در زندگی هزار بار دروغ گفته است. به خودش و به دیگران. گفت به‌رغم آن منصفانه نیست که کسی او را دروغ‌گو بداند.

مدعی شد که دروغ‌هایش از جنس دروغ‌هایی نیست که دیگران می‌گویند. گفت خودخواهی و سودجویی انگیزه اصلی دروغ‌گویی اکثر انسان‌هاست. دروغ‌گویان حرفه‌ای را با آمیب‌ها مقایسه کرد. گفت آمیب‌ها به‌رغم تن نرم و لزج‌شان، خیلی جان‌سخت هستند. به سادگی می‌توانند خود را با گرما و سرمای محیط تطبیق دهند. گفت اصرار بر

راست‌گویی نتیجه‌ی آن معصومیت رسوب کرده‌ی کودکانه‌ای است که تنها می‌تواند دروازه را دولنگه روی تعرض دیگران به حقوق آدم باز کند. لحن صدایش را تغییر داد و در ادامه به من گفت چه باور بکنم و چه نه، دروغ‌هایی که در زندگی گفته است ربطی به سود و زیان شخصی‌اش نداشته‌اند. دروغ‌هایی که شاید توانسته باشند از رنج دیگران بکاهند، اما او را سخت رنجانده و روحش را زیاده از حد آزرده‌اند.

این اما پاسخ پرسش من نبود. اینکه دروغگویی علت‌های گوناگونی دارد یک موضوع است و اعتماد کردن به کسی که هزار بار دروغ گفته، موضوعی دیگر. پرسیدم از کجا می‌توانم مطمئن باشم که او آن شب به من دروغ نمی‌گوید؟ لیوان‌های شراب را پر کرد و آخرین قطره‌های شیشه را نیز در قاب لیوان من ریخت. برخلاف توصیه فروشنده، شراب را جرعه جرعه نوشیده بودیم. به آن مجال نداده بودیم در درازی شب، به کمال برسد. پنداری آن شب قرار بود عمر خیلی چیزها کوتاه شود. مثل گل‌های همین گلدان.

به خط سیاهی که به دایره‌ی مرگ منتهی می‌شد اشاره کرد و با لحن تلخی پرسید که آیا می‌دانم چرا او آن شیوه را برای خودکشی انتخاب کرده است؟ گفت اگر بر آن می‌بوده که سریع و بی‌دردسر خودکشی کند، از همان ابتدا قرص‌های فیل‌افکن را می‌خورد و کار را یکسره می‌کرد. سکوت کرده بودم. نمی‌دانستم چه باید بگویم. پس از مکثی کوتاه در ادامه گفت نزدیک شدن به مرگ به عمر تابوها نیز پایان می‌دهد. شرم و خجالت در هُرم برخاسته از حس مرگ لحظه به لحظه ذوب می‌شوند. گفت قورت دادن هر قرص کنداثر، او را یک گام دیگر به چنین مرحله‌ای نزدیک می‌کند. گفت مردگان از افشای هیچ رازی ابایی ندارند و اگر بسیاری از رازها پیش از مرگ فاش نمی‌شوند، تنها به آن علت است که بسیاری فرارسیدن مرگ را باور نمی‌کنند. هنوز به ادامه‌ی زندگی‌شان امیدوارند و از این‌رو از ترکش‌های رنج‌آور ناشی از انفجار صندوق رازهایشان واهمه دارند.

این را گفت و پس از آن برای لحظه‌ای سکوت کرد. نگاهش را در نگاهم گره زد. حال این من بودم که از نگریستن مستقیم به چشمانش واهمه داشتم. بر آن بودم تا هستی‌اش را تا حد یک صدا فروبکاهم. در آن لحظه باید بین دزدیدن نگاهم، نگریستن به چشمان او یا زل زدن به تصویر زنان بی‌چشم و بی‌چهره یکی را برمی‌گزیدم. نقش‌ها پنداری جابه‌جا شده بودند. صحنه‌گردان این فصل مشترک از زندگی دو بیگانه، قیچی به دست از پهنای اعتمادبه‌نفسم تکه تکه بریده و به شهامت او وصله زده بود. کارگردان خودباوری وهم‌زده‌ام

را در کوه‌پایه شهامت او به بند کشیده بود. آیا به نظر شما این جابه‌جایی نقش‌ها پدیده غریبی نیست؟ کم پیش نمی‌آید که در زندگی نقش‌ها جابه‌جا شده و افراد روی صندلی مقابل خود، روی صندلی آن دیگری بنشینند. آن شب پنداری طعم خوش شراب در آمیزش با دارویی خواب‌آور، یخ شرم نهادینه شده در وجودش را ذوب کرده بود. نوعی بی‌پروایی، شاید نوعی جسارت در سایه‌ی این شهامت قد کشیده بود. در مقابل احساس می‌کردم که آب رفته‌ام، کوتاه و کوچک شده‌ام و جایی زیر سایه‌ام شرمگنانه چهارزانو نشسته‌ام.

گفت مرگ پایان شرم، پایان سرزنش، پایان مصلحت و پایان حسابگری است. گفت با هر قرصی که در دهانش می‌نهد، یک گام به چنین پایانی نزدیک‌تر می‌شود. نگاهی به ساعتش انداخت. گفت دو ساعتی بیشتر باقی نیست. از آن بابت که زمان چه زود می‌گذرد، ابراز تاسف کرد. آنگاه نفسش را همچون آهی بلند از قفسه‌ی سینه‌اش بیرون داد و گفت در آن زمان کوتاه مجالی برای دروغ‌گویی باقی نمانده است. گفت دلش می‌خواهد از آن فرصت کوتاه برای روایت داستانش استفاده کند. از معصومیت کودکانه‌اش بگوید. برای یک بیگانه از آن رازی بگوید که همچون تازیانه‌ای سوزان روحش را در تنهایی بی‌پایانش، شب به شب آزرده است. گفت تنهایی همان بی‌کسی نیست. اما تنهایی او همان بی‌کسی است. گفت اینکه دیگران چه چیزی را می‌پسندند یا نمی‌پسندند، دغدغه‌ی ذهنی او نیست. اما خوش ندارد با دروغ‌هایش یک جا دفن شود. گفت مرگ فقط پایان زندگی یک دروغ‌گو نیست. پایان دروغ‌گویی است.

می‌پرسید آیا من در زندگی هرگز دروغ نگفته‌ام؟ این دیگر چه پرسشی است؟ چه کسی را می‌شناسید که در زندگی‌اش هرگز دروغ نگفته باشد. من هزار بار در زندگی به خود و دیگری دروغ گفته‌ام. اما باور کنید دروغ‌هایم از جنس دروغ‌های دیگران نبوده است. می‌گویید به کسی که هزار بار در زندگی دروغ گفته است، نمی‌شود اعتماد کرد؟ می‌دانم که اعتماد کردن به دیگری کار دشواری است. اما مطمئن باشید، در زایشگاه مرگ، در این لحظه که عزرائیل تنها چند قدم تا این اتاق و این تخت فاصله دارد، زمان مناسبی برای دروغ گفتن نیست. گفته بودم که حاضر نیستم یادداشت‌های بی‌فاعل تحویل کسی بدهم.

کابوس

مغز آن دسته از واقعیت‌های زمینی را که در ایام بیداری قادر به هضم‌شان نیست، در عالم خواب و رویا بالا می‌آورد و نشخوار می‌کند. انسان یکی از گونه‌های نشخوارکننده است. ما اغلب شب‌ها افکار خام و نیمه‌جویده‌مان را بالا می‌آوریم، با دندان عقل می‌جویم، به بزاق خیال می‌آلاییم، نشخوار می‌کنیم و مجدداً قورت می‌دهیم. تهوع‌های شبانه مخل آرامش بستر هستند. ظرف شب را از ملال روز لبریز می‌کنند و آرزوی خوابی آسوده را دست‌نیافتنی.

فقط این افکار شوریده، اندیشه‌های مشوش و پندارهای تباه نیستند که شب‌ها به سراغ‌مان می‌آیند. اغلب آن ترس و اضطرابی که در بیداری انکار می‌شوند، در بستر خواب، از خاک بارور وهم و خیال سر برمی‌کشند تا آزارمان دهند، شکنجه‌مان کنند. فریادهای خفه شده در گلو، گرچه در بیداری به درون یاخته‌ی فراموشی می‌خلند، شباهنگام در عالم خواب طنین‌انداز می‌شوند. زخم‌های برخاسته از تحقیری کهنه، چون التیام نمی‌یابند، در غروب‌های تنهایی سر باز می‌کنند. دردی آشنا، پرسان پرسان، کوچه‌های یادها را در پهنای شب طی می‌کند تا به کاشانه‌مان می‌رسد. گذشته با تلنگری به حافظه، دیوارهای زندان خاطرات تلخ را فرومی‌ریزد تا حال را بدحال کند.

در عالم خواب و رویا یا انسان قد می‌کشد، ابرانسان می‌شود، دست به عصیان می‌زند و سرکشی پیشه می‌کند و یا شرمسار از کرده و خجل از ناکرده‌ی خود، در گوشه‌ای کز می‌کند و از رنج برخاسته از سرزنشی منکوب شده به خود می‌پیچد. کابوس‌ها ترجمان دقیق ترس‌ها و وحشت‌های زمینی هستند. آن ترس و وحشت‌هایی که پشت دیوار حاشا

در انتظار پریدن مستی از سر، در انتظار فرارسیدن تاریکی و شب، لحظه‌ها را می‌شمارند. دلهره‌ای که در بیداری انکار شود، ناگزیر به عالم غیب پناه می‌برد. کابوس‌ها از همان عالم خیز برمی‌دارند تا ترس و وحشت‌های زمینی را در شریان شب بدمند و خواب انسان را با پاشیدن عرقی سرد بر جبین، پریشان و پریشان‌تر کنند.

برای من این اواخر خیلی زیاد اتفاق می‌افتد که خوابی ترسناک زودتر از رخنه‌ی شعاع طلوع خورشید از حاشیه‌ی پرده، به بسترم بیاید. همین چند شب پیش بود. خیس عرق از خواب پریدم. دچار نفس‌تنگی شدیدی شده بودم. احساس می‌کردم کسی با هر دو دستش روی قفسه سینه‌ام فشار می‌آورد و مانع از آن می‌شود که شش‌هایم از هوای آلوده‌ی این اتاق کام لذت‌بخشی بستانند. قلبم تند و نامنظم می‌زد. نوازنده‌ی آماتوری را می‌مانست که نُت‌هایش را در خانه جا گذاشته باشد و از سر ناگزیری فی‌البداهه بنوازد. آن هم با سازی که سال‌ها کوک نشده است. چه بد می‌نواخت! نگران کننده بود. نیم‌خیز شدم و چراغ بالای تختم را روشن کردم. نگاهم بی‌اختیار به جنازه افتاد. با چشمانی باز به من زل زده بود. این پیر دیر، این پیشوای مرگ و نیستی، حتی در تاریکی نیز دست از سرم برنمی‌دارد. دهانم خشک شده بود. جرعه‌ای آب نوشیدم.

جرعه‌ی آب مرا با خود برد به آن شب نفرین شده. هنگام فرو دادن قرص چهارم، در حالی که آب را در دهانش می‌گرداند، از خواب‌های پریشانم پرسید. مایل بود بداند که آیا کابوسی سایه‌وار در پی شکار آرامش بسترم کمین کرده است یا نه؟ پاسخش را می‌دانید. از آن کابوس قدیمی‌ام گفتم. از درخشش آن دندان‌های سفید در ظلمت. از مردانی که چهره‌شان را زیر پوشش تاریکی قیرگون گورستان پنهان کرده‌اند. از تابوتی که شش‌دانگِ حجمش در مالکیت نعش بیگانه‌ای است. از آن قهقهه‌ای که مو بر تن آدم سیخ می‌کند. از خود بارها پرسیده‌ام در تابوتی که آن شش مرد بر دوش می‌برند، جسد چه کسی درازبه‌دراز خفته است؟ آیا آن بیگانه همین نویسنده نیست که هر شب در خواب می‌میرد؟ می‌دانستید که نویسندگان به قد و اندازه‌ی هر روزی که چیزی ننویسند، می‌میرند؟ من بارها در زندگی‌ام مرده‌ام. آخرین بار، آن شب، برای همیشه مردم.

این اواخر زیاد خواب می‌بینم. به غیر از آن کابوس، خواب‌های ترسناک دیگری نیز برای آزردن روح و روانم با من هم‌بستر می‌شوند. می‌گویید شاید به سبب تاثیر داروهاست؟ تردیدی ندارم. به زندگی مشترک با مُسکن‌ها خو گرفته‌ام. به‌خصوص مُسکن‌های قوی از

جنس روان‌گردان‌ها هستند. استفاده‌ی مستمر از چنین داروهایی نوعی خلسه روحانی در پیکرم ایجاد می‌کند. وانگهی محیط نشاط‌آور بیمارستان، شنیدن آمار فرح‌بخش فوتی‌ها در زایشگاه مرگ، لذت وصف‌ناشدنی مشاهده تردد عزرائیل، آوای دل‌انگیز کلاغ‌ها و شریک شدن مشفقانه اکسیژن با یک جنازه، در آفرینش ترس و کابوس‌های شبانه‌ام بی‌تاثیر نیستند.

برخلاف آن کابوس قدیمی، اغلب از خواب‌های شبانه‌ام چیزی به یادم نمی‌ماند. در چنین شب‌هایی، آن دسته از نگهبانان مغزم که وظیفه پاس‌داری از حافظه را برعهده دارند، ضعیف‌تر از غدد عرقی‌ام کار می‌کنند. خیس عرق از خواب می‌پرم، بی‌آنکه بدانم چه چیزی در فاصله‌ی بین دو بیداری، بر من گذشته است. آنچه من شب‌ها تجربه می‌کنم، خواب نیست. تعریف مشخصی ندارد. نمی‌دانم. شاید ترکیبی است از خماری و گیج‌سری. مضمون کسالت‌آورِ زمان گم شده‌ی بین دو بیداری ملال‌آور است.

گفت که ده‌ها سال است کابوسی بر خلوت شبانه‌اش چنگ می‌کشد و او را سخت می‌آزارد. کابوسی تکراری که دروازه‌ی روحش را روی لشکر رنج می‌گشاید و طعم زندگی‌اش را چون حنظل تلخ می‌کند. درست نمی‌دانست که برای اولین بار چه وقت آن کابوس به جانش افتاد. فقط می‌دانست آن کابوس روزی در ایام کودکی‌اش آمد و هرگز بستر تنهایی‌های شبانه‌اش را ترک نکرد. گفت او آن کابوس را به طور کامل می‌شناسد. آن را فیلم وحشتناکی خواند که به‌رغم تکراری بودنش، هر بار ولوله در انبان ترس و وحشت می‌اندازد. خود را محکوم به دیدن هزارباره‌ی آن کابوس خواند. گفت هرگز نتوانسته است گریبان خود را از شر وحشت نشسته در صحنه به صحنه‌اش رها کند. همیشه با همان نظم و بر اساس همان فیلم‌نامه‌ی تکراری، در برابر چشمان بسته ولی ترس‌خورده‌اش، اکران می‌شود.

آغاز کابوسش برایش همان قدر زجرآور بود که پایانش. فراز و فرود نداشت. یک شوک طولانی و مستمر بود. آن لحظه‌ای را می‌مانست که شکنجه‌گر برق را به نقطه نقطه‌ی جمجمه‌ات وصل کرده و آنگاه با خون‌سردی در را پشت سرش بسته و رفته باشد. آن لحظه‌ای است که تو را تنها با دردهایت رها کنند و تو با همه‌ی وجودت بلرزی، جیغ بکشی، ضجه بزنی، به زمین و زمان ناسزا بگویی، ولی فریادت به گوش کسی نرسد. گفت این او نیست که در این خواب وحشتناک غرق می‌شود، غوطه می‌خورد و پوزه به خاک

می‌مالد. بلکه این شعله‌ی آن کابوس است که در درونش هرباره زبانه می‌کشد، گُر می‌گیرد و او را از سر شاخه‌هایش تا بن وجودش یک‌جا می‌سوزاند و خاکستر می‌کند. و این روایت عجیبی بود از یک کابوس. روایتی متفاوت. روایتی که مدت‌ها ذهنم را به خود مشغول کرده بود.

با دست شیشه‌ی خالی شاتو پتروس را نشان داد و ابراز تاسف کرد. گفت حتی اگر پولش را می‌داشت، ممکن نبود بتواند بیش از یک شیشه از آن را بخرد. گفت اما این پایان شادنوشی آن شب نیست. شادنوشی؟ بله، این واژه را خود او به کار برد. واژه‌ای کاملاً نامتناسب با حال‌وهوای آن شب. شادنوشی و ضیافت باشکوه واژه‌هایی بودند که با بافت هراس‌انگیز آن شب سر سازگاری نداشتند. پس از آن به ویترین اتاق پذیرایی‌اش اشاره کرد و گفت محض احتیاط یک شیشه ویسکی مرغوب نیز خریده است. پرسید آیا مایلم ویسکی بنوشم؟ بی‌آنکه منتظر پاسخم بماند، از جایش بلند شد و به طرف ویترین رفت. پیش از برداشتن شیشه ویسکی و دو لیوان، از همان جا پاکت قرصی را به من نشان داد و گفت این یکی دیگر از همان قرص‌های فیل‌افکن است. گفته بود از آن‌ها دو سه بسته دیگر هم در جاهای دیگر خانه‌اش دارد. تکرار کرد که به من دروغ نگفته است و در آن لحظه انگیزه‌ای برای دروغ گفتن ندارد.

ویسکی و لیوان‌ها را روی میز نهاد. پرسید با یخ می‌نوشم یا بدون یخ؟ چه باید می‌گفتم؟ می‌پرسم در آن لحظه‌ی حساس پاسخ گفتن به چنین پرسشی چه اهمیتی داشت؟ مگر نه آنکه شتاب عقربه‌ها از شکیبایی او بیشتر بود؟ زمان با چهره‌ای متفرعانه و با بی‌اعتنایی به میل و اراده‌ام، به سرعت سپری می‌شد. نمی‌خواستم مضمون آن لحظه‌ها را با یخ و ویسکی پر کنم. با بی‌میلی گفتم بدون یخ. این را گفتم تا به آن پرسش و پاسخ بی‌ثمر خاتمه دهم. اما او ادامه داد. گفت هیچ‌گاه حاضر نیست ویسکی را با یخ بنوشد. یخ مزه ویسکی را خراب می‌کند. باعث آبکی و رقیق شدنش می‌شود. گفت فقط کسانی یک ویسکی اعلا را با یخ می‌نوشند که فرهنگ نوشیدن آن را نمی‌شناسند و برای‌شان الکل، فقط همان الکل است.

از خون‌سردی ترمز بریده‌اش کلافه شده بودم. آخر چگونه ممکن است کسی در آستانه‌ی مرگ به چنین مسائلی بیاندیشد؟ چهار قرص خورده بود. فاصله‌اش تا دایره‌ی مرگ به سه قرص کاهش یافته بود. گوش تیز می‌کردی می‌توانستی صدای نفس نفس

زدن عزرائیل را از پشت در بشنوی. صیاد تورش را انداخته بود. زمان صید، زمان دروی کاشته‌ها فرارسیده بود. باور ناکردنی بود. در آن لحظه‌ای که مرگ با آن هیبت مخوفش پشت در به انتظار ایستاده بود، دغدغه‌ی او اما بر محور مزه‌ی ویسکی دور می‌زد. با یخ یا بدون یخ؟ چه پرسش مضحکی!

او از کابوسی گفت که صرف تصورش می‌توانست رعشه بر تن هر کسی بیاندازد. خواب وحشتناکی بود که می‌گفت بسیاری از شب‌ها به سراغش می‌آید. گمان نمی‌کنم هیچ روان‌پزشکی تاکنون حکایت چنین کابوسی را از بیمارانش شنیده باشد. این کابوس، همان طور که خودش گفته بود، ربطی به پیرامونش نداشت. می‌پرسید کابوسش چه بود؟ شرحش و به تصویر کشیدنش حتی برای زبده‌ترین نویسندگان نیز دشوار است. به‌رغم آن، تلاشم را می‌کنم. وانگهی شرح آن کابوس در فهم داستانش نقش مهمی ایفا می‌کند. می‌گویید بهتر است آن را از روی یادداشت‌اش بخوانم؟ شاید چیزی از قلم بیافتد و ناگفته بماند؟ نه! گمان نمی‌کنم. نیازی به یادداشت‌ها نیست. اجازه بدهید در همان کشوی پاتختی بماند. درباره‌ی کابوسش بارها اندیشیده‌ام. ممکن نیست چیزی از خاطرم پاک شده باشد.

گفت خواب می‌بیند که مشتی حیوان درنده و وحشی، مثل گرگ و ببر در شکمش زندگی می‌کنند و هر بار او را از درون می‌درند و تکه پاره می‌کنند. تکه‌های دست و پایش را می‌بیند که بر کف زمین افتاده‌اند. انگشتانش با آنکه قطع شده‌اند، مثل دم جدا شده‌ی مارمولکی همچنان می‌جنبند و تکان می‌خورند. دل و روده‌هایش را می‌بیند شرحه شرحه که هر تکه‌اش در گوشه‌ای از تخت ولو شده است. یکی از چشمانش را می‌بیند، از حدقه در آمده، به گوشه‌ای پرتاب شده و به این صحنه‌ی وحشتناک زل زده است. از رگ‌های سینه‌ی دریده‌اش و شاهرگ گردنش خون فوران می‌کند. خون همه جا را گرفته است. همه جا از رنگ خون سرخ است. سرخِ سرخ!

چه کابوس عجیبی! بی‌اختیار به یاد در و دیوار کافه لوتا افتادم. از خود پرسیدم که آیا پناه بردن به کافه‌ای با در و دیوار سرخ از دل تشعشعات این کابوس در ایام بیداری‌اش برنمی‌خاست؟ این کشف عجیب، لرزه‌ای به جانم انداخت. آن شب شنیدن این کابوس وحشتی در من برانگیخت که هرگز فراموش نمی‌کنم. تنگی نفس گرفته بودم. نفس‌هایم را منقطع و ممتد بیرون می‌دادم. پنداری از یک دویدن طولانی بازگشته‌ام و باید نفس تازه

کنم. اسبی را می‌مانستم که تا حد از پای در آمدن تازانده باشندش. می‌پرسید تعبیر خوابش چیست؟ چه انتظار عجیبی از یک نویسنده دارید؟ روان‌پزشک نیستم. اما از شما چه پنهان، تعبیر آن خواب و فهم آن کابوس مدت‌ها ذهنم را به خود مشغول کرده است.

از شما می‌پرسم، مگر نه اینکه کابوس‌ها برخاسته از پرتاب شدن ما به محیط یا موقعیتی وحشتناک هستند؟ مثلاً چیزی یا کسی ما را تعقیب می‌کند و ما در حین گریز، یک‌باره نقش بر زمین می‌شویم و دیدن سایه‌ی آن چیز یا آن کس بر پیکرمان، خوف در دل‌مان می‌نشاند و رشته خواب‌مان را می‌گسلد. یا در حین گردش در باغی زیبا، به ناگهان زمین دهان باز می‌کند و ما از بلندی سقوط می‌کنیم به تاریک‌خانه‌ی اسفل السافلین. به آنجا که آتش جهنم بوی گوشت سوخته می‌دهد. شعله‌ها را می‌بینیم که با خیز بلندشان به ما نزدیک و نزدیک‌تر می‌شوند. بر آنیم تا جیغ بکشیم و طلب کمک کنیم، اما صدای‌مان در گلو خفه شده است و در نمی‌آید. نمونه‌ی این کابوس‌ها را زیاد شنیده‌اید، این طور نیست؟ کابوس او اما از نوع دیگری بود. شباهتی به کابوس‌های من و شما نداشت. این کابوس‌ها همه در پیرامون ما روی می‌دهند. نه در درون ما!

می‌گفت این وحشت، این رعب عذاب‌آور در درون جسم و جان خود او ریشه دارد. مثل یک غده سرطانی است که در عالم خواب یک‌باره رشد می‌کند، دیری نمی‌پاید که متورم می‌شود، باد می‌کند، منفجر و متلاشی می‌شود و پیرامون خود را به زهرش می‌آلاید. متوجه نکته‌ی نهفته در شرح این کابوس می‌شوید؟ نباید فهمش برای شما دشوار باشد. کابوس او در خود او بود. در او اتفاق می‌افتاد. چیزی از درونش بود که او را می‌خورد. از درون او را می‌درید. تکه تکه می‌کرد. چیزی بود از ذات و از جنس خود او. دقیقاً همین موضوع آزارش می‌داد. همین موضوع باعث شده بود از دست خودش بگریزد. به بلندی‌های جولان پناه ببرد. از رنج ناشی از تراوش‌های کابوس شبانه‌اش به مستی روی بیاورد. هم از خواب بپرهیزد و هم از بیداری و هوشیاری بگریزد.

مطرح کردن برخی از پرسش‌ها بسیار دشوار است. شهامت زیادی می‌طلبد. جسارت و بی‌پروایی می‌خواهد. این چیزی نیست که شما ندانید. در حین زل زدن به خط سیاه منتهی به دایره‌ی مرگ یکی از این پرسش‌های دشوار را مطرح کردم. پرسشی که پیش از آن، از بیانش به‌شدت واهمه داشتم. پرسشی بود که پس از مطلع شدن از تصمیم مرگبارش همچون پرنده‌ای عاصی از شاخه‌ای بر شاخه‌ی دیگر ذهنم می‌نشست و ننشسته

برمی‌خاست. شاید دیدن کاهش فاصله قرص‌ها به دایره‌ی مرگ شهامت طرح آن را در من برانگیخته بود. گفتمان مرگ صراحت می‌طلبد. دل به دریا زدم و پرسیدم آیا اجازه دارم موضوعی کاملاً شخصی را از او بپرسم؟ گفت کسی که بر باریکه‌ی هولناک کوه مشرف بر دره‌ی مرگ در حرکت است، از هیچ پرسشی ولو خصوصی‌ترین پرسش‌ها نمی‌هراسد. پرسیدم آیا به پزشک مراجعه کرده است؟

نگاهش را در نگاهم گره زد. برای لحظه‌ای چیزی نگفت. پرسشم را تکرار و دقیق‌تر کردم. منظورم روان‌پزشک است؟ سر خود را به نشانه‌ی تایید تکان داد. پوزخندی زد. گفت سال‌ها تحت درمان چند پزشک بوده است. البته یکی پس از دیگری. اما سود و ثمری نداشته است.گفت دانش همه‌شان کتابی است. حتی از وسوسه‌ی خودکشی‌اش مطلع بودند. اما پرسش‌هایشان تنها حول همان مسائلی دور می‌زدند که پلیس و پزشکی قانونی در چنین مواردی در پرونده‌هایشان ثبت می‌کنند. گفت پرسش‌های روان‌پزشکان حول چهار موضوع دور می‌زنند. کدام چهار موضوع؟ تلخی لبخندش بیشتر شد. خشک و بی‌روح گفت عشق، سکس، کار و پول. چه جمع‌بست عجیبی! گفت به گمان روان‌پزشکان یکی از این چهار عامل یا ترکیبی از آن‌ها همیشه باعث روان‌پریشی انسان می‌شود. مدعی شد که مشکل او ورای این چهار موضوع بوده است. گفت به همین دلیل آنان قادر به فهم او نبوده‌اند. گفت در جابه‌جای خانه‌اش نشانه‌هایی کار گذاشته است تا خلاف نتیجه‌ی معاینات روان‌پزشکان را ثابت کند.

چند قرص آرامش‌بخش و ضدافسردگی برایش تجویز کرده بودند. قرص‌هایی در اندازه‌های متفاوت و رنگ‌هایی غالباً دل‌پذیر! مدت‌ها آن قرص‌ها را خورده و دقیقاً مطابق توصیه و نسخه‌ی پزشکان رفتار کرده بود. اما قرص‌ها نتوانسته بودند پای آن کابوس وحشتناک را از خلوت شبانه‌اش قطع کنند. گفت تاثیر داروها فقط خماری بوده است. مدت‌ها خمار و بی‌رمق شده بود. پس از گفتن آن قهقهه‌ای زد. گفت به لطف آمیزش الکل و داروهای ضدافسردگی هم دائم‌الخمر شده بود و هم دائم‌الخمار. همه جا و در همه ساعات شبانه‌روز در حال چرت زدن بود. در مترو، سر کار و حتی مقابل تلویزیون. پرسیدم کدام تلویزیون؟ در اتاق پذیرایی‌اش تلویزیونی وجود نداشت. گفت سال‌ها پیش آن را تبعید کرده است. آن را دریچه‌ی ملالی می‌دانست گشوده بر جهان آشوب. نکته‌ی جالب اینجاست که در خانه‌ی من هم تلویزیونی وجود ندارد. این را شما، در لحظه‌ی آوردن پوشه

باید متوجه شده باشید.

در آن ایام، اغلب دیر به سر کار می‌رفت. یا قطار را از دست می‌داد یا غرق در خواب متوجه رسیدن به مقصد نمی‌شد. هیچ فیلم یا برنامه‌ای تلویزیونی را تا به آخر تماشا نکرده بود. گفت پیش از به پایان رسیدن‌شان، خماری جای خود را به خواب واگذار می‌کرد و خواب در نهایت امانت‌داری او را به ایستگاه خماری بازمی‌گرداند. گفت داروها هیچ دردی را درمان نکردند. شب‌ها، به محض آنکه پلک‌هایش روی هم می‌افتادند، آنگاه که تاثیر جادویی الکل نیز کاهش می‌یافت، بار دیگر صدای درندگان، غرش ببرها و زوزه‌ی گرگ‌ها را در درون خود می‌شنید.

لیوان ویسکی‌اش را به لیوانم زد. لیوانم هنوز روی میز بود. گفت پس از چند تجربه‌ی سترون به بی‌فایده بودن قرص‌ها پی برده و خوردن‌شان را قطع کرده است. سیگار را برای همیشه کنار گذاشته و به دویدن و ورزش روی آورده بود. جرعه‌ای نوشیدم. تلخ‌تر از چیزی بود که گمان می‌کردم. لیوان را با کف هر دو دستم تنگ در آغوش گرفتم. پس از اندکی تامل و سرفه‌ای خشک، پرسیدم خُب نظر پزشکان درباره کابوس او چه بوده است؟ آن را چگونه تعبیر و تفسیر کرده بودند؟

سرش را به نشانه عدم تفاهم تکان داد و گفت درباره‌ی کابوسش هیچ‌گاه چیزی به کسی، حتی به پزشکان نگفته است. گفت من نخستین و آخرین کسی هستم که ماجرای آن کابوس را از دهان او می‌شنوم. به هیچ‌کس اعتماد نداشت. به تاکید گفت مطلقاً به هیچ‌کس! واژه هیچ‌کس را حتی با لحنی غضبناک ادا کرد. باید بگویم یادآوری تنهایی آزار دهنده‌اش تا همین لحظه که در بستر مرگ خفته‌ام، رنجم می‌دهد. رنج تنهایی یک نفر هیچ‌گاه در قفس خلوت یک نفر باقی نمی‌ماند. به دیگری هم سرایت می‌کند. باعث رنج دیگری می‌شود. حتی کسانی که تنها نیستند اغلب از تنهایی رنج می‌برند. کم نیستند افرادی که در جمع به‌شدت احساس تنهایی، احساس بی‌کسی و احساس غربت می‌کنند.

می‌گویید من هم تنها و بی‌کس هستم؟ بله! من هم تنها هستم. اما نه به بی‌کسی او. به غیر از این جنازه، که بود و نبودش تعادل ترازوی هستی و نیستی را برهم نمی‌زند، خوش‌بختانه یاری دارم که به‌رغم جدایی‌مان تا زمانی که لاشخورهای آن سوی آسمان همچنان بر فراز بیمارستان در گردش‌اند و هنوز کامیاب نشده‌اند، به دیدارم می‌آید. وانگهی درست در همین لحظه که عزرائیل در زایشگاه‌ی مرگ می‌پلکد، دست تصادف شما را به

اتاقم راهنمایی کرد. از دیدن فرد فرهیخته‌ای مثل شما بسیار خرسندم. حضور پرستار ترک در زایشگاه مرگ را هم نباید فراموش کنیم. او هم روزی چند بار به عیادتم می‌آید. اما آن بیگانه تنها بود. کاملاً تنها و مطلقاً بی‌کس.

گفت انتظاری که از قوه‌ی تشخیص روان‌پزشکان دارم، واقعی نیست. آن‌ها قادر به درک چنین چیزهایی نیستند. دست‌کم این برداشت او از ده‌ها جلسه روان‌درمانی بود. گفت آنان هم مثل پلیس و پزشکی قانونی خوش ندارند روایت نامتعارفی خواب شبانه‌اشان را برهم بزند. از شنیدن کلیشه‌ها استقبال می‌کنند و توصیه‌هایشان فقط به درد بیمارانی می‌خورد که طبق آموخته‌های دانشگاهی آنان بیمار می‌شوند. جرعه‌ای ویسکی نوشید و گفت در شکم هیچ‌کدام از بیماران آن پزشکان جانوران وحشی زندگی نمی‌کنند. هیچ گرگ و ببری آنان را از درون نمی‌درد و تکه‌پاره نمی‌کند.

می‌پرسید کسی که حاضر نیست پانسمان را از روی زخم‌های روحش برگیرد، چگونه می‌تواند به معجزه‌ی پزشکان امید ببندد؟ پرسش خوبی است. این پرسش آن شب به ذهن خودم نیز خطور کرده بود. اما آگاهانه از طرحش خودداری ورزیدم. حرکت گام به گامش روی آن خط سیاه، طرح بسیاری از پرسش‌ها را از موضوعیت انداخته بود. در آن لحظه، پرسش‌های دیگری خیز برداشته بودند تا جای پرسش‌های منطقی را بگیرند. می‌پرسید کدام پرسش‌ها؟ مثلاً از او پرسیدم خودش خوابش را چگونه تعبیر می‌کند؟ پاسخ کوتاهی به این پرسش داد و گفت علت اینکه چرا آن کابوس مدام به سراغش می‌آید برای خودش کاملاً روشن است. به قرص‌های روی خط سیاه اشاره کرد و گفت فرصتی برای پرداختن به چنین مسائلی باقی نمانده است. گفت تردیدی ندارد که نویسنده‌ای همچون من، پس از شنیدن داستانش به سهولت می‌تواند ارتباط بین رازش و آن کابوس را متوجه شود. حق با او بود. شما هم پس از شنیدن آن می‌توانید از کابوس‌اش رمزبگشایید.

سکوت کرده بودم. او هنوز درباره‌ی داستانش چیزی نگفته بود. هنوز درباره‌ی دلیل تصمیم‌اش برای پایان دادن به زندگی‌اش چیزی نمی‌دانستم. قرص‌ها را می‌دیدم که یکی پس از دیگری زمین آن بازی مرگبار را ترک می‌کردند. مسیر آن خط سیاه را می‌دیدم که در غفلت، اما شتابان طی می‌شد. دایره‌ای را می‌دیدم که چون چاهی عمیق برای بلعیدنش آغوش گشوده بود. و خود را می‌دیدم، مات و مبهوت، ایستاده بر ویرانه‌های توهمی به‌نام راه سوم.

خیانت

قرص پنجم او را به غرقاب خاطرات کودکی‌اش پرتاب کرد. به هفته‌های آشوب و بلوا، ماه‌های وحشت و خشم، سال‌های ناامیدی و شرم. خردسال‌تر از آن بود که بتواند پیام سیاسی آن ایام طوفانی را بشنود. روح زمانه را نمی‌شناخت. همه چیز برایش بیگانه بود. نمی‌توانست پیامدهای تحول نازل شده از تاریک‌خانه‌ی ارواح را بفهمد. گسست در تاریخ را نمی‌شناخت. کودکی بیش نبود. هنوز نیشتر هیچ خیانتی زیر پوست باورش ندویده بود. پای جنون سیاسی به ساحت بازی‌های کودکانه‌ی بچه‌های محله‌اش باز نشده بود. نمی‌دانست در ایام شرارت فقط تصمیم رفتن از خانه با آدم است. در را پشت سر که ببندی قمار سرنوشت آغاز می‌شود. نمی‌دانست در بزنگاه حادثه، آنگاه که ماجرا در گوش شهر غوغا می‌افکند، آزادی را تضمینی و بقا را یقینی نیست.

کمتر از پنج سال سن داشت. در آن هنگام نمی‌دانست وقتی خوره به جان آرزوهای رویایی می‌افتد، زمانی که آمال‌های نارس و آرمان‌های نازا چون حباب در برخورد به تیزی پرچین بلند انتظار می‌ترکند و آنگاه که شور برانگیخته شده بر دیواره‌ی ترس و وحشت شوره می‌زند، در جان‌های شیفته چه روی می‌دهد. فرجام پشیمانی و شرمگینی را نمی‌شناخت. خبر نداشت نوشیدن از تلخ‌آبه‌ی یاس و فرو رفتن در شط سرخوردگی با انسان چه می‌کند. درد خلیدن خنجر از پشت را تجربه نکرده بود. نمی‌دانست بازتاب خبر در خون غلتیدن هم‌رزمان در کوچه‌های حادثه می‌تواند خواب هراس و دلهره را پریشان کند. روی برتافتن یاران، شکستن پیمانه‌ی عهد و پیمان، برایش بیگانه بود. گزش سرمای تنهایی پس از شنیدن خبر فرار دیگران را تجربه نکرده بود. زخم‌های آماسیده و چرکین

روح را نمی‌شناخت. نمی‌دانست خفتن زیر سقف امیدهای بر باد رفته چقدر می‌تواند کشنده باشد. خبر نداشت چه هیولاهایی می‌توانند از صف یاران عهدشکسته سر برآورند. او در آن هنگام کودکی بیش نبود. از درد زخم‌های ناشی از له شدن دانه‌های توهم‌زده‌ی باوری سیاسی در آسیاب سخت واقعیت بی‌خبر بود. نمی‌دانست بهمن پوچی و خیزآب بی‌تفاوتی با چه قدرتی می‌توانند ارزش‌های اخلاقی را در هم بکوبند و زیر گل‌ولای‌شان دفن کنند. انسان‌های ارزش‌مرده را هنوز با چشم خود ندیده بود. خبر نداشت که پس از مرگ ارزش‌ها، هستی چه بی‌ارزش می‌شود.

گفت ایدئولوژی بد کوفتی است. از اینکه دیر متوجه چنین حقیقتی شده بود، ابراز تاسف کرد. پدرش اما تا آخرین روز زندگی‌اش در آن تارهایی گرفتار ماند که عنکبوت ایدئولوژی گرداگرد اندیشه‌اش دوانیده بود. ایدئولوژی را آن گوی شیشه‌ای نامید که پیروان متوهمش به خیال خویش از طریق نگریستن به آن می‌توانند از آینده رمز و راز بگشایند. گفت کافی است این گوی ترک بردارد. آنگاه دگم‌ها می‌شکنند و صد تکه می‌شوند. ملخ‌ها به جان تابوها می‌افتند. ارزش‌ها، پیش از یافتن جایگزینی، لگدمال می‌شوند. انسان در کهکشان بی‌هویتی، چه بسا در ژرفای اقیانوس بی‌کسی رها می‌شود و شور زیستن رخت برمی‌بندد و ملال بر قامت حال همچون تارتنکی تار می‌دواند.

بد دردی است گردن نهادن از سر ناچاری به این واقعیت که بازی قرار است بدون تو ادامه یابد. تو هیچ می‌شوی، پوک می‌شوی، پوچ می‌شوی. گفت دشوارتر از آن، پذیرش این موضوع است که بود و نبودت تعادل هیچ ترازویی را غلغلک نمی‌دهد. بد مصیبتی است سرافکنده و شرمگین، با مشتی گره کرده از سر خشم، اما پنهان در جیب، بی‌حرکت و مودب، به تماشای ایفای نقش بازیگران سرنوشت خود نشستن.

او هیچ یک از این‌ها را نمی‌دانست. خردسال‌تر از آن بود که بتواند گردش گاه به یمین و گاه به یسار روزگار را درک کند. اما پدرش را که می‌توانست ببیند. او را می‌دید در خود فرورفته که به یک‌باره پیر شده بود. آن روزها زودتر از معمول از سر کار می‌آمد و دیرتر از همیشه خانه را ترک می‌کرد. ساکت شده بود. خفقان گرفته بود. کم پیش می‌آمد چیزی بگوید. اگر حرفی می‌زد، سایه‌ی گفته‌اش از روزمرگی فراتر نمی‌رفت. اثری از لبخند همیشگی‌اش نبود. از آن خنده‌ی قدیمی که از ایمانش به پیروزی برمی‌خاست. اگر پس از آن می‌خندید، از ته دل نبود. اغلب به خود، به‌زندگی‌اش، به هیچ و پوچ می‌خندید.

کرجی اعتمادبه‌نفس‌اش به گل نشسته و باورش زیر بارش سنگین پرسش‌های تازه، پوزه به خاک ساییده بود. واقعیت درشت‌خوتر از پیش، بذر یاس و سرخوردگی بر خاک آرزوهای یائسه می‌پاشید و راه بر خوش‌بینی‌های نابالغش سد می‌کرد.

آرزوهای یائسه و خوش‌بینی‌های نابالغ؟ حق با شماست. مفاهیم شگفت‌انگیزی هستند. برای من هم تازگی داشتند. اما او عین این کلمات را در توصیف سادگی و چه بسا بلاهت پدرش به کار برده بود. گفت آرزوهای یائسه را می‌شود قاب کرد و به دیوار اتاق پذیرایی زد. می‌توان در وصف شکوه و زیبایی‌شان لب به ستایش گشود. مشکل اما آنجاست که این آرزوها هیچ‌گاه قاب‌شان را ترک نمی‌کنند. همان جا می‌مانند. به تفاوت بین خوش‌بینی‌های نابالغ و خوش‌بینی‌های بچگانه اشاره کرد. گفت خوش‌بینی‌های نابالغ از دل سادگی و معصومیت کودکانه زاده نمی‌شوند. پس‌انداخته‌ی ساده‌لوحی دوران بزرگ‌سالی و سالمندی‌اند. گفت خوش‌بینی‌های نابالغ سال‌خوردگان همان خوش‌بینی‌های سال‌خوردگان نابالغ است. پدرش پیش از رسیدن به ایستگاه بلوغ، با چمدانی پر از تکه‌های آن گوی شکسته، از آخرین واگن قطار سرنوشت پیاده شده بود.

خاطراتش از آن ایام فقط تلخ‌مزه نبود. از خوشی‌های نشسته در دل آن لحظاتی گفت که پدرش می‌آمد، دستش را می‌گرفت و با خود به خیابان‌های دور، به محلات ناآشنای تهران می‌برد. همه چیز برایش عجیب و نامانوس بود. از دیدارهای مخفیانه‌ی پدرش سخن گفت، گاهی در خیابانی خلوت و گاهی در گذرگاهی پر رفت‌وآمد. با کسانی که اکثرشان را پیش از آن ندیده بود. برخی از دوستان پدرش را می‌شناخت. آنان را در خانه‌ی خودشان دیده بود. اما همان دوستان در دیدارهای خیابانی، رفتار عجیبی از خود نشان می‌دادند. تبدیل به غریبه‌ها می‌شدند. مثل غریبه‌ها سخن می‌گفتند. اغلب به بهانه‌ی روشن کردن سیگاری یا پرسیدن آدرسی، چیزهایی در گوش یکدیگر نجوا می‌کردند و با گام‌هایی گاه آهسته، گاه شتابان از هم دور می‌شدند. از هم می‌گریختند. حتی گاهی، تکه کاغذ کوچک و تاخورده‌ای یا قوطی‌کبریتی بین‌شان ردوبدل می‌شد. او از رفتار عجیب بزرگ‌سالان، از آن پیچ‌پیچ‌های نامفهوم و از راز تبادل آن قوطی‌کبریت سر در نمی‌آورد. اگر هم می‌پرسید، پاسخی نمی‌شنید. پدرش اصرار داشت که همه چیز را نباید پرسید. همه چیز را نباید گفت. همه چیز را نباید فهمید.

به‌رغم کودکی می‌توانست تب برخاسته از هیجان نشسته در دل لحظه‌ها را حس کند،

بی‌آنکه قادر به فهم علت آن باشد. اما پس از گذشت چند ماه همه چیز به‌یک‌باره تغییر کرد. نه از پیغام‌پسغام‌ها خبری بود و نه از آن گردش‌های فرح‌بخش. از قدم زدن با پدرش لذت می‌برد، اما خردسال‌تر از آن بود که معنای پوشش امنیتی را بفهمد. نمی‌دانست انگیزه‌ی آن گردش‌ها نه مهر پدر به پسر، که ناشی از جبری بود که با حروفی نامرئی بر دیوار بلند خشونت نوشته بودند. او از سرکوب و پیگرد، چیزی نشنیده بود. این واژه‌ها را نمی‌شناخت.

پدرش در طول مسیر اغلب ترانه‌ای یا ترانه‌سرودی را زیر لب زمزمه می‌کرد. نوایی که می‌بایست بر شهامتش می‌افزود. گاهی به ناگاه روی برمی‌گرداند و به پشت سرش می‌نگریست. صدای پای کسی یا سبقت گرفتن سایه‌ای اغلب آرامش‌اش را برهم می‌زد. در چنین لحظاتی، بی‌آنکه خود بداند یا بخواهد، دست او را محکم‌تر می‌فشرد. فشار دستش گاهی دردآور بود. اگر متوجه می‌شد، پوزش می‌خواست. پوزشی که مانع از تکرار رفتارش نمی‌شد.

به محض ورود به کوچه‌شان بار دیگر نگاهی به پشت سرش می‌انداخت. حتی هنگام چرخاندن کلید در قفل، زیرچشمی چپ و راست کوچه را می‌پایید. رفتار عجیبی از خود نشان می‌داد. همه چیز برای آن کودک تازگی داشت. گفت از آن بردباری پیشین، از آن فارغ‌بالی آمیخته با خوش‌باوری سال‌های پیش، در رفتار پدرش هیچ اثری نمانده بود. بداخلاق و تلخ‌کام شده بود. زود از کوره در می‌رفت. صدایش بلند می‌شد. خشم و غضبی ناآشنا در وجودش خانه کرده بود که او نمی‌شناخت. آن خشم و غضبی که اغلب در باور کودک به مهر بی‌دریغ پدرش به خود، بذر تردید می‌کاشت.

خاطراتش از ایام کودکی پیوسته نبودند. تکه‌پاره شده بودند. خیال و واقعیت در هم تنیده شده بودند. گذشته پازلی را می‌مانست که بسیاری از قطعاتش مفقود شده باشد. تنها به یاری حدس و گمان قادر بود تکه‌های معلق در آن فضای درهم‌برهم یادها و فراموشی‌ها را کنار هم بچیند و نظم به تاراج رفته‌ی گذشته را از نو بیافریند. در آن موقع بود که از یک خاطره‌ی متفاوت سخن گفت. خاطره‌ی تلخی که هیچ‌گاه از ذهنش پاک و محو نشد. خاطره‌ای بود که الزام راویتش پای مرگ را به ضیافت آن شب باز کرده بود. آرزو داشت گریبانش را از شرش برهاند. آن را در صندوق‌خانه‌ی فراموشی‌های خودخواسته، زیر تلی از خاطرات دیگر دفن کند. نیش زهرآلود آن افعی را بکشد. اما به‌رغم

تلاش‌اش، لحظه به لحظه‌ی آن خاطره در یادش حک شده بود. مانایی یاد آن خاطره بود که خواب ببرها و گرگ‌ها را در بسترش برمی‌آشفت.

حکایت عجیبی است. این طور نیست؟ به نظر افسون آن خاطره از راوی به شنونده منتقل می‌شود. راستش را بخواهید هیچ‌گاه نتوانستم گریبانم را از یاد آن خاطره و پیامدهایش برهانم. تردیدی ندارم که شما نیز به این سادگی‌ها قادر به فراموشی آن نخواهید بود. این خاطره را افسونی است که راه بر فراموشی‌اش سد می‌کند. طلسمش ریشه در یک تراژدی دارد. می‌پرسید آیا نمی‌شد آن را انکار کرد؟ البته که انکار یک تراژدی ممکن است. مثلاً با پناه بردن به مستی، با گم‌و‌گور شدن در عالم بی‌تفاوتی و با پنهان کردن چهره‌ی خود پشت صورتک آشنای بی‌بندوباری، بی‌خیالی، ولنگاری. اما خودتان بهتر می‌دانید که فراموش کردن یک تراژدی ممکن نیست. نقطه‌چین ادامه‌ی یک تراژدی حکایت نانوشته‌ی جنگ و ستیز دائمی است با خود. از جنس همان کابوس تکراری است. نه شدت دارد، نه ضعف دارد و نه پایان. یک شوک دائمی است. آن پادشاه هرگز نمی‌تواند مرگ فرزندش را فراموش کند و آن کودک نیز هیچ‌گاه نمی‌تواند مرگ هم‌زادش را از یاد بزداید. هرگز یعنی همیشه، هیچ‌گاه یعنی هر لحظه!

قرص پنجم او را به ورطه‌ی هولناک آن تراژدی پرتاب کرد. تراژدی فاش کردن یا به گور بردن، جیغ کشیدن یا سکوت کردن. این قرص سفری به گذشته بود. به گذشته‌ای دور. به روزهایی که برای نخستین بار تیزی دندانه‌های اره‌ی زمانه را بر ساقه‌ی شکننده و زودرنج روحش حس کرده بود. در آن ایام کودک می‌بایست چون پیرمردی سرد و گرم روزگار چشیده در دشوارترین آزمون زندگی‌اش شرکت می‌جست و بر چالش نفس‌گیر برخاسته از آن فائق می‌آمد. حال آنکه همان پیرمرد می‌بایست برای روایت داستانش مجدداً کودک می‌شد. می‌بایست داستانش را چون یک کودک بازمی‌گفت، تا رنجی که همه‌ی آن سال‌ها، چون زنگار بر آینه‌ی جانش نشسته بود، برای غریبه‌ای چون من فهم‌پذیر می‌شد. باید به دوران طفولیتش بازمی‌گشت. کودک شدن این پیرمرد، یک دگردیسی عجیب بود. پروانه برای آخرین پروازش، می‌بایست پیله‌ی آن رازی را که عمری در اسارتش زیسته بود، فرومی‌شکافت، بال می‌گشود، اوج می‌گرفت تا بتواند از خود و از سایه‌ی آن راز بگریزد.

می‌گویید بازگشتش به ایام کودکی شاید به علت آمیزش دارو و الکل بوده است؟ ناشی

از درهم شدن خماری و مستی؟ نمی‌دانم. شاید. حالت‌های روحی اغلب پیچیده‌تر از آن هستند که بشود برایشان توضیح ساده‌ای یافت. فقط می‌دانم که پس از نوشیدن هر جرعه و خوردن هر قرص، منِ برترش گامی از میدان پا پس می‌نهاد، کنترلش بر خود ضعیف‌تر و کلامش بی‌پرواتر می‌شد. آن بی‌پروایی که ناشی از جسارت نبود، ریشه در معصومیتی کودکانه داشت. به پدر و مادرش ناسزا می‌گفت. فحش بود که نثارشان می‌کرد. واژه‌های رکیکی که عین چنگ کشیدن به چهره‌ی خودش بود. نوعی خودآزاری بود.

گفت پدرش پیش از طوفان فرصت چندانی برای خانواده نداشت. دیر از کار می‌آمد و اغلب زمانی به خانه می‌رسید که او خواب بود. حتی اگر غروبی زودتر می‌آمد، پس از شام به اتاقش در زیرزمین می‌رفت و سرگرم خواندن چیزی می‌شد. اتاقش در نزدیکی سقف، پنجره‌ی کوچکی رو به حیاط داشت. گفت آن چنان در مطالعه غرق می‌شد که همه چیز و همه کس را فراموش می‌کرد. در آن عالمی رها می‌شد که نه در کادر جغرافیا می‌گنجید و نه شمارش لحظه‌هایش دغدغه‌ی کسی بود. حتی اغلب متوجه نمی‌شد که پسرش از آن بالا، محو تماشای او، صورتش را به شیشه چسبانده است. تماشای پدر از پشت پنجره برایش لذت‌بخش بود.

تابی به پیکر خود داد و با دست به پشت سرش اشاره کرد و گفت شیفتگی به کتاب و مطالعه را از آن ابله به ارث برده است. زیرزمین خانه‌شان پر از کتاب و نشریه بود. پدر به ندرت دست خالی به خانه می‌آمد. اغلب کتابی یا نشریه‌ای همراه می‌آورد. گاهی حتی سر سفره کتابی را با کنجکاوی ورق می‌زد و در سحر و جادوی واژه‌هایش غرق می‌شد. رفتاری که خشم و اعتراض مادر را در پی داشت. به او تشر می‌زد که حتی سر سفره نیز از خواندن دست نمی‌کشد. آنگاه بود که به ضرب سرزنش و غرولند کتاب را می‌بست و کنار خود می‌نهاد. لبخندی می‌زد و مابقی شام را در چند لقمه‌ی بزرگ و ناجویده می‌بلعید و از جای خود بلند می‌شد و به اتاقش می‌رفت.

لبخند تلخی زد که علتش برایم ناروشن ماند. به بحث و گفت‌وگوی پدر و مادرش بر سر سفره اشاره کرد. گاهی یک یا چند دوست نیز به خانه‌شان می‌آمدند و پای آن سفره‌ای می‌نشستند که بوی سیاست، بوی سیاست‌زدگی می‌داد. رشته‌ی سخن اغلب حول مسائلی می‌چرخید که او نمی‌فهمید. بینشان گاهی کار حتی به دعوا و مشاجره هم می‌کشید. صدایشان روی هم بلند می‌شد. بحث و مشاجره‌ای کشدار که معمولاً پس از رفتن

مهمانان نیز ادامه می‌یافت. عفریته از دست ابله کلافه بود و از این بابت که دیر به خانه می‌آید و به همسر و فرزندش کم توجه است، ابراز نارضایتی می‌کرد. نارضایتی که بیان مکررش از شدتش نمی‌کاست. به آن بیش از پیش میدان و پروبال می‌داد.

او خردسال‌تر از آن بود که بتواند سرد شدن رابطه‌ی والدینش را متوجه شود. خاموش شدن شرر هوس را در چشمان‌شان نمی‌توانست ببیند. آن شرری که بستر را برای تمنا می‌گسترد. اما بیشتر شدن فاصله‌ها از نگاهش به دور نمانده بود. متوجه شده بود که مدتی است دستی نوازشگر بر سر و صورت کسی نمی‌نشیند. متوجه شده بود که از بوسه‌های به گمان خود پنهانی‌شان، دیگر اثری باقی نیست. شاهد آن بود که زبان مهربانی در آن خانه به لکنت افتاده است. شلختگی جای آراستگی را پر کرده است. مادر چهره‌اش را چون سابق نمی‌آراست. توجه چندانی به لباسی که بر تن می‌کرد، نداشت. گفت پس از طوفان خیلی چیزها تغییر کردند. بگومگوهای نامفهوم‌شان به پایان رسید، بی‌آنکه از داغی مشاجره‌هایشان بکاهد.

طوفان که فروکش کرد، تاریخ از تحول گریخت و به تکرار روی آورد. اثری از تب و هیجان لحظه‌ها باقی نماند. سرمای سیاست به درون خانه‌ها نفوذ کرد. سرمایی که آدرس خانه‌ی والدینش را خوب می‌شناخت. ناامیدی از خیابان سرنوشت، با خیزی بلند خود را به کوچه‌شان رساند. بذر ملالی نو و ناآشنا در باغ رابطه‌ی والدینش بارور شد و ریشه دوانید. جای مهمانان قدیمی بر حاشیه‌ی سفره‌شان خالی ماند. طوفان عموها و خاله‌های قلابی را با خود برد، برخی‌شان را به دوردست‌ها. کم پیش می‌آمد والدینش دست او را بگیرند و به خانه دوستی یا آشنایی بروند. زمستانی سرد و طولانی بر پهنای زندگی مشترک والدینش سایه افکند. گفت عاطفه اگر در خانه یخ بزند، سرما در را روی غمزه و دلبری می‌بندد. عشق برای شکفتن، دوستی و مهر برای بقا به گرمای دل و به شور و شیفتگی جان نیاز دارد.

از آن روزی گفت که پدرش زودتر از همیشه، خیس عرق به خانه بازگشته بود. یک روز گرم تابستان بود. هوا دم کرده بود. رنگ به چهره نداشت. سراسیمه و شتاب زده می‌نمود. نفس‌نفس می‌زد. پنداری همه‌ی راه را بی‌وقفه دویده باشد. در آن لحظه، او سرگرم بازی در حیاط بود. پدر با لحنی تحکم‌آمیز از او خواست به اتاقش برود، در را پشت سرش ببندد و تا اجازه نداده، بیرون نیاید. آن مجازات را می‌شناخت. بارها طعمش را

چشیده بود. اما آن بار نمی‌توانست علتش را بفهمد. تعلل کرد. تعللی که خشم پدر را در پی داشت. کودک غیرعادی بودن لحظه را حس کرده بود. به اتاقش رفت و در را مطابق میل پدر، روی خود و پرسش‌هایش بست. از پشت پنجره شاهد چیزی بود که در مخیله‌ی کودکانه‌اش نمی‌گنجید. برای نخستین بار در زندگی ویرانگری جنون‌آمیز بزرگسالان را تجربه می‌کرد.

این موضوع که پدر روزی کتاب‌ها و نشریه‌هایش را وسط حیاط روی هم تلنبار کند، کبریت بکشد و بسوزاند، برایش غیرقابل تصور بود. آن کتاب‌ها از تقدسی جادویی برخوردار بودند. دست زدن به آن‌ها در سیاهه‌ی ممنوعه‌ها ثبت شده بود. مجازات داشت. اگر به آن کتاب‌ها دست می‌زد، باید به اتاقش می‌رفت و تا به او اجازه نمی‌دادند، همان جا می‌ماند. اما ناگهان همه چیز دگرگون شد. قواعد بازی پیشین از اعتبار افتاد. اما او قواعد این بازی جدید را نمی‌شناخت. نمی‌توانست آن تحولات عظیم و ناگهانی را بفهمد. فقط ویرانه‌ها را می‌دید. ویرانه‌هایی که طوفان پشت سر خود به یادگار نهاده بود. خود را به‌ناگهان سرگردان در آن زمانه‌ای می‌دید که نمی‌شناخت. زبانش را نمی‌فهمید. زبان آن زمانه برای او پنداری یک‌شبه نامانوس‌تر، بیگانه‌تر و ناشناخته‌تر از پیش شده بود.

بازی جدید روزگار با کتاب‌سوزان آغاز شده بود. او آنجا ایستاده بود. پشت پنجره‌ی اتاقش، با چشمانی حیرت‌زده و در اوج ناباوری شاهد زبانه کشیدن شعله‌های آتش بود. خاکستر واژه‌هایی را می‌دید که در ستون دودی خفقان‌آور معلق بودند. نمی‌دانست که شعله‌ی آتش می‌تواند با خیزی بلند، خود را از خرمن کتاب‌ها به درخت آرزوهای بزرگ برساند، یقین به پیروزی را در کوره‌ی جان‌سوز تردیدها ذوب کند، قول‌نامه‌ی پایبندی به آرمان را بسوزاند و خاکسترشان را در رود یاس و ناامیدی برخاسته از خوف و وحشت بپراکند. گفت پدر و مادرش پس از آن نیز کتاب و روزنامه می‌خریدند و می‌خواندند. اما او خردسال‌تر از آن بود که بتواند تفاوت آن کتاب‌ها و روزنامه‌ها را با کتاب‌ها و نشریه‌هایی متوجه شود که روزی نه چندان دور، در شعله‌های آتش خاکستر و دود شده بودند.

می‌گویید این داستان او نیست؟ داستانش نمی‌تواند بازگویی فصلی از تاریخ سیاسی سپری شده‌ی آن سال‌های طوفانی باشد؟ می‌پرسید مگر نه آنکه داستانش بوی مرگ می‌داد؟ حق با شماست. آن شب همه چیز پیرامون داستان او دور می‌زد. اما در عین حال به نظر می‌رسید بازگویی داستانش برای او، به‌رغم خوردن آن همه قرص و نوشیدن آن

همه الکل هنوز ساده نبود. دائماً به خود می‌پیچید. در قاب تنگی که به تن کرده بود، وول می‌خورد. عرق بر پیشانی‌اش نشسته بود. صدایش به لرزه افتاده بود. چیزی از درون شکنجه‌اش می‌کرد. پنداری دشنه‌ی تیز و زهرآگینی در پیکرش فرو کرده باشند. دستی نامرئی آن دشنه خلیده در جانش را به چپ و راست می‌چرخاند و بر آزارش می‌افزود. نباید فراموش کرد که قرار بر فاش کردن رازی بود. رازی آغشته به سمی مهلک که به ادعای خودش برای نخستین بار از آن پرده برمی‌گرفت.

آغاز داستانش به دو سال پس از فروکش طوفان بازمی‌گشت؛ به شبی در پاییز سال ۱۳۳۴. پدر خانه نبود. خیلی از شب‌ها خانه نبود. مجدداً به سر کارش در وزارت راه بازگشته بود. تعهد کتبی سپرده بود. به بهای گزاف انفعال و بی‌تفاوتی، نامه‌ای از اداره‌ی اطلاعات شهربانی دریافت کرده بود. نامه‌ای که راه بازگشتش به روزمرگی را هموار می‌ساخت. به آن جایی که سعادت را می‌شود به قیمت سکوت خرید و آرمان را به قصد تلطیف ضربات تازیانه، به بهایی نازل فروخت. چرا اداره‌ی اطلاعات شهربانی؟ پاسخش روشن است. آن روزها هنوز ساواک تاسیس نشده بود.

نظارت بر اجرای برخی از طرح‌های راه‌سازی در وزارت راه را به پدرش سپرده بودند. باید مدام به سفر می‌رفت. به نقاطی دور افتاده که حتی عفریته هم نام‌شان را نشنیده بود. اغلب با نگاهی حیرت‌زده می‌پرسید گفتی کجا؟ پدر نام نقطه‌ای از سرزمین مادری را می‌گفت که بی مادر بود. نه کسی می‌شناختش و نه نامش در خاطر کسی می‌نشست. بازگشتش از یک سفر آغاز سفری دیگر بود. سفرهایی که اغلب بیش از دو هفته طول می‌کشیدند. گاهی حتی پیش می‌آمد که یک ماه در خانه نباشد. گفت به امید دیدار پدرش روزها را می‌شمرد. در آن هنگام اما خردسال‌تر از آن بود که بتواند گذشت زمان را دریابد. فقط عددها را می‌شناخت، حرکت عقربه‌ها را می‌دید، بی‌آنکه حجم و سنگینی بار ساعت و روز و هفته را بفهمد.

قلب تهران هنوز خیلی تند می‌زد. گرچه زره‌پوش‌ها میدان‌های شهر را ترک کرده بودند و از ستون‌های دود دیگر نشانی نبود، اما امنیت هنوز برقرار نشده بود. کوچه‌ها ناامن بودند، راهزنان در کمین، گزمگان همچنان در خیابان. نمی‌خواست و یا شاید برایش ممکن نبود همسر جوان و فرزند خردسالش را هفته‌ها تنها بگذارد. بار دیگر به زیبایی ستایش‌برانگیز مادرش اشاره کرد. گفت تنها گذاشتن چنین زنی در آن روزگار، شهامتی

را طلب می‌کرد که اثری از آن در پدرش نبود. از این رو، از برادرش طلب یاری کرده بود. از او خواسته بود مراقب زن و بچه‌اش باشد. او نیز پذیرفته بود. این چنین بود که عمویش، شبِ پیش از سفر پدر به خانه‌شان می‌آمد و اغلب تا فردای بازگشتش آنجا می‌ماند. چند سالی جوان‌تر از پدرش بود. مرد جوانی که به‌رغم چهره‌ی کمابیش جذابش تن به ازدواج نداده بود. گفت هنوز زنده است و تنها و مجرد در پاریس زندگی می‌کند. چهره‌ی عمویش شباهت چندانی به چهره‌ی پدرش نداشت. جوان و شاداب بود و نه چون پدرش پیر و درهم‌شکسته.

خانه‌شان در تهران، خانه‌ای قدیمی بود. شبیه به همه‌ی خانه‌های قدیمی دیگر. قطعاً می‌دانید چگونه خانه‌هایی را می‌گویم. خانه‌ای با میان‌سرایی کاشی‌کاری شده، دو باغچه‌ی کوچک و حوضی در میانه‌ی حیاط. رواقی داشت که دو ضلع بنا را به هم پیوند می‌زد. اتاق مهمان کنار اتاقش بود و اتاق والدینش در آن سوی ایوان قرار داشت. راه‌پله‌ای که به زیرزمین می‌رفت، راه رواق مقابل اتاقش را به بهارخواب مقابل اتاق والدینش قطع می‌کرد. پدر و مادرش برای رفتن به اتاق خواب‌شان، می‌بایست رواق را چند پله پایین می‌رفتند و پس از عبور از جلوی ورودی زیرزمین، با بالا رفتن از چند پله‌ی دیگر، خود را به اتاق‌شان می‌رساندند. پله‌ها نرده نداشتند. در حاشیه‌های بازشان، در هر ردیف دو گلدان گذاشته بودند. عمویش در مدت اقامتش، در اتاق مهمان می‌خوابید. این چنین بود که او و عمویش، همسایه‌ی دیواربه‌دیوار شده بودند.

عمویش روزها خانه نبود. صبح‌ها زود به سر کار می‌رفت و شب‌ها دیر بازمی‌گشت. حتی جمعه‌ها خوش داشت ساعات فراغتش را با دوستانش سپری کند. شامش را اغلب با آنان یا با همکارانش در خارج از خانه می‌خورد. مادرش سفره را طبق عادت همیشه در اتاق مهمان می‌انداخت و از این رو، عمویش به‌رغم سیر بودن، به ناگزیر می‌آمد و سر سفره می‌نشست. یکی دو لقمه‌ای می‌خورد، با پشت دست لب و دهانش را پاک می‌کرد و پس از ستودن هنر آشپزی زن‌برادرش، به انتظار می‌نشست تا او و مادرش شام‌شان را بخورند، سفره را جمع کنند و بروند.

شب‌ها اغلب مست به خانه می‌آمد. با انگشت خودش را نشان داد و گفت شاید غرق کردن جهان در پیاله‌ی می را از عمویش آموخته است. عمویش حدود هشت سال، در ایام غیبت کبرا و صغرای برادرش در خانه‌شان زندگی کرده بود. هشت سالی که شب‌هایش

در مستی سپری شدند، روزهایش در غیبت. با گذشت هر روز بیش از پیش به الکل پناه برد. گفت او و عمویش هر دو از دست چیزی می‌گریختند. شاید از تراوش‌های تلخ رازی مشترک. نمی‌دانست تاثیر آن راز مشترک بر خواب و بیداری عمویش چه بوده است. آیا شب‌ها در بستر او نیز ببرها می‌غریدند و گرگ‌ها زوزه می‌کشیدند؟ آشکارا پاسخش را نمی‌دانست. اما تردیدی نداشت که آن راز مشترک بر رابطه‌شان سایه انداخته و آنان را با یکدیگر غریبه و از هم دور کرده بود. گفت در تمامی سال‌های مهاجرت، به‌رغم نزدیکی محل زندگی‌شان، تمایلی به دیدن یا حتی به تماس تلفنی با عمویش نداشته است.

می‌پرسید آیا این همان رازی نیست که خوابِ آن مرگ پیش‌رس را برهم زده بود؟ درست تشخیص داده‌اید! این همان راز است. همان رازی که او آن شب از آن پرده برگرفت. پرسیدم آیا از عمویش متنفر است؟ پاسخ منفی داد. حس عجیبی نسبت به او داشت. قادر به توضیح آن حس عجیب نبود. عمویش را شایسته‌تر از پدرش می‌دانست. گفت بلاهت هیچ‌گاه احترام کسی را برنمی‌انگیزد، بی‌پروایی و جسارت گاهی چرا!

عمویش دو چهره داشت. به‌تفاوت شب بود با روز. الهه‌ی شراب شب‌ها از پیله‌ی فردی تودار، ساکت و بسته، فرد دیگری می‌آفرید. شرم و خویشتن‌داری سحرگاهی‌اش جای خود را به گستاخی و بی‌پروایی شبانه‌اش می‌داد. مستی بر سکوت یا کم‌حرفی روزش پایانی می‌نهاد و از او فردی وراج و پرگو می‌ساخت. افسار رفتار را که طعم گس شراب به دست گیرد، استوار ایستادن و صاف راه‌رفتن تبدیل به آزمون می‌شود. این گونه بود که مدام تلوتلو می‌خورد و خودش از شکنندگی تعادل پاهایش به خنده می‌افتاد. خنده‌اش باعث خنده‌ی او می‌شد. گاهی هم بی‌دلیل می‌خندید. اغلب شب‌ها چیزهایی می‌گفت که معمولاً از صافی هوشیاری رد نمی‌شوند. او به‌رغم کودکی می‌توانست رد سرزنش را در نگاه مادرش ببیند.

عمویش گاهی سر سفره با صدایی بلند و رسا آواز می‌خواند. اغلب یکی از آن ترانه‌های قدیمی و مبتذل. صدای خوبی داشت. گاهی حتی سر سفره‌ی شام شکلکی درمی‌آورد و باعث خنده‌ی او و مادرش می‌شد. چنین رفتاری را از پدرش هرگز ندیده بود. پدرش همیشه رفتاری جدی داشت. در نوشیدن الکل محتاط بود. تلوتلو نمی‌خورد. هوشیاری را بر مستی ترجیح می‌داد. آن‌ها را گفت و پس از آن، سخن سرشبش را مجدداً تکرار کرد. گفت هوش مانع از میدان‌داری بلاهت نمی‌شود.

در شب‌هایی که عمویش بیش از حد مست بود، مهربانی‌اش بیشتر گل می‌کرد. پس از شام به اتاق او می‌رفت و برایش قصه می‌گفت. قصه‌هایی که گرچه تکراری بودند، اما شنیدن‌شان همچنان لذت‌بخش بود. پس از پایان قصه لبخندی می‌زد، شب به‌خیری می‌گفت، چراغ را خاموش می‌کرد، تلوتلو می‌خورد، در را پشت سرش می‌بست و به اتاقش می‌رفت. گفت حکایت این دوران خوش نیز دوامی نداشت. لحظه‌ای رسید که حضور عمویش برای او رنج‌آور شد. آنچنان رنج‌آور که باید از دستش می‌گریخت. سر سفره، نگاهش را از او می‌دزدید. هیچ‌گاه پس از آن نتوانست مستقیم به چشمانش نگاه کند. بیش از آن بود. پس از آن شهامت نگاه کردن به چشمان دیگران را نیز از دست داد.

می‌گویید چنین رفتاری برخاسته از فقدان اعتمادبه‌نفس است؟ فقط کسانی که رازی یا ناگفته‌ای دارند از مستقیم نگریستن به چشمان دیگری پرهیز می‌کنند؟ در نگاه دیگری چون تکه یخی افتاده در ظل آفتاب، آب می‌شوند؟ بله، حق با شماست. پیش از این هم گفته بودم که چشمان دریچه‌ی روح هستند. دریچه‌ای که به دالان تودرتوی روح راه می‌برند. به آنجا که ناگفته‌ها و رنج‌های برخاسته از آن‌ها، بر دیواره‌ی روح می‌ماسند.

ناگفته‌ها فقط رازها نیستند. فریادهای خفه شده در سینه، پاسخ‌های کپک‌زده و درددل‌های ناشنیده نیز کنار رازها بر تنور رنج‌ها هیمه می‌نهند. آنگاه است که چشمان از زخم‌های دردناک و متورم روح پرده برمی‌گیرند. زخم‌هایی که جنبش عقربه‌ها، ورق خوردن تقویم‌ها، تکرار فصل‌ها، بایگانی شدن سال‌ها نیز از التیام بخشیدن‌شان شانه خالی می‌کنند. افرادی که نگاه‌شان را از دیگران می‌دزدند، اغلب از آن واهمه دارند که مبادا کسی رد پای آن ناگفته‌ها، آن ناگفتنی‌ها، آن رنج‌های پنهان، آن تحقیرهای قدیمی و آن زخم‌های همچنان خون‌چکان را در چشمان‌شان ببینند.

پس از نوشیدن جرعه‌ای ویسکی صورتش را در هم کشید. شاید تلخ‌تر از پیش شده بود. به تلخی لحظه. نوعی پیری زودرس از اعماق وجودش بر سطح چهره‌اش دویده بود. عاقبت از شبی سخن گفت که سرنخ همه‌ی دردها و رنج‌هایش به آن گره خورده بود. گفت آن شب باد ملایمی می‌وزید. بادی که لرزه بر پرده‌ی اتاقش می‌انداخت. آسمان آن شب صاف و ماه نورافشان بود. پرتوی ماه از حاشیه‌ی پرده، اتاقش را اندکی روشن می‌کرد. خوابش نمی‌برد. رقص شگفت‌انگیز و وحشت‌آفرین سایه‌ها بر دیوار، در آمیزش با تخیل کودکانه‌اش، آرامش‌اش را برهم زده بود. ترسیده بود. ترسی که پس از شنیدن صدایی از

حیاط به بزرگی حجم خانه‌شان باد کرد. آهسته و بی صدا خود را به پشت پنجره رساند. مهتاب حیاط را روشن می‌کرد. سایه‌ای کسی را دید که از آن سوی خانه به سمت اتاق او می‌آید. پشت به نور ماه حرکت می‌کرد. چهره‌اش را نمی‌توانست ببیند. ترسیده بود. تپش قلب گرفته بود. قلب کوچکش شتابان و نامنظم می‌زد. خود را حشره‌ای می‌پنداشت که در تارهای عنکبوتی ترسناک گرفتار آمده باشد. عنکبوت، گام به گام، به صید خود، به آن حشره‌ی کوچک، نزدیک و نزدیک‌تر می‌شد.

بی‌اختیار به یاد عهدش با پدر افتاد. پدر هر بار پیش از سفر به او می‌گفت که در غیابش او مرد خانه است و وظیفه نگهبانی از خانه و مراقبت از مادر بر دوش اوست. آنچه پدر نمی‌شناخت سنگینی بار وظیفه‌ای بود که روی دوش نحیف و کوچک پسرش می‌نهاد. این را بی آنکه به پیامدش بیاندیشد برای دل‌خوشی او می‌گفت. شاید برای کاستن از دل‌تنگی‌اش. نمی‌دانست در عالم کودکی دیوار بلندی سرزمین شوخی و وادی جدی را از هم جدا نمی‌کند. فراموش کرده بود که کودکان در مکانی نامعلوم، جایی بین افسانه و واقعیت روزگار می‌گذرانند. حال او چگونه می‌توانست این صدای عجیب را ناشنیده بگیرد؟ سر خود را زیر رواندازِ پنهان کند؟ دندان بر دندان بساید؟ وانمود کند که نه صدایی را شنیده و نه سایه‌ای را دیده است؟

از خود پرسید چه کسی آن موقع شب، دزیده و پاورچین پاورچین، در حیاط حرکت می‌کند؟ راهزن است؟ اگر نیست، کیست؟ پدرش از سفر بازگشته است؟ تازه به سفر رفته بود. سایه با هر گام به اتاق او نزدیک‌تر می‌شد. ترس‌خورده او را دید که از پله‌های ایوان بالا می‌آید. چه باید می‌کرد؟ جیغ می‌کشید؟ عمویش را از خواب بیدار می‌کرد؟ یا شیون‌کنان مادرش را به یاری می‌طلبید؟ در گزینش بین جیغ و سکوت مردد بود. تردیدی که مثل هر تردید دیگری درنگ می‌آفریند. پیکرش را پشت پرده جمع کرد. از کناره‌ی پرده دقیق‌تر به سایه نگریست. راهزن نبود. عمویش بود. دیدن چهره‌اش در تابش نور ماه، از شدت وحشتش کاست. لبخند کودکانه‌ای بر لبانش نشست. ترجیح داد همچنان سکوت کند. دلش نمی‌خواست کسی متوجه‌ی ترس و وحشت نگهبان خانه بشود. اگر به گوش پدر می‌رسید، درباره‌اش چه می‌اندیشید؟ به تجربه آموخته بود که ترس‌خوردگی و بزدلی تحقیرانگیز است.

پس از گشودن رمز از آن صدای عجیب، از آن سایه، دلش اندکی آرام گرفت. نفسی را

که در سینه حبس کرده بود، بیرون داد. مشت به عبث گره کرده‌اش را گشود. کف دستش خیس عرق شده بود. آرام و بی سروصدا به بستر بازگشت. با چشمانی باز دراز کشید. آرامش‌اش دوامی نداشت. پرسش عجیبی به سراغش آمده بود. پرسشی که چون پاسخی برایش نمی‌یافت، آزارش می‌داد. از خود می‌پرسید عمویش در آن موقع شب، چرا این چنین آهسته، چرا این چنین با احتیاط، همچون یک راهزن، پله‌ها را بالا آمده است؟ بی اختیار به یاد رفتار نامانوس پدرش افتاد. این نخستین باری نبود که رفتار بزرگ‌سالان تعجب و حیرتش را برمی‌انگیخت. کم‌کم چشمانش سنگین شد و معصومیت کودکانه‌اش بستر را برای خوابی سنگین آماده کرد. صبح اما با همان پرسش از خواب بیدار شد.

این آخرین باری نبود که عمویش زیر پوست شب می‌خزید. صدای پایش را برخی از شب‌ها هنگام گشودن و بستن در یا موقع بالا و پایین رفتن از پله‌ها می‌شنید. موضوعی که بیشتر پرسش برانگیز شده بود تا وحشت‌زا. در یکی از آن شب‌هایی که خوره‌ی کنجکاوی راه را بر خواب سد می‌کند، به محض شنیدن صدا، خود را به پشت پنجره رساند. از کناره‌ی پرده عمویش را دید که آهسته پله‌های ایوان را پایین می‌رود. برخلاف انتظارش، عمویش از کنار ورودی زیرزمین عبور کرد و با بالا رفتن از پله‌ها خود را به بهارخواب مقابل اتاق والدینش رساند. برای چرایی این رفتار پاسخی نداشت. پیش از آن گمان می‌کرد که عمویش آرام و بی‌صدا به زیرزمین می‌رود. به اتاق کار پدرش. می‌پنداشت که شاید پدر همه چیز را نسوزانده است. مثلاً چیزی را، کتابی یا یادداشتی را، گوشه‌ای پنهان کرده است. گمانی که بی‌اساس بودنش آن شب آشکار شد. عمویش، برخلاف انتظارش، در اتاق والدینش را گشود. از خود پرسید چرا؟

شب‌ها، سر سفره‌ی شام نیز متوجه تغییر رفتار مادر و عمویش شده بود. جنس نگاه‌هایشان به یکدیگر تفاوت کرده بود. لبخندی دزدکی گاهی بر لبان‌شان می‌نشست که او دلیلش را متوجه نمی‌شد. دلیلی برای خندیدن وجود نداشت. کسی چیزی نگفته بود که باعث خنده کسی بشود. برای او تردیدی نمانده بود که آنان چیزی را از او پنهان می‌کنند. به زبان ایما و اشاره با یکدیگر سخن می‌گویند. نوعی عشوه‌گری در رفتار مادرش دیده بود که برایش تازگی داشت. بیش از پیش خود را می‌آراست. این همان آرایش و آراستگی بود که از همسرش دریغ می‌کرد. گفت عفریته زیباتر از پیش شده بود. مادرش را هرگز، چه پیش یا پس از آن سال‌ها، چنین زیبا، چنین دلربا ندیده بود.

چرایی رفتن عمو به اتاق خواب مادرش برای او که کودکی بیش نبود، تبدیل به معمایی شده بود. از خود می‌پرسید که عمویش آنجا در پی چیست؟ چه چیزی برای گفتن دارد که تمامی ندارد. گرچه تکرار این ماجرا باعث تعجب بیشتر او شده بود، اما شهامت آن را در خود نمی‌دید که از این معمای عجیب راز بگشاید. شاید به‌رغم کودکی، از یافتن پاسخ برای آن پرسش آزار دهنده واهمه داشت. می‌ترسید که پاسخ آن پرسش چنگ در لطافت تصورات عالم کودکی‌اش فرو برد و او را به ورطه‌ی هولناک دنیای بزرگ‌سالان پرتاب کند. اما شبی فرا رسید که کنجکاوی بر ترس‌اش غلبه کرد. بی آنکه آشکارا خواسته باشد، خود را به یک‌باره در بهارخواب مقابل اتاق والدینش یافت. آن شب چیزهایی را دید که فرسنگ‌ها از عالم تخیل کودکانه‌اش فاصله داشت.

گوشه‌ی پرده کنار رفته بود. شاهد ماجرایی بود که نمی‌شناخت. مادرش و عمویش هر دو برهنه بودند، کاملاً برهنه. کنار هم دراز کشیده بودند. یکدیگر را تنگ در آغوش گرفته بودند. همدیگر را می‌بوسیدند. بوسه‌هایی ممتد و طولانی. بوسه‌هایی بر جابه‌جای پیکرشان. آن بوسه‌ها از جنس بوسه‌هایی نبودند که او تجربه کرده بود و می‌شناخت. پیکرشان، خیس عرق، در هم گره خورده بود. مادرش را پیش از آن هم عریان دیده بود. با برهنگی در حمام عمومی آشنا شده بود، خردسال‌تر که بود با پیکر برهنه‌ی زنان و بزرگ‌تر که شده بود با پیکر عریان مردان. اما برهنگی آن شب چیز دیگری بود. نفس‌نفس زدن مادرش را می‌دید، بی‌آنکه علتش را بفهمد. حتی می‌توانست صدای ناله‌اش را بشنود. شاهد پیچ‌وتاب عجیب پیکر عریان‌شان بود، بی‌آنکه پیام کش و قوس تن تب‌دارشان را دریابد. نمی‌توانست از علت لرزه‌ها، جنبش‌ها و درهم تنیدن‌ها رمز بگشاید. از خود می‌پرسید عمویش از جان مادرش چه می‌خواهد؟ لبخند مادرش را که دید، با آن لبان سرخ و هوسناکش، کنجکاوی‌اش به‌یک‌باره بدل به لرزشی شد که بر جانش نشست.

بی‌آنکه علتش را بفهمد، اشک در چشمانش حلقه زد. دهانش از حیرت باز مانده بود. پنداری خشکش زده بود. نمی‌توانست از جای خود تکان بخورد. میخ‌کوب شده بود. نمی‌توانست از آنچه می‌بیند، نگاه برگیرد. درکی از زمان و مضمونش نداشت. نمی‌دانست چه مدت پشت پنجره شاهد معاشقه‌ی آن دو بوده است. آن قدر ماند تا عمویش از جای خود برخاست و سرگرم پوشیدن لباس‌هایش شد. به خود آمد. شتابان خود را به اتاقش رساند. در را پشت سر خود بست. روی تخت دراز کشید و چهره‌اش را زیر رواندار پنهان

کرد. گفت رواندار هم عین الکل به درد انکار جهان می‌خورد. گفت فرار از دست جهان و پناه بردن به تنهایی مطلق را از همان کودکی آموخته است.

چیزی درباره‌ی هم‌آغوشی نشنیده بود. خردسال‌تر از آن بود که علتش را بداند و لذتش را بشناسد. اما آنقدر کودک نبود که غیرعادی بودن این رابطه را متوجه نشود. او تغییر را در رفتارشان دیده بود. علت پنهان‌کاری‌هایشان را کشف کرده بود. از ایما و اشاره‌هایشان، از پاورچین پاورچین راه رفتن‌ها، از لبخندهای مرموز و از آن آراستگی بیش از حد، راز و رمز گشوده بود. گفت شب‌های زیادی از پشت پنجره شاهد معاشقه‌ی آنان بوده است. گفت تصویر آن هم‌آغوشی‌ها هیچ‌گاه از ذهنش پاک نشد. طلسمی بود که کودکی را به سالمندی گره می‌زد. مرزشان را در هم می‌ریخت. اکنون‌اش را از گذشته لبریز می‌کرد. به لحظه‌هایش طعم تلخی می‌داد. روحش را می‌افسرد. از آزار ایام کودکی‌اش شکنجه‌ای غیرقابل تحمل برای پیرمردی چون او می‌ساخت.

در آن لحظه‌ای که حکایت آن سال‌ها را بازمی‌گفت، رنج‌های قدیمی‌اش را وامی‌کاوید و از زخم‌های روحش پرده برمی‌گرفت، شاهد رد تازیانه‌هایی بودم که در درازای سرنوشت، روزگار بر تن و جانش نشانده بود. من هم در خود و بر خود لرزیدم. پس از روایت داستانش سکوت کرد. ترجیح دادم چیزی نگویم. به این سکوت نیاز داشت و این چیزی نبود که من متوجه نشوم. بغضی شکننده به سراغش آمده بود. هق‌هق گریه‌ای فروخورده بر تارهای صوتی‌اش نشسته بود. لبانش را در هم گره زد. صدای سایش دندان‌هایش سکوت حاکم بر فضا را جریحه‌دار می‌کرد. لیوان ویسکی را شاید ناخودآگاه محکم در میان دو دستش گرفته بود و از همه سو می‌فشرد. نگران شکستن و صد تکه شدن لیوان در دستانش شده بودم.

جرعه‌ای نوشید. جسارت به اتاق بازگشت. پرسیدم آیا آن‌ها بویی نبرده بودند؟ متوجه‌ی حضور شبانه‌اش پشت پنجره نشده بودند؟ گفت ممکن نبود بویی نبرده باشند. پاسخ قطعی این پرسش را سال‌ها بعد به تجربه دریافته بود. گفت کمتر تغییری از نگاه دقیق زن‌ها به دور می‌ماند. آن روزها در خود فرو رفته بود. سکوتش سر سفره گاهی طولانی می‌شد. به بهانه درس خواندن بیش از پیش در اتاقش می‌ماند. نوعی خلوت‌گزینی، نوعی گوشه‌گیری بزرگ‌سالان به سراغش آمده بود. این‌ها چیزهایی نبودند که از نگاه مادرش پنهان بمانند. حتی یک شب موقع گریز از بهارخواب، پایش به یک گلدان کوچک شمعدانی گیر می‌کند.

واژگون شدن گلدان در آن لحظه از شب، حتی اگر تردیدی هم وجود می‌داشت، مرگ آن تردید بود.

آن لبخند تلخ بار دیگر بر لبانش نشست. پرسید آیا می‌خواهم بدانم واکنش‌شان چه بود؟ گرچه مایل به شنیدن پاسخش بودم، ترجیح دادم سکوت کنم. گفت هیچ! هیچ واکنشی از خود نشان ندادند. نفسی را که در سینه حبس کرده بود، بیرون داد. نگاهش را از نگاهم دزدید و به دایره‌ی مرگ زل زد. پس از آن لیوان ویسکی‌اش را بلند کرد، به لیوانم زد که هنوز روی میز قرار داشت. گفت باید سخنش را تصحیح کند. از واکنش عجیب‌شان گفت. منظورش را متوجه نشدم. با صدایی نسبتاً بلند پرسیدم واکنشی عجیب؟ با تکان سر تایید کرد. گفت آنان احتیاط و ملاحظه را برخلاف انتظارش کنار گذاشتند. عمویش دیگر نگران صدای پایش نبود. حتی در اتاق خودش را بی‌محابا باز می‌کرد یا می‌بست. صدای در، حتی اگر او خواب بود، بیدارش می‌کرد.

پس از بازگشت پدر از سفر، رد نوعی واهمه و نگرانی را می‌شد در چهره‌شان دید. اطمینانی به رازداری‌اش نداشتند. انتظار مهار کلام از سوی یک کودک، انتظار بزرگی است. پرسید مگر نه آنکه کودکان معمولاً به پیامدهای رفتارشان نمی‌اندیشند؟ گفت آنان خود را برای هر چیزی آماده کرده بودند. همچون قماربازانی حرفه‌ای هزینه‌ی تن دادن به باختی سنگین را به جان خریده بودند. اما او، برخلاف انتظارشان، درباره‌ی آن ماجراهای شبانه چیزی به پدر نگفت. می‌ترسید چیزی بگوید. شاید به‌رغم خردسالی از روبه‌رو شدن با فرجام ناروشن آن واهمه داشت. گفت آن راز را نمی‌شد به کسی گفت. به همین دلیل نیز آن را به هیچ کس نگفته بود. برای پرده برگرفتن از آن باید تا آخرین روز زندگی‌اش منتظر می‌ماند. باید به تاثیر آمیزش شراب و دارو امید می‌بست. باید مست و خمار می‌شد. نه آنچنان مست که هوشیاری‌اش را پاک از دست بدهد و نه آنچنان خمار، که پیش از پایان روایت داستانش در چنگ خوابی ناخواسته و شاید بی‌پایان گرفتار آید. باید وحشت برخاسته از مرگ از وحشت افشای آن راز می‌کاست. او را از قیدوبندهای زندگی می‌رهاند. باید بیگانه‌ای چون من را اجیر می‌کرد، تا نخستین فردی باشد که آن راز را می‌شنود.

به پدرش نگفته بود که شب‌ها، چه پشت پنجره، چه روی تخت، مشت کوچک خود را از سر خشم گره می‌کند. از عرق کردن کف دستش چیزی نگفته بود. درباره‌ی گریه‌های کش‌دار شبانه‌اش سکوت کرده بود. از این بابت که مرد خانه نتوانسته بود به وظیفه‌اش

عمل کند، احساس شرم می‌کرد. خود را ترسو، لش و بی‌عرضه می‌خواند. بدتر از آن بود. خودش را هم‌دست و شریک بازیگرانی می‌دید که بی‌اعتنا به خواستش، او را به ورطه‌ی ماجرای بی‌وفایی و عهدشکنی کشانده بودند. گفت منصفانه نیست که بار سنگین چنین رازی را بر دوش یک کودک بنهند. گفت دیدن ماجرای آن سوی پرده، تجاوزی آشکار به معصومیت کودکانه‌اش بوده است.

سکوتش راه را برای بی‌پروایی بیشترشان هموار کرده بود. این را گفت و لرزید. قطره اشکی خود را از اسارت اراده‌اش رها ساخت. لیوانش را بلند کرد و آن را در جرعه‌ای پیوسته تا به آخر نوشید. گفت پرسشی به کهنگی آن خاطره در ذهنش جا خوش کرده و خلوت شبانه‌اش را همچون آن کابوس، به تراوش‌های خود می‌آلاید. پرده‌ی اتاق را می‌گفت.

گفت فردای واژگون شدن گلدان، پرده شلخته‌تر از همیشه کشیده شده بود. شب‌های بعد نیز، حاشیه پرده باز مانده بود، بیش از پیش. تاکید داشت که چنین چیزی نمی‌توانست تصادفی بوده باشد. مدعی بود که قصد و نیتی در این کار بوده است. نگاهش را در نگاهم گره زد. آثار رنجی جان‌سوز را در چشمانش دیدم. پرسید هدف‌شان چه بود؟ چرا پرده را درست نمی‌کشیدند؟ می‌خواستند از او انتقام بگیرند؟ از یک کودک خردسال؟ چرا؟ آیا عفریته می‌خواست از طریق آزار فرزندش، از آن ابله انتقام بگیرد؟ او که آدم بدی نبود و آن کودک هم گناهی مرتکب نشده بود. گفت هرگز برای این پرسش پاسخی نیافته است. آن پرسش بی‌پاسخ آن شب قرار بود همراه او در ایستگاه مرگ پیاده شود.

قرص هفتم

با لحنی خشک و سرد گفت خیر پیش! پس از آن طلبکارانه به چشمانم زل زد. باور کردنی نبود. شنیدن این دو کلمه همچون صاعقه‌ای بر جانم نشست. خشکم زده بود. احساس می‌کردم پیوندم را با زمان و مکان از دست داده‌ام. سرگردان رها شده‌ام در فضایی ناشناخته‌تر از پیش. این مرحله‌ی جدیدی از بازی مرگ بود. شنیدن این دو واژه غافل‌گیرم کرد. نمی‌دانستم چه واکنشی باید از خود نشان می‌دادم. می‌دانید به چنین حالتی چه می‌گویند؟ استیصال! آن لحظه‌ای است که درماندگی به اوج می‌رسد، فضا از پرسش‌های بی پاسخ لبریز می‌شود و تو خود را در تونلی می‌بینی، طویل و تاریک، که در هیچ سوی‌اش از نور و از امید اثری نیست!

پیام کلامش روشن بود. چگونه می‌توانست روشن‌تر از آن عذرم را بخواهد؟ مرا از خود و خانه‌اش براند؟ می‌گویید باید از آن بابت خوشحال می‌شدم؟ از آن بابت که عاقبت تلاشم به ثمر نشسته و او با راندنم، از بار عذاب وجدانم کاسته بود؟ کدام تلاش را می‌گویید؟ من تا آن لحظه کاری نکرده بودم. به‌رغم آن معتقدید که راندن من از آن خانه حادثه‌ی فرخنده‌ای بود؟ می‌پرسید مگر نه آنکه این همان هدف راه سومی بود که به آن دل بسته بودم؟

نه، دوست من! اشتباه می‌کنید. هر چیزی لحظه‌ی خودش را دارد. اغلب یک غفلت کوچک می‌تواند همه چیز را به‌هم بریزد. بازی را پیش از آغازش خاتمه دهد. می‌تواند امکانی را پیش از آنکه پوست بیاندازد و به واقعیت تبدیل شود، در نطفه خفه کند. پس از آن، برخلاف میل تو، واقعیت به راه خود می‌رود. از دل امکان‌هایی زاده می‌شود که از

دست‌شان می‌گریزی و از وقوع‌شان می‌هراسی. پس از آن لحظه‌ی غفلت، پس از مرگ آن امکان، کارت‌ها از نو توزیع می‌شوند. بازی جدیدی آغاز می‌شود. حال چه این بازی، یک بازی ساده باشد و چه یک بازی مرگبار! راه سومی که در پیش گرفته بودم، شوربختانه بن‌بست از کار درآمد. پرتاب شدن بر سر همان دوراهی نفس‌گیر بود. به ورطه‌ی آن موقعیت تراژیک که انتخاب هر راهش فاجعه‌بار بود. راندنم از خانه‌اش در آن لحظه چیزی نبود که در پی‌اش بوده باشم. درک چنین موقعیتی نباید برای‌تان دشوار باشد.

به‌رغم روشن بودن پیامش، خودم را به نفهمیدن زدم. وانمود کردم که متوجه نشده‌ام. مجسمه‌ی بلاهت را می‌شناسید؟ فقط نامش را شنیده‌اید؟ افتخار آشنایی حضوری با او را نداشته‌اید؟ باور نمی‌کنم. حتماً او را دیده‌اید. شاید نخواستید ببینیدش یا باورش کنید. مرد هزار چهره است. هر بار به شکل و شمایلی ظاهر می‌شود. آن شب همان مجسمه‌ی بلاهت روبه‌روی او نشسته بود. مجسمه‌ای بود که پنداری از ذات پیرمرد آن قاب عکس زاده شده باشد. آن شب، آقای نویسنده در نقش مجسمه بلاهت ظاهر شده بود. مات و مبهوت به آن بیگانه‌ای می‌نگریست که از شدت هیجان یا زیر تاثیر قرص‌ها، بر هر دو گوشه‌ی لبانش کف سفیدی نشسته بود. به خط سیاهی می‌نگریست که به پرتگاه هولناک مرگ نزدیک شده بود. فقط یک گام تا رسیدن به آن باقی بود. صدای قارقار کلاغ‌ها از ایستگاه مرگ به گوش می‌رسید.

دو دستش را بر لبه‌ی میز ستون کرد. بر آن بود صاف‌تر روی صندلی بنشیند. نخستین باری بود که از دستانش یاری می‌گرفت. کم‌رمق و ناتوان به نظر می‌رسید. پیکرش لهیده شده بود. با نوشیدن هر جرعه الکل و پس از قورت دادن هر قرص، بیشتر در خود فرو می‌رفت. گردنش کوتاه شده بود. خیلی کوتاه. به نظر می‌رسید سرش به تنش چسبیده است. لاک‌پشتی را می‌مانست که پیکرش را درهم کشیده و با احتیاط سرش را کمی از لاکش بیرون آورده و زیرچشمی به پیرامونش نگاه می‌کند. جمعیت آن جهانی که او در آن لحظه در آن می‌زیست، خلاصه می‌شد به یک بیگانه. به نویسنده‌ای که در اتاقی نیمه‌تاریک، ساکن و صامت، گیج و منگ روبه‌روی خود او نشسته و به داستانش گوش سپرده بود.

تصویر آن لحظه‌اش با چیزی که در ابتدای شب‌زنده‌داری پر ماجرا از خود به نمایش گذارده بود، به‌شدت تفاوت داشت. پنداری دو تصویر بود از دو فرد متفاوت. به تصویر پلیس

و پزشکی قانونی نزدیک شده بود. عادت داشت صاف و کشیده بنشیند. از قوز کردن بیزار بود. پدرش را مثال زده بود. او را پیرمرد ابله و قوزی خوانده بود. خشونت کلامی‌اش نسبت به والدینش بیشتر شده بود. نمی‌دانید چه دشنام‌های زشتی نثار مادرش کرده بود. آن چنان رکیک که قادر به بازگوییِ‌شان نیستم. نزدیک شدن به دایره‌ی مرگ، شرم را در او ذره ذره می‌کشت و به گردن‌کشی خشم و یکه‌تازی نفرت توان و میدان می‌داد.

گفت پدرش موقع راه رفتن و حتی موقع نشستن قوز می‌کرد. قوزی که شباهتی به قوز سالمندان در غروب زندگی‌شان نداشت. ریشه در خودکم‌بینی داشت. گفت آن قوز نشانه‌ی ضعف شخصیتی پدرش بود. پدرش اعتمادبه‌نفس‌اش را در یکی از شب‌های حادثه، در گمراهه‌ای جا گذاشته بود. به سرخوردگی سیاسی پدرش اشاره کرد. گفت تاثیر خودخوری و خودزنی ناشی از سرخوردگی را نباید دست‌کم گرفت. ناامیدی بدجوری می‌تواند کمر را خم کند. سرخوردگی سیاسی پدرش را علت قوز کردنش می‌دانست. قوزی که توضیح شناسنامه‌ای نداشت. در سی و پنج سالگی به آن گرفتار شده بود. گفت در کشورهایی که قبای آزادی را از پارچه‌ی آرزو می‌دوزند، بهتر است ترسوها در خانه بمانند و خیابان حادثه را از پشت پنجره بنگرند. گفت بزدل‌ها قوز می‌کنند. چون در برابر زور، کرنش کردن را بر استوار ایستادن ترجیح می‌دهند. خودخوری را آغاز خودزنی نامید. اما خود او آن شب، با بی‌پروایی وصف‌ناپذیری، بی‌محابا خودزنی می‌کرد. از شاهرگ‌های روحش خون می‌چکید. آیا آن را نمی‌دانست؟ نمی‌دید؟ خبر نداشت؟

قرص ششم، قرص عجیبی بود. تعادلش را بر هم زده بود. می‌پرسید کدام تعادل؟ تعادل بین بیداری و خواب را می‌گویم. قاعده‌ی بازی کاملاً تغییر کرده بود. او را در آن لحظه‌ای که در حاشیه‌ی کم‌رنگ و محو بین هستی و نیستی پرسه می‌زد، به سوی خوابی سوق داده بود، که نمی‌خواست. خوابی که می‌بایست از چنگش می‌گریخت. خوابی زودرس که می‌توانست شکست برنامه‌اش باشد. کافی بود سرش را کنار آن خط سیاه منتهی به دایره‌ی مرگ، روی میز بگذارد و به خواب برود. سحرگاه، آنگاه که مستی و خماری از سرش می‌پرید، بساط بازی مرگ بی‌آنکه به پایان رسیده باشد، برچیده می‌شد. این خواب نوعی غرق شدن موقت در برکه‌ی آرامش آن جهان کوچکی بود که او در دل آن جهان دیگر، آن جهان بزرگتر برای خود ساخته بود. جهان کوچکش را با خشت‌هایی از وهم و خیال بنا نهاده بود و این چیزی نبود که نداند. اما او در پی غرق شدن موقت نبود. آرزویش شنا

کردن در اعماق ناشناخته‌ی اقیانوس نیستی بود. خوابی را می‌طلبید بی‌برخاستن!

داستانش را روایت کرده بود. پس از آن چون کودکی گم شده در کوچه‌ی تنهایی زار زار گریسته بود. حتی بی‌اعتنا به حضور یک بیگانه، به یک تماشاچی. این اشک‌های نباریده و تلنبار شده‌ی یک کودکی از دست رفته بود. همان‌طور که خودتان هم متوجه شده‌اید، داستانش تخیلی نبود. از جنس سخت واقعیت بود. یک داستان تکان دهنده. داستانی که در آن جهان دیگر روی داده بود. در آن جهانی که از چنگش می‌گریخت. جهانی که سنگ‌فرش‌اش از پشت در آپارتمانش آغاز می‌شد و می‌رفت تا به بی‌کرانگی ملال و غصه. جهانی که با سنگدلی تمام تنهایی و بی‌کسی‌اش را مدام به رخش می‌کشید و آزارش می‌داد. مگر نه آنکه او ده‌ها سال برای فرار از شر تنهایی در محافل فرهنگی می‌نشست؟ داستان‌های دیگران را می‌خواند تا داستان خود را موقتاً به دست فراموشی بسپارد. ساعت‌ها در بلندی‌های جولان می‌نشست، تا با نوشیدن شراب به تکه‌های مجروحِ زمانِ سپری شده‌ی خود طعمی دل‌پذیر ببخشد. مستی و فرهنگ، ستون‌های آن پل لرزانی بودند که او خانه‌ی کاغذی‌اش را با خشت‌هایی از خاک خیال بر آن بنا نهاده بود.

روایت داستانش پای او را مجدداً به آن جهان بزرگ کشانده بود. تنها در آن جهان بود که می‌توانست زخم‌های روحش را به من نشان دهد. زخم‌های عمیق و چرکینی که هرگز درمان نشده بودند. ماجرای آن شب حکایت دو جهان بود: جهان واقعیت و جهان خیال. قرص ششم قرار بود او را به جهان خیال بازگرداند. اما این بار همه چیز تغییر کرده بود. مرز بین این دو جهان تا حد محو شدن باریک شده بود. یک لغزش، یک خاطره، شاید یک کلمه کافی بود تا پای او را از این جهان به وادی آن یکی بکشاند. این را به‌سادگی می‌شد در رفتارش دید. می‌دانست که اندکی هوشیاری کافی است تا آن جهان کوچک، آن جهان مانوس بار دیگر به آن جهان بزرگ و پرملال بپیوندد. می‌دانست پرسش‌های احتمالی من درباره‌ی داستانش می‌تواند او را مجدداً به قعر دره‌ی آن جهان دیگر پرتاب کند. جهان کوچکش حبه قندی بیش نبود که پس از درغلتیدن در گنداب آن جهان دیگر، شیرینی‌اش را از دست می‌داد. آب می‌شد. حل می‌شد. می‌گندید. دانستن این موضوع قلبش را می‌فشرد.

عضلات بدنش شل و آویزان شده بودند. اثری از آن پیکر ورزیده‌ی پیشین باقی نمانده بود. فرد دیگری شده بود. آن هم فقط ظرف چند ساعت. آن موجود دائم‌الخمر و

دائم‌الخمار، در واپسین پرده‌ی زندگی‌اش، به صحنه بازگشته بود. نگاهم به تصویر پدرش روی دیوار افتاد. شباهت‌شان بیش از پیش شده بود. تفاوت سنی‌شان یک‌شبه از بین رفته بود. مثل پدرش قوز کرده بود. قوزی شده بود. پنداری آن پدر قوزی اوست که مست و خمار روبه‌روی من نشسته بود. آیا می‌دانست که مرگ فرزندش مکافات بلاهت خود اوست؟

این دگردیسی، این متامورفوز عجیب را به‌سهولت می‌شد از زیر کت‌وشلوار تنگی که به تن کرده بود، دید. هر چند دقیقه یک بار، تن‌لرزه‌ای به سراغش می‌آمد و پیکرش را، از پا تا سر، به‌شدت تکان می‌داد. لرزش سمجی بر دستانش نشسته بود که هر دم شدت می‌یافت. رگی در شقیقه‌ی راستش بی‌وقفه می‌جنبید که از شتاب گرفتن ضربان قلبش، از دویدن مهار نشده و نامنظم خون در پیکرش حکایت داشت. خونش به جوش آمده بود. منقلبش کرده بود.

دیدن لرزه‌ی نشسته بر شقیقه‌اش ناآرامم می‌کرد. به‌رغم آن، نمی‌توانستم از آن دیده برگیرم. نگاهم چون مرغی سرگردان، هر بار پس از گردش بر سر و پیکرش، بی‌اختیار روی شقیقه‌اش می‌نشست. رنگ رخسارش مدام تغییر می‌کرد. گاه سفید و رنگ‌پریده می‌نمود، گاه در اثر دویدن یک‌باره‌ی خون در رگ‌هایش، سرخ و کبود. کبود چون چهره‌ی کسانی که خون‌شان از تن دادن به فرمان حمل دانه‌های هوایِ تازه سرپیچی کند.

ساعتی پیش اجازه خواسته بود پنجره را باز کند. گفت هوای اتاق دم کرده است. برای مقابله با هُرم برخاسته از سنگینی فضا به وزش بادی خنک و هوایی تازه نیاز داشت. دانه‌های عرق نشسته بر پیشانی‌اش از آتشی حکایت می‌کرد که در درونش زبانه می‌کشید. هر چند دقیقه یک بار دستمالش را از جیب کتش درمی‌آورد و دانه‌های عرق را از سر و صورتش پاک می‌کرد و مجدداً آن را در جیب کتش می‌چپاند. جیب‌اش باد کرده و متورم شده بود. ظاهراً دیگر پروای حفظ آراستگی ظاهرش را نداشت. چیزهای دیگری در آن لحظه مضمون زمان را پر کرده بودند.

خبر خودکشی به گوش همه‌ی اعضای بدنش رسیده بود. مغزش، با همه‌ی آن شگردها و ترفندهایی که خرد نابخردش در چنته داشت، قادر نبود خیانتش را از نگاه دیگر اعضای پیکرش پنهان کند. نمی‌توانست این موضوع را کتمان کند که کمر به قتل تک‌تک‌شان بسته است. این نوع خودکشی بیش از کشتن وجدان است. چیزی بیش از به خاک سپردن

گذشته است. گذشته‌ای که الیافش از جنس خاطراتی تلخ است. خودکشی انکار زخم روح نیست، برگه‌ی تاییدیه آن است. آن لحظه‌ای است که خرد دروازه را روی جنونی لگام گسیخته می‌گشاید و طعمِ تلخ خیانتِ فرمانده را به تک‌تک سربازان تن می‌چشاند. برخلاف پرواز از بالاترین پنجره‌ی یک آسمان‌خراش یا چکاندن ماشه، راهی که او برای پایان دادن به زندگی‌اش برگزیده بود، زهر مهلکی را می‌مانست که اندک اندک در کام هستی‌اش می‌نشست.

به‌رغم لرزه‌های جانش، آرام بود. اما آن آرامشی بود ناشی از ناتوانی جسم و کم‌رمقی جان. آمیزش الکل و دارو، برخلاف آن آرامش بیرونی و فریبنده، در درونش بلوایی به پا کرده بود. اعضای پیکرش ساعتی پیش متوجه‌ی خیانت شده و نافرمانی و عصیان در پیش گرفته بودند. پلک‌هایش بی‌اعتنا به فرمان اراده، خسته و وامانده، طولانی‌تر روی هم می‌ماندند. چنین بود که جهان پشت چشمان بسته‌اش یکسره در سیاهی و ظلمت فرو می‌رفت و انکار می‌شد. گاهی خنده‌ای بی هیچ علت بر لبانش می‌نشست، گاهی تلخی بی هیچ دلیلی در جانش چنگ می‌انداخت. صورتش را در هم می‌کشید، لبانش را بر هم می‌فشرد و تلخ‌آبه‌ای را که در دهانش جمع شده بود، فرو می‌داد. موقع نوشیدن گاهی دستش از نیمه‌راه سقوط می‌کرد و در اثر اصابت خشن، قطرات ویسکی با پایکوبی روی میز، رهایی مستانه‌شان را از حصار تنگ لیوان جشن می‌گرفتند.

له‌له‌زنان، چون سگی تشنه، هوا را جرعه جرعه به درون سینه‌اش می‌کشید و پس از آن نفس‌اش را در بازدمی تکه‌پاره بیرون می‌داد. پوست صورتش از هر دو سو کش آمده بود و این چیزی نبود که از نگاه ولو گذرای من به دور بماند. حتی به نظر می‌رسید پوست غبغبش به‌یک‌باره ده سال پیر شده و چین و چروک افتاده باشد. شل و آویزان شده بود. از نگاه نافذش اثری باقی نمانده بود. چشمانش کوچک و تنگ شده بودند، کدر و بی‌رمق، تهی از شور و نشاط. در پشت نگاهش فنا با بی‌پروایی به یگانه مهمان آن ضیافت شبانه می‌نگریست. صدایش آمیخته‌ای بود از کلام و ناله. تارهای صوتی‌اش کش آمده بودند. کلمات را بد تلفظ می‌کرد. حروفِ واژه‌ها و واژه‌های جمله‌ها در بافت سخنی که بر زبان می‌راند، تنها با یاری غمزه‌ای در بیان به هم می‌پیوستند تا به اصوات پراکنده و شیرازه‌گسیخته معنایی ببخشند. رمز گشودن از گفته‌هایش دشوار شده بود. گاه از فراز سایه‌ی ابهامی می‌جستم و گاه از او می‌خواستم گفته‌اش را تکرار کند. پیام آن سخنش اما

روشن بود. گفته بود خیر پیش!

پس از مکثی طولانی برخاسته از آن استیصال، گفتم چنین چیزی برایم غیرقابل پذیرش است. گفتم رفتارش و تصمیم‌اش به خودکشی حتی توهین به خرد فرد هوشمندی همچون خود اوست. تسلیم شدن در برابر ناملایمات زندگی است. پوزه به خاک مالیدن در برابر آن سرنوشتی است که دیگران برایش رقم زده‌اند. از او پرسیدم چرا نمی‌تواند با در پیش گرفتن راهی دیگر، راهی متفاوت، مانع از سیطره‌ی جنون بر اندیشه و روانش گردد؟

پرسیدم آیا مطمئن است همه‌ی راه‌های دیگر را تجربه کرده است؟ چگونه چنین چیزی ممکن است؟ گاهی یک دستِ نوازشگر، یک سخن شیرین، یک پیام پرمهر می‌تواند به زندگی معنای دیگری ببخشد. آیا هرگز در پی یافتن دست نوازشگری بوده است؟ دستی که بتواند غبار غم از وجودش بزداید و میل به هستی را در او جاری سازد؟ آیا هیچ‌گاه دریچه‌ی دل را روی سخن شیرینی گشوده است؟ به پیامی پر مهر گوش سپرده است؟ پیامی که به دل بنشیند و بر زخم‌های روح مرهم بنهد؟

این‌ها را آن شب به او گفتم. کافی نبود. به چیزی بیش از این توصیه‌ها نیاز بود. او به دنبال پند و اندرز نبود. وانگهی ساعت درس اخلاق سال‌ها پیش سپری شده بود. من می‌بایست در ذهنش بذر شهامت می‌کاشتم، که نکاشتم. باید آن را با کمک بارش واژه‌ها بارور می‌کردم، که نکردم. مانع از آفت جنون می‌شدم، که نشدم. میل به بقا را از وسوسه‌ی فنا می‌رهاندم، که نرهاندم. شوق زندگی در او برمی‌انگیختم، که برنیانگیختم.

شوربختانه در آن شب نفرین شده امکان گفتن همه‌ی این‌ها از من سلب شده بود. این‌ها را در دفاع از خود نمی‌گویم. چه دفاعی؟ کار از کار گذشته است. نگاهی به من یا به این جنازه بیاندازید تا متوجه حساسیت ماسیده بر لحظه‌های زمان بشوید. باور کنید می‌خواستم عین این برنامه را اجرا کنم. این یگانه دلیلی بود که آن شب مرا به ماندن در خانه‌اش وسوسه کرده بود. چه بخواهید بپذیرید، و چه نخواهید، او آن شب بین خواستن و توانستنم به حجم دره‌ای به ژرفای شکست، شکاف انداخته بود.

پس از آنکه داستانش را تا پایان روایت کرد، گرمایی آزار دهنده در وجودش دوید. گویی تنوری در وجودش می‌سوزد و شعله می‌کشد. من اما احساس سرما می‌کردم. به خود می‌لرزیدم. شاید روایت کابوس شبانه‌اش، خواب کابوس قدیمی مرا پریشان کرده و

پای آن را به عالم بیداری کشانده بود. نمی‌دانم. احساس عجیبی به من دست داده بود. حس می‌کردم زنان بی‌چهره از قاب نقاشی‌شان بیرون آمده‌اند و کنار ما، پشت همان میز به انتظار دیدن فرجام بازی مرگ، نشسته‌اند. بیرون جستن‌شان از قاب هنر و پا نهادن به وادی واقعیت‌های زمینی، آیا نشانه‌ی شهامت بود یا جلوه‌ای از بی‌پروایی؟ سبک‌سری؟ جسارتی شرم‌آور؟ آیا مادرش یکی از آنان بود؟ چرا این قدر بی‌هویت بودند؟ با چشمانی که نمی‌دیدند. با گوش‌هایی که نمی‌شنیدند و با لبانی که از خوف فاش شدن رازها، تن به قفل سکوت داده بودند.

کلافه شده بود. گره‌ی کراواتش را شل کرد. کراوات روی پیراهنش وارفت. دکمه‌ی زیرگلوی پیراهنش را گشود. تنگی‌نفس گرفته بود. لبخند تلخی زد و گفت ماجرای شگفت‌انگیزی است. سال‌ها اراده کرده بود که آسوده بخوابد و نتوانسته بود، حال اراده می‌کند بیدار بماند و نمی‌تواند. گفت آن کابوس ده‌ها سال مانع از خوابش شده بود و اکنون همان کابوس در هم‌دستی با قرص و الکل، بستر را برای خوابش پهن کرده است.

شما باید در آن لحظه آنجا می‌بودید و او را در آن وضعیت می‌دیدید. یک ورق دیگر، تنها یک ورق کافی بود زیر آوار خانه‌ی کاغذی‌اش بماند. از آن واهمه داشت که در پرده‌ی آخر این بازی مرگبار نتواند برنامه‌ی خود را تا به پایان اجرا کند. او باید پیش از فرارسیدن لحظه‌ی خواب، حال چه کوتاه و چه ابدی، درِ صندوق‌خانه‌ی رازش را روی تنها مخاطب جهان مانوس‌اش، روی آن بیگانه می‌گشود، که گشوده بود. لحظه‌ی سرنوشت فرا رسیده بود. تغییری که قرص ششم ایجاد کرده بود، تجدید نظر در قاعده‌ی بازی مرگ را برای او الزام‌آور می‌ساخت. دست‌کم این ادعای او بود.

اگر می‌توانست از شرارت خرد بگریزد، شاید سرنوشت دیگری می‌یافت. در آن لحظه‌ای که تردید چون موریانه پای اراده را سست می‌جود، شاید حسی غریزی می‌توانست مانع از خیانت مغز به تن شود، به آن تشر بزند و بگوید که خواستار ادامه‌ی زندگی است. می‌خواهد زنده بماند و زندگی کند. بپرسد چه کسی حق تصمیم‌گیری برای همه‌ی اعضا و اندام‌های پیکر را برعهده‌ی او نهاده است؟ خودکشی ستیزی درونی است. جنگ بین میل به هستی با اراده‌ی نیستی است. نوعی جنگ خود با خود. آنجا است که صف دوست و دشمن به هم می‌ریزد. تشخیص‌شان دشوار می‌شود. زندگی در تراژدی غرق می‌شود و دروازه‌ی وجود را روی ببرها و گرگ‌ها باز می‌کند. دشمنانی که از آنان می‌گریخت، در درونش

زندگی می‌کردند. از خود پرسیدم آیا می‌داند، بر سر آن دوراهی، یک راه بی‌بازگشت است؟

به یاری اراده تلاش کرد بر خود مسلط شود. چشمانش را پاک کرد. شاید پس از روایت داستانش، پس از نشان دادن زخم‌های روحش و گشودن سفره‌ی دلش، احساس نوعی سبکی می‌کرد. کسی را می‌مانست که بار سنگینی را فرسنگ‌ها نفس‌زنان بر دوش برده و حال پس از رسیدن به مقصد، بر زمین نهاده باشد. یا شاید کاملاً برعکس بود. کسی چه می‌داند. شاید احساس خستگی و کوفتگی می‌کرد. احساس نیاز به خواب. آن خوابی که به باور خرد بیمارش پایان رنج و غصه‌های ابدی‌اش بود، خوابی به بهای بی‌خوابی‌ها. پیش از روایت داستان، خواب را پشت میله‌های اراده حبس کرده بود. بر آن بود داستانش را بازگوید و پس از رفتن مهمان، زیر قبای تنهایی‌اش بخزد، دریچه‌ی چشمان خسته را ببندد و با خوردن قرص‌های فیل‌افکن از روی پرچین بین هستی و نیستی بجهد.

نوشیدن مشروب را متوقف کرده بود. لیوان ویسکی‌اش نیمه‌تمام مانده بود. قرص‌های کُنداثر در آمیزش با الکل، قوی‌تر از آن چیزی شده بودند که تصور می‌کرد. پیکرش چنین ترکیبی را پیش از آن تجربه نکرده بود که بخواهد دامنه‌ی تاثیرش را بداند. گفت وسوسه‌ی خودکشی هزار بار به سراغ او آمده است، اما این نخستین باری است که در برابر این وسوسه تسلیم می‌شود. پرسیدم مگر می‌شود که کسی هزار بار به فکر خودکشی بیافتد؟ گفت یورش این وسوسه شدت و ضعف داشته است. در ایام جوانی‌اش شدیدتر بوده است. پس از آن غرق شدن در کار و پناه جستن زیر سایبان مشغله‌های زندگی مجالی برای شرارتش باقی ننهاده بود. اما آن وسوسه، در سال‌های آخر، شدیدتر از همیشه، هولناک‌تر از قبل، آشکارتر از پیش بازگشته و بدل به جدی‌ترین مشغله‌ی ذهنی شبانه‌اش شده بود.

از پایان سفر مشترک‌مان سخن گفته بود. شنیدن این موضوع حس عجیبی در من برانگیخت. حسی که قادر به توصیفش نیستم. شوک بزرگی بود. لحظه‌ای را می‌مانست که مغز دچار سکته می‌شود و آدم توان اندیشیدن و گفتن را از دست می‌دهد. به یاد دارم که چشمانم سیاهی رفته بود. احساس می‌کردم اتاق دور سرم می‌چرخد. هر بار سریع‌تر از پیش. انتظار چنین چیزی را ابداً نداشتم. هنوز پرسش‌های زیادی در ذهنم جست‌وخیز می‌کردند. سخنش، اما آب سردی بود که به یک‌باره بر سرم فرو ریخت. به آن گفت‌وشنود، به آن پرسش‌وپاسخ عادت کرده بودم. این حس به من دست داده بود که گویا در پی چاره‌جویی با دوستی قدیمی بر سر گره‌های کور زندگی‌اش صحبت می‌کنم. دوستی که

سفره‌ی دلش را در برابرم گشوده بود و از من چاره طلب می‌کرد.

در عین حال، گاهی حس می‌کردم که گویا با خودش خلوت کرده است. با خود در گپ‌وگفت است. نه با من. بی‌خیال حضور نویسنده شده است. بی اعتنا به حضور آن بیگانه‌ای که به دعوت خود او پایش به آن ضیافت شبانه باز شده بود. ظاهراً نیازی به مخاطب، نیازی به شنونده نداشت. به دنبال شاهد بود، شاید به دنبال یک راوی. بر آن بود، بر بستر مارپیچ مونولوگی تلخ، در پایان پاییز زندگی‌اش، به سخنان دلش گوش سپارد، حساب‌های شخصی‌اش را با خودش پاک کند، آخرین جرعه را بنوشد و در ژرفای فنا، محو و ناپدید شود. گپ‌وگفتش با خود، آن رود خروشانی بود که گنداب گذشته را در خانه‌ی اکنونش جاری می‌ساخت. از بوی تعفنی سخن گفته بود که از مرداب خاطرات گذشته‌اش برمی‌خاست. باید اعتراف کنم که در لحظاتی از شب فراموش کرده بودم که کارگردان صحنه را برای یک خودکشی آراسته است.

نزدیک شدن به مرگ، هراس از فاش‌گویی را از میان برداشته بود. فارغ‌بال از غصه‌هایش گفته بود. زخم‌های عمیق روحش را دیده بودم. پس از شنیدن رازش، تصورش را نمی‌کردم که پیش از سپری شدن زمان تعیین شده، به سفر مشترک‌مان خاتمه دهد. پایان آن سفر می‌توانست و چه بسا می‌بایست به ساده‌نگری، به خوش‌بینی نابالغ نویسنده‌ای سال‌خورده پایان دهد. بی‌اختیار نگاه پرسشگرم بر خط سیاهی افتاد که هنوز به دایره‌ی مرگ نرسیده بود. این خط سیاه یک گام دیگر تا دایره‌ی مرگ فاصله داشت. قرص هفتم حائلی بود که مرگ را از زندگی جدا می‌کرد. با لحنی آمیخته با تردید قرص را به او نشان دادم و پرسیدم پس تکلیف آن چه می‌شود؟

نگاهش را در نگاهم دوخت و پس از لحظه‌ای سکوت گفت فرصتی برای آن نمانده است. گفت محاسبه‌اش درباره‌ی تاثیر قرص‌ها خطا بوده است. با لحنی تهدیدآمیز گفت اگر نمی‌خواهم شاهد خودکشی‌اش باشم، باید فوراً خانه‌ش را ترک کنم. واژه فوراً را با صدایی بلند و با لحنی تحکم‌آمیز گفته بود. پس از آن، نفسی را که در سینه حبس کرده بود، بیرون داد. گفت می‌داند که این رسم مهمان‌نوازی نیست و کسی مهمانش را از خانه‌اش نمی‌راند. گفت در آن لحظه چاره دیگری ندارد. از من پوزش خواست.

هاج‌وواج نگاهش می‌کردم. اینکه در آن لحظه چه چیزی از دستم ساخته بود را نمی‌دانم. در چنین لحظه‌ای ضربه‌ی آخر را زد. گفت تصمیم درباره رفتن یا ماندن، مثل

نوشتن یا ننوشتن، با خود من است. ماندنم را مشروط به آن کرد که گوشه‌ای بی‌حرکت و بی‌صدا بنشینم و سنگ در مسیر اجرای برنامه‌اش پرتاب نکنم. گفت حضور من، درست در آن لحظه‌ای که او همه‌ی قرص‌های مرگ‌بار را در دهانش می‌گذارد و قورت می‌دهد، شاید هیجان‌برانگیز باشد. سخنش مرا بی‌اختیار به یاد کسانی انداخت که با مرگ خود در پی کسب آن شهرتی هستند که زندگی از آنان سلب کرده است.

می‌گویید حکایت او با آنانی که در حسرت نام و آرزوی شهرت می‌سوزند، تفاوت دارد؟ دقیقاً چنین چیزی را از خود او شنیدم. گفته بود مایل نیست کسی نامش را بداند. مدعی بود هستی‌اش تاثیری بر کار جهان نداشته و چون چنین بوده، مایل است چراغ زندگی‌اش را در سرسرای بی‌خبری و فراموش‌خوابی دیگران خاموش کند. گفت شاید جای خالی‌اش در بلندی‌های جولان چند صباحی در ذهن کسی پرسشی بنشاند و خواب خاطره‌ای را بپریشد. شاید شرری باشد به انبان حدس و گمان‌های همکارانش. شاید روح یکی از پزشکان معالجش را برای لحظه‌ای بگزد. شاید خواب عمویش را اندکی برآشوبد. اما نبود یک انسان سریع‌تر از بودش فراموش می‌شود. مستقیم در چشمانم نگریست و گفت وقتی جهان به آن بزرگی را می‌شود در جام شراب غرق کرد، امکان غرق شدن انسان در اقیانوس فراموشی نمی‌بایست حیرت‌آور باشد.

ابراز امیدواری کرد که من به خواستش برای گمنام ماندنش وفادار بمانم. اما در عین حال تاکید کرد که این چیزی نیست که بتواند به من، به مخاطبش یا شاید به نویسنده داستانش تحمیل کند. گفت تردیدی ندارد که من نامش را روی زنگ در خانه‌اش دیده‌ام. حق با او بود. دقیقاً در آن لحظه‌ای که سرگرم گشودن در خانه بود، نگاهم بی‌اختیار روی بالاترین ردیف زنگ‌ها، در جست‌وجوی نام یک یابانجی متوقف ماند. گفت نیازی به این کنجکاوی پنهانی نبود و اگر پرسیده بودم خودش نامش را می‌گفت. لحظه‌ای سکوت کرد و آنگاه گفت مرده‌ها هیچ ابایی از فاش شدن نام‌شان ندارند. گفت فردا، پس از طلوع خورشید، آنجا نیست که بتواند مانع از فاش شدن هویتش بشود یا آنکه بخواهد از دست افشاگرش برنجد. گفت به آن امید بسته که شمع زندگی‌اش در سکوتی کامل، آخرین شعله‌اش را بکشد و با خاموش شدنش به هستی ملال‌آورش پایان دهد. گفت در همان لحظه‌ای که من نسخه‌ی کتابش را با نوشتن تقدیم به تو امضا کردم، پیشاپیش پذیرفتم که در پی کشف و افشای هویتش نباشم و به خواست گمنامی برخاسته از تبدیل شدنش

از یک او به یک تو، گردن نهم.

این یک وداع زودهنگام بود. وداعی که قاعده بازی مرگ‌بار را به هم می‌ریخت. چشم امیدم به قرص هفتم و قوه‌ی استدلالی بود که می‌بایست او را از اجرای این تصمیم منصرف می‌کرد. این وداع بدهنگام، تنها چند دقیقه‌ای پس از خوردن قرص ششم برای به دندان کشیدن تکه‌زمان سپری نشده، خیز برداشته بود. صحنه‌گردان در آخرین پرده‌ی آن نمایشنامه‌ی تراژیک با آن وداع زودهنگام، غافل‌گیرم کرده بود. حال متوجه می‌شوید که این وداع، راه سوم آن دوراهی نبود. راهی نبود که پیش از آن آرزو کرده بودم. ترک کردن آپارتمانش در آن لحظه به معنای پذیرش شکست یک تلاش، پیش از آغازش بود.

بی‌اختیار به ساعت مچی‌ام نگاه کردم. ساعت دو و پنجاه و سه دقیقه بامداد بود. این را خوب به یاد دارم. چگونه می‌توانم آن لحظه را فراموش کنم؟ گفتم این عهدشکنی است! این وداعِ بدهنگامِ بدفرجام فرصتی را که خودش تعیین کرده بود، از من می‌رباید. بر آن بودم بر سرش فریاد بکشم. اما فریاد کشیدن در آن لحظه چه فایده‌ای داشت؟ شاید فقط می‌توانست از خشمم بکاهد. با دریوزگی از او تمنا کردم، به قرارش وفادار بماند. زمان ربوده شده را به من بازگرداند. من به آن دقیقه‌ها سخت نیاز داشتم. باید همه‌ی تلاشم را برای منصرف کردنش در پهنای آن زمان ربوده شده به کار می‌بستم. کارگردان از مجسمه‌ی بلاهت خواسته بود که سالن نمایش را پیش از فرو افتادن پرده، ترک کند. گفته بود خیر پیش! کدام خیر؟ این عذابی بود که سایه‌وار، تا همین لحظه که در بستر مرگ خفته‌ام، مرا تعقیب کرده است.

با صدای بلندی که تن سکوت شبانه را جریحه‌دار می‌کرد، گفتم این خلاف قرار ماست! خندید. گفت قراری که با او بسته بودم دو بند بیشتر نداشت. روایت یک داستان و شنیدنش. گفت اینکه او با چه شتابی نقطه‌های نشسته بر خط سیاه را بپیماید و چه موقع به دایره‌ی مرگ برسد، بخشی از آن قرارداد نانوشته نبوده است. به بی‌اطلاعی من از آن خط سیاه و از آن قرص‌ها اشاره کرد. به تاکید گفت تصمیم درباره‌ی اینکه با آن داستان چه بکنم، برعهده‌ی خود من است. اما باید بدانم که از مدال شجاعت در آن قصه‌ی پرغصه خبری نیست. گفت به هر حال چاره دیگری نمانده است و باید دیر یا زود خانه‌اش را ترک کنم و اگر نکنم هم‌دست و شریک جرم او خواهم شد.

قرص هفتم را با یک حرکت سریع روی زمین پرتاب کرد. چاره دیگری نمانده بود. باید

می‌رفتم. از شما می‌پرسم چگونه می‌توانستم آنجا بمانم و شاهد خودکشی‌اش باشم؟ مست بودم، می‌دانم! اما مستی بر جسارتم نیافزوده بود. به تردیدهایم دامن زده بود. با کمک هر دو دست وزنم را بر لبه‌ی میز آوار کردم و از جا برخاستم. نگاهم برای یک لحظه به تصویر زنان بی‌چهره افتاد. پیام نهفته‌اش در ذهنم حک شد. همراهم آمد تا بستر مرگ.

سکوتی که بین‌مان حاکم شده بود را شکست. سرد و بی احساس برای آقای نویسنده آرزوی تندرستی و موفقیت کرد. پس از آن، بی‌آنکه از جای خودش بلند شود، دستش را به نشانه‌ی وداع دراز کرد. مردد و درهم‌شکسته با او دست دادم و به سوی در رفتم. در آپارتمان را گشودم. آن جهان دیگر، پشت در، به انتظارم نشسته بود. در حین پوشیدن پالتو برای لحظه‌ای روی خود را به طرفش برگرداندم و پرسیدم چرا؟ چرا می‌خواهد به زندگی‌اش پایان دهد؟

گفت شنیدن فقط یک دلیل قانع کننده برای منصرف کردنش از اجرای برنامه‌اش کافی است. گفت فرصت شنیدن این یک دلیل را به من مدیون است. اشاره‌اش به وعده‌ی خودش بود. پرسید به نظر من، چرا باید به زندگی‌اش ادامه بدهد؟ به چه امیدی؟ با چه هدفی؟ که مثلاً چه بشود؟ منتظر چه تغییر و تحولی باید بماند؟ به او زل زده بودم. ساکت بودم. از من خواست شهامت داشته باشم و اگر دلیل قانع کننده‌ای برای تجدید نظرش می‌شناسم، بگویم. تاکید کرد که متاسفانه فرصت فقط برای شنیدن یک دلیل وجود دارد. گفت نیازی به سخن‌رانی نیست. شنیدن یک دلیل قانع کننده برای منصرف کردنش کافی است!

چه پرسش دشواری! دشواری پاسخ دادن به این پرسش پس از شنیدن داستانش دو برابر شده بود. داستانش بن و بنیان زندگی‌اش را به لرزه انداخته بود. داستانی که گرچه باور کردنش سخت نبود، پذیرفتنش از حجم تحمل آدم فراتر می‌رفت. به بد موقعیتی گرفتار شده بودم. برای منصرف کردنش باید به کدام دلیل و استدلال چنگ می‌انداختم؟ شما اگر بودید چه می‌کردید و چه می‌گفتید؟

احساس آن شکارچی به من دست داده بود که در جنگلی، تک و تنها، با ببری روبه‌رو شده است. به درختی تکیه داده و شاهد نزدیک شدن گام به گام ببر است. ببر آرام و با تانی بدون ذره‌ای شتاب به او نزدیک می‌شود. شش گام برداشته بود. فقط خیز آخرش مانده بود. این را شکارچی خوب می‌دانست. شوربختانه در تفنگش فقط یک فشنگ باقی

بود. اگر تیر به خطا می‌رفت، چه می‌شد؟ آیا در آن لحظه، در آن لحظه‌ای که او از من تنها یک دلیل برای ادامه زندگی‌اش طلب می‌کرد، این ببر یکی از همان جانوران درنده‌ای نبود که در شکم‌اش زندگی می‌کردند و او را در کابوس شبانه‌اش از درون می‌دریدند، جر می‌دادند و تکه‌پاره می‌کردند؟

باید اعتراف کنم که در آن لحظه پاسخ قانع‌کننده‌ای به ذهنم خطور نکرد. نمی‌دانستم این کدام دلیل است که می‌تواند مانع از سقوطش در شیب تند جاده‌ی نیستی گردد. بی‌اختیار نگاهم به گلدان و گل‌های رز سفید روی میز افتاد. از سر ناچاری گفتم هزار دلیل برای ادامه‌ی زندگی وجود دارد! یک دلیلش همین گل‌هاست! بوییدن این گل‌های رز! سرمست شدن از رایحه‌ی دل‌پذیرشان و محو شدن در زیبایی سحرآمیزشان. همین یک دلیل برای زنده ماندن، برای تا ابد زندگی کردن کافی است.

واکنش‌اش چه بود؟ باورتان نمی‌شود. باید می‌بودید و آن صحنه را می‌دیدید. خندید، نه یک خنده‌ی ساده، یک خنده‌ی کش‌دار و ممتد. خنده‌ای که خیلی زود تبدیل به قهقهه شد. به آن قهقهه‌ای که لرزه بر جانم انداخت. طنین گوش‌خراش قهقهه‌اش تا همین امروز، تا همین لحظه، تا همین بستر، مرا سایه‌وار تعقیب کرده است. قوه‌ی استدلالم را کودکانه خواند و گفت که او را پاک مایوس کرده‌ام.

مجدداً مرا آقای نویسنده خواند. می‌دانست با گفتن آن آزارم می‌دهد. ابایی از آن نداشت. زبان به سرزنشم گشود. بار دیگر با لحنی طعنه‌آمیز، محدود بودن گستره‌ی تخیلم را به رخم کشید. گفت چه تصور و درک ساده‌ای از او و از شخیصتش دارم. پرسید مگر نه آنکه من برای قانع کردنش فقط از حق بیان یک دلیل برخوردار بوده‌ام؟ پس چگونه است از بین هزار دلیل ادعایی‌ام تنها به زیبایی و رایحه خوش آن رزهای سفید تمسک جسته‌ام؟ گفت من او را با یک زنبور مردد اشتباه گرفته‌ام. از گفته‌ی خودش خوشش آمد و خندید. پس از آن گفت بعید می‌داند که آن استدلال حتی بتواند یک زنبور مردد و سرگردان را به ادامه‌ی زندگی قانع کند و در دلش شور هستی بنشاند.

لیوان آب را با کف هر دو دستش در آغوش کشید. بار دیگر به زخم‌هایی اشاره کرد که زندگی بر تن و جانش زده بود. زخم‌هایی که تا ساعتی پیش کسی از وجودشان خبر نداشت. از من خواسته بود که این نکته را هرگز فراموش نکنم که او در لانه‌ی مارها و کژدم‌ها زندگی کرده است. گفت چنین کسی نه قادر است از رایحه خوش گل‌ها سرمست

شود و نه می‌تواند از دیدن زیبایی‌ها غرق در لذت گردد. به کنایه گفت فهم چنین چیزی برای یک نویسنده نباید خیلی دشوار باشد.

در را پشت سرم بستم و رفتم. اما صدای قهقهه‌ی خوفانگیزش همراهم آمد. هرگز تنهایم نگذاشت. آن شب منتظر آسانسور نماندم. دلم می‌خواست سفتی زمین را زیر پاهایم حس کنم. از دست انتظار می‌گریختم. انتظار کشیدن کلافه‌ام کرده بود. تماشاچی آن شب خیلی انتظار کشیده بود. منتظر فرمان صحنه‌گردان مانده بود تا در نقش بازیگر پا به صحنه بنهد. انتظاری که بی‌حاصل بود. به همان بیهودگی آب در هاون کوبیدن. پله‌ها را در گریزی شتابان طی کردم. باید از آن خانه، از آن قهقهه، از آن ماجرا می‌گریختم. باید از آن فاجعه‌ای می‌گریختم که هر لحظه می‌توانست از فراز سایه‌ی یک امکان بجهد. باید گریبانم را از چنگ آن تراژدی می‌رهاندم. طنین عذاب‌آور قارقار کلاغ‌ها سندی بود برای شکست توهم فرار آن شب. من سال‌ها به گونه‌ای جنون‌آمیز، درست مثل دیوانه‌ها، بی‌آنکه بدانم چرا، دور سر خود چرخیده بودم. آن قدر چرخیده بودم که دچار یک سرگیجه‌ی دائمی شده‌ام. بله، حق با شماست. فرزند برومند و شایسته آن ملتی هستم که هنوز نه می‌داند چه اتفاقی افتاده است و نه می‌داند به دنبال چیست.

مرا به خاطر ترک خانه در آن لحظه‌ی حساس سرزنش می‌کنید؟ به من تشر می‌زنید که باید آنجا می‌ماندم و دست‌کم با انگیزه کاستن از عذاب وجدانم، همه‌ی تلاشم را برای بازداشتن او از انجام برنامه‌اش به کار می‌گرفتم؟ از شما می‌پرسم آیا به این زودی فراموش کردید که تا همین چند دقیقه پیش مرا به علت ماندنم در آن خانه سرزنش کرده بودید؟ گفته بودید باید آن پاکت نفرین شده را همانجا می‌گذاشتم و خانه را ترک می‌کردم؟ حالا اما مرا سرزنش می‌کنید که چرا آنجا نماندم؟ می‌گویید باید می‌ماندم و مانع از فرو افتادن پیش از موعد پرده‌ی آن بازی مرگبار می‌شدم؟

بی‌اختیار به یاد آن پادشاه نگون‌بخت می‌افتم. آن بی‌نوا هم هر کاری می‌کرد، نمی‌توانست مانع از سرزنش و شماتت دیگران بشود؟ شما بگویید آیا باید می‌ماند یا باید می‌رفت؟ می‌مرد یا زنده می‌ماند؟ اگر یکی از دو فرزندش را نجات می‌داد، آیا عدالت را قربانی نکرده بود؟ تراژدی پرتاب انسان به یک موقعیت اخلاقی است. انسان همیشه مجرم است. همیشه گناه‌کار است. همیشه مقصر است. هم برای کرده‌هایش و هم برای ناکرده‌هایش. زندگی یک تراژدی است. یک تراژدی بزرگ. به‌رغم آن باید زیست. چون

می‌دانیم مرگ پایان تراژدی نیست. فقط خالی کردن یکی از صندلی‌های میز شام آخر است. مرگ انکار بی‌فایده و بی‌ثمر تراژدی زندگی است.

می‌دانم لحظه‌ی مناسبی برای جدل نیست. باور کنید این سرزنش دست از سر خود من نیز برنمی‌دارد. طعم زندگیم را تلخ کرده است. دائماً از خود می‌پرسم آیا کار دیگری از دستم برنمی‌آمد؟ در تنهایی‌های شبانه‌ام بارها درباره‌ی تیر آخر شکارچی فکر کرده‌ام. از خود پرسیده‌ام که چه دلیل دیگری برای منصرف کردن او وجود داشت؟ زخم‌هایش را دیده بودم. دارو و درمانش را نمی‌شناختم؟ در آن لحظه چه کاری از دست یک نویسنده برمی‌آمد؟ شما بودید چه می‌کردید؟ در لحظه‌ای که از خانه‌اش بیرون آمدم، تردیدی نداشتم که تیر شکارچی به خطا رفته است. ببر برای دریدن شکارچی دندان تیز کرده بود. از جای گزش دندان‌های نیش ببر، حتی پس از گذشت سال‌ها، هنوز خون می‌چکد.

آخرین غروب زندگی

هنوز پرسش‌های زیادی دارید؟ درباره‌ی خودکشی آن غریبه و این پوشه‌ی زرد؟ به نظر می‌رسد بی‌خوابی به سراغ شما هم آمده است. خوره‌ی کنجکاوی وقتی به جان آدم بیافتد، به سادگی نمی‌شود از شرش خلاص شد. لطفاً نگاهی به ساعت دیواری بیاندازید! خدای من! زمان چه زود سپری می‌شود. معمولاً عقربه‌ها در بیمارستان مثل بیماران تنگی‌نفس می‌گیرند و کند و آهسته حرکت می‌کنند. اما این بار اصلاً متوجه‌ی گذشت زمان نشدم. گمان می‌کنم شما هم سرنخ زمان را از دست داده‌اید. ظاهراً از شتابی که به جان عقربه‌ها افتاده است، غافل شده‌اید.

دیر شده است. برای خیلی چیزها دیر شده است! تا طلوع خورشید فقط یکی دو ساعتی باقی است. درست مثل حکایت آن شب. آن شب هم زمان خیلی سریع سپری شد. از آغاز دیدارمان در کافه لوتا تا لحظه‌ی که از خانه‌اش گریختم، حدود پنج ساعت طول کشیده بود. پنج ساعتی که در چشم‌برهم‌زدنی سپری شد. زمانی که یکدیگر را دیده بودیم، هنوز پاییز بود. هنگامی که از خانه‌اش می‌گریختم، سه ساعت از پاییز گذشته بود. دیداری بود در حاشیه‌ی دو فصل از زندگی. گپ‌وگفتی کوتاهی بود درباره‌ی مرگ، درباره‌ی زندگی.

اگر نمی‌خواهید شاهد ملاقاتم با عزرائیل باشید، شما باید فوراً از اینجا بروید و در را پشت سرتان ببندید. گل‌ها را هم نمی‌خواهم. زایشگاه مرگ مکان مناسبی برای گل‌ها نیست. باید فوراً بروید. باید هرچه زودتر اینجا را ترک کنید. می‌دانم، خوب می‌دانم! این عین آن چیزی است که او به آقای نویسنده گفته بود. اما آن را این بار از زبان من می‌شنوید. صدای قارقار کلاغ‌ها بیشتر شده است. شاید خبر بد را شنیده‌اند. اگر شما هم گوش تیز

کنید شاید بتوانید صدای‌شان را بشنوید. فرشته‌ی مرگ بی دلیل در این بخش پرسه نمی‌زند. تردید نداشته باشید که در کمین شکار بعدی‌اش نشسته است. از دیدار با حضرت نمی‌ترسید؟ چه شهامت تحسین‌برانگیزی! می‌گویید پیش از شنیدن پاسخ پرسش‌هایتان حاضر به ترک بیمارستان نیستید؟ چه تهدید بامزه‌ای! انتخاب با شماست! آنچه گفتم فقط یک توصیه بود. دقیقاً مثل توصیه‌ی آن شب او به آقای نویسنده.

بپرسید! تا آنجا که مقدور باشد پاسخ خواهم داد. ولی باید اعتراف کنم پاسخ خیلی از پرسش‌ها برای خود من هم روشن نیست. برای چه کسی هست؟ این قدر می‌دانم که فقط این پرسش‌های ساده هستند که پاسخی ساده دارند. دادن پاسخ ساده به پرسش‌های دشوار بدون برداشت از حساب پروپیمان بلاهت ممکن نیست. البته که می‌شود در سایه‌ی یک ساده‌نگری آمیخته با ساده‌لوحی برای پرسش‌های دشوار پاسخی یافت. اما باید بدانیم که اعتبار چنین پاسخ‌هایی به مویی بند است. ذره‌ای شک و تردید را تاب نمی‌آورد.

پرسش‌های دشوار آن‌هایی هستند که معمولاً در دادگاه زندگی مطرح می‌شوند. از جنس پرسش‌های دادستان‌ها. جلسات دادگاه زندگی معمولاً در بدترین ساعات شبانه‌روز برگزار می‌شوند. مثل همین الان، در ساعات بی‌خوابی‌های شبانه یا در آن مواقعی که چشم‌ها زودتر از خورشید طلوع می‌کنند. نه! مستی و نشئگی هم نمی‌توانند مانع از یورش ناجوانمردانه‌ی این پرسش‌ها بشوند. مُسکن‌ها دردی را درمان نمی‌کنند. این چیزی نیست که برای بار نخست تجربه کرده باشیم.

می‌پرسید چرا این مسائل را مطرح می‌کنم؟ آن هم در این موقع از شب؟ اتفاقاً این از جنس همان پرسش‌های ساده است. قاضی برای داوری منصفانه‌اش باید از چنین مسائلی مطلع باشد. می‌دانستید که در دادگاه زندگی، وجدان نقش دادستان را بازی می‌کند و غرور نقش وکیل مدافع را؟ جالب نیست؟ خرد برای تداوم سعادت بشری و برای تضمین خوابی آسوده، در ساحل دریای بی‌تفاوتی، در آلاچیق خودفریبی، زیر سایبان بی‌خبری فکر همه چیز و همه جا را کرده است. این همان راز پیدایش و زادوولد میان‌مایگی است. در سایه‌ی میانجیگری آن خرد حیله‌گر، اغلب وکیل و دادستان راهی برای مصالحه پیدا می‌کنند. همین باعث می‌شود صدور حکم نهایی مدام به تعویق بیافتد. جلسات دادگاه گاهی تا آخرین غروب زندگی کش پیدا می‌کنند. تا فرارسیدن مرگ. فقط مرگ می‌تواند گریبان ما را از شر پرسش‌های سمج برهاند و روح‌مان را بی‌آنکه به آرامش رسیده باشد،

آرام کند. مرگ فقط پایان زندگی نیست. به چموشی روح انسان هم پایان می‌دهد.
از یک‌سو احساس سبکی می‌کنم و از سوی دیگر احساس خستگی. شبیه به احساس آن شب او. من هم، درست مثل او، در آخرین غروب زندگی، پیش از آنکه کسی چراغ را پشت سرش خاموش کند و کسی بیلی پر از خاک روی اثر هنری گورکن بپاشد، موفق شدم از راز این پوشه‌ی زرد غبارروبی کنم. وحشت از گور بی‌اختیار مرا به یاد ماجرای جالبی انداخت. حکایت کوتاهی دارد. دانستن‌اش اما برای درک احساس این لحظه‌ام مفید است. حکایت مضحک و در عین حال دردآوری است. آن را اگر به شما نگویم، قرار است به چه کسی بگویم؟

زنی در بخش اداری بیمارستان کار می‌کند که مسئول نظارت بر واردات و صادرات بیماران است. هم لحظه‌ی تحویل‌شان را ثبت می‌کند و هم موعد ترخیص‌شان را. در همان روز نخست، هنگام پر کردن فرم مربوطه، از بخت و اقبال بلندم گفته بود. باورتان می‌شود؟ از بخت و اقبال بلند کسی گفته بود که خوره‌ی سرطان به جان امعا و احشایش افتاده و پایش را به زایشگاه مرگ کشانده است. اصلاً باور کردنی نیست. با عشوه‌گری لبخندی زده و گفته بود در ایام کرونایی پیدا کردن تخت خالی، کار ساده‌ای نیست. به تاکید گفته بود که بخت یارم بوده این تخت به‌موقع خالی شده است. به‌موقع؟ چه واژه‌ی عجیبی! در زایشگاه مرگ که باشی، دنیایی ناگفته پشت همین یک کلمه وجود دارد. اینجا خیلی چیزها به‌موقع اتفاق می‌افتد. شاید خیلی چیزها حتی زودتر از موقع! حکایت عجیبی است. در زایشگاه مرگ همه‌چیز خیلی زود اتفاق می‌افتد، اما یک کوچه آن‌طرف‌تر برای همه چیز دیر شده است.

آیا در این اتاق متوجه بوی پوسیدگی، مثلاً بوی گند مردار نمی‌شوید؟ نه؟ بوی تند مواد شیمیایی بوهای دیگر را زیر می‌گیرد. اما تردیدی ندارم که اکثر بیماران این بخش جای مرده‌ها می‌خوابند. جای مرده‌هایی که تخت‌شان را به‌موقع خالی کرده‌اند. حتی تصورش ترسناک است. به‌رغم آن هیچ بدم نمی‌آید بدانم پیش از جلوس من بر این تخت، چند امپراتور بخت‌برگشته‌ی دیگر، درست روی همین تشک، زیر همین پتو، زل زده به آسمان ابری، در گپ‌وگفتی فرح‌بخش با یک جنازه، در انتظار رویت چهره‌ی ملک‌الموت، با جرعه‌ای پیوسته، ریق رحمت را سر کشیده و به تاریخ پیوسته‌اند. بی‌دلیل نیست که اسم این بخش را زایشگاه مرگ گذاشته‌ام. بیمارانش همه پابه‌ماه هستند. روی تخت دراز

کشیده‌اند، جیغ می‌کشند، ناله می‌کنند، ضجه می‌زنند و دست آخر، یکی پس از دیگری نیستی می‌زایند و تخت‌شان را به‌موقع برای کسانی خالی می‌کنند، که بخت و اقبال‌شان عین بخت و اقبال من، بلند است. به بلندای قدوقامت مصیبت.

می‌دانستید جسم و جان سال‌خوردگان از درون می‌پوسد و می‌گندد؟ پوسیدن و گندیدن مرحله‌ی پیش از فرارسیدن موعد به صدا در آمدن ناقوس مرگ است. هیچ‌گاه برای‌تان پیش آمده موقع جویدن لقمه‌ای تکه‌ی سرگردان یکی از دندان‌هایتان را در دهان حس کنید؟ آنگاه که چنین چیزی برای‌تان پیش بیاید، متوجه می‌شوید چه می‌گویم. دهان سال‌خوردگان را ببویید. بوی بد دهان‌شان از گندیدگی درون‌شان حکایت می‌کند. ما از درون می‌گندیم و می‌پوسیم و در درون خود، در نهایت سکوت و ناباوری ویران می‌شویم و فرومی‌ریزیم. حتی درختان تنومند هم از درون می‌پوسند. زمانی متوجه پوسیدن‌شان می‌شویم که بادی را تاب نمی‌آورند و تن به خاک می‌سایند.

آن شب به موضوع غروب زندگی اشاره کرده بود. گفته بود داستانش از نوع داستان‌هایی است که معمولاً روایت‌شان تا آخرین غروب به تعویق می‌افتد. گفته بود این گونه داستان‌ها را نمی‌شود به زبان ایما و اشاره روایت کرد. صراحت و جسارت می‌خواهد. این‌ها داستان‌هایی هستند که یا پیچیده در کفن سکوت در تابوتی می‌پوسند، یا در آن لحظه‌ای که عقربه‌های ساعتِ زندگی واپسین دقیقه‌های غروبی بی‌پایان را نشان می‌دهند، به ضرب الزام و از سر اجبار از ژرفای انکار سر برمی‌کشند و حکایت تلخ‌شان به سطح زمان گند می‌زند. این‌ها داستان‌های آن لحظه‌ای هستند که شمع زندگی، پت‌پت‌کنان، پیش از فرورفتن در خاموشی ابدی، اسیر در دود خود، به قدرت توان آخرش، برای آخرین بار، شعله می‌کشد و می‌میرد. گفت اطمینانِ بیش از حد به زیارت مجدد خورشید، اغلب مانع از روایت این قبیل داستان‌ها می‌شود.

هیچ‌گاه درباره‌ی غروب زندگی فکر کرده‌اید؟ از این بابت نباید خیلی خوشحال باشید. دغدغه‌اش دیریازود به سراغ شما هم خواهد آمد. غروب زندگی او از بامداد همان روز شروع شده بود. گفت زمانی که موعد مرگ از پیش روشن باشد، بامداد آن غروب متن داستانی است که خواننده با هدف رسیدن سریع‌تر به پایانش با شتاب از نظر می‌گذراند. شاید بشود گفت بامداد چنین غروبی مرور سریع قصه‌ی زندگی است. آدم گوشه‌ای می‌نشیند، با خود خلوت می‌کند، شاید چرتکه می‌اندازد، تردیدهایش را در یک کفه‌ی ترازو و عزمش را در

کفه‌ی دیگر می‌نهد و خیره به جاده‌ی نمناک زندگی، در دشت ابهام، در سرزمین سرگشتگی گم‌وگور می‌شود.

ده‌ها سال زندگی‌اش را در چند ساعت روایت کرده بود. برای بیان فشرده‌ی داستانش باید زمان را می‌فشرد. عصاره‌ی تلخش را می‌گرفت و در کام لحظه می‌چکاند. باید آن گذشته‌ی فربه را با دو دستش سخت می‌چلاند. آن را عق می‌زد و بالا می‌آورد. آخرین غروب زندگی‌اش با وزیدن طوفانی در درونش آغاز شده بود. طوفانی که وزیده بود شاخ و بنش را بشکند و او را از درون ویران کند. صدای عذاب‌آور جویده شدن استخوان‌هایش را در تابوت شنیده بود. بزم کرم‌ها را دیده بود که سرخوش از آن هدیه‌ی آسمانی، بر پیکرش در هم می‌لولیدند.

بامداد آن روز، به محض گشودن چشمانش متوجه‌ی تکان‌های غیرعادی چراغ آویخته از سقف اتاقش شده بود. بدجوری تکان می‌خورد. هر لحظه ممکن بود بر بسترش سقوط کند. نگرانش کرده بود. اما این چراغ نبود که می‌لرزید. لرزش به جسم و جان خودش افتاده بود. زخم‌هایش را دیده بود که یکی پس از دیگری دهان باز می‌کردند و جیغ می‌کشیدند. آن آخرین بی‌خوابی شبانه باید بسترش را برای خوابی مهیا می‌کرد که گرچه سرانجامی داشت، اما بی‌انجام بود. بدفرجام بود. چیزی بود از جنس کابوس تکراری‌اش.

این را توصیف تکان‌دهنده‌ای از آخرین غروب زندگی‌اش می‌دانید؟ نمی‌دانم. فقط می‌دانم که آقای نویسنده قادر به توصیف کامل احساس آن شب‌اش نیست. احساس را شاید بشود درک کرد یا حتی شاید بشود شرح داد و توصیف کرد، اما هیچ کس نمی‌تواند آن را بفهمد. فهمیدنی نیست. نامفهوم می‌ماند. از هیچ قاعده و منطقی پیروی نمی‌کند. تلاش برای فهم یک احساس، تلاشی است نازا و یائسه.

این یادداشت‌ها را که بخوانید، می‌توانید متوجه منظورم بشوید. این پوشه صرفاً محفظه‌ی مشتی جمله‌ی منطقی، اخته شده و ناقص است. تلاشی ناموفق برای روایت ماجرایی که از دل احساس برخاسته بود و چون چنین بود از چنگ خرد می‌گریخت. از شما می‌پرسم، عشق را چگونه می‌شود فهمید؟ نفرت را چگونه؟ جنون را چگونه؟ درد را چگونه؟ رنج را چگونه؟ عذاب را چگونه؟ بله، به یاری تخیل تصور شدنی هستند، می‌دانم. اما نامفهوم می‌مانند، تا آخرین غروب زندگی. اوج‌شان را مدیون لحظه‌ای هستند که آن ساعت کوکی معیوب از کار بیافتد. که اغلب از کار می‌افتد!

اگر بخواهید نظرم را درباره‌ی آخرین غروب زندگی‌اش بدانید، باید بگویم حکایت آن دقیقه‌هایی بود که با عبورشان از خط سیاه زندگی، همچون آبشار رنج، در دایره‌ای فرومی‌ریختند، که نامش دره‌ی فنا بود و باید فرو می‌رفتند در خاک فراموشی قیرگون، تا جایی در قعرش، به آغوش گذشته بپیوندند. هیچ‌گاه به فکر دفن کردن زمان افتاده‌اید؟ مثلاً گودالی بکنید، گذشته را با همه‌ی چربی‌های رسوب کرده‌اش، با همه‌ی چین و چروک‌هایش، در آن بگذارید و روی‌اش خاک بپاشید؟ او آن شب قصد کرده بود، پس از برداشتن پانسمان از روی زخم‌های کهنه‌اش، خاطراتش را زیر آوار نیستی به خاک بسپارد. تنها دریچه‌ی نیمه‌باز گذشته به سوی حال، حضور آقای نویسنده بود. نویسنده‌ای که بین دو جهان او، بی‌آنکه خود خواسته باشد، در تردد بود.

ممکن است خواهش کنم در را ببندید؟ پرستار کشیک از بستن در واهمه دارد. اما حکایت امشب با شب‌های دیگر فرق می‌کند. از ضیافت امشب بی‌اطلاع است. خوش‌بختانه سکوت جنازه هم طولانی‌تر از همیشه است. هیچ شبی این‌قدر ساکت نبود. شاهد بودید که فقط یک بار، موقع سرشماری، چشمانش را برای لحظه‌ای باز کرد و پس از ناله‌ای، مجدداً بست. حالا که تنها شده‌ایم و ساکنان زایشگاه مرگ هم پس از هنرنمایی پرشور شبانه‌شان همگی از حال رفته‌اند، می‌توانیم به گپ‌وگفتمان ادامه بدهیم. کجا بودیم؟ بله! قرار به طرح پرسش‌های‌تان بود. شش‌دانگ گوشم با شماست!

ازدواج کرده بود؟ پرسش خوبی است! عین همین پرسش آن شب برای من هم مطرح شد. حتی باید بگویم نخستین پرسشی بود که پس از شنیدن داستانش به ذهنم خطور کرد. طعم عهدشکنی و بی‌وفایی را در ایام کودکی چشیده بود. در حین طرح این پرسش نگاهم بی‌اختیار به تابلوی نقاشی افتاد. به زنان بی‌چهره، به زنان بی‌هویت. مگر نه آنکه افراد بی‌چهره و بی‌هویت شباهت عجیبی به یکدیگر دارند؟ آیا او در چهره‌ی مادرش، در چهره‌ی نخستین زنی که در زندگی دیده بود، چهره‌ی زنان دیگر را نمی‌دید؟ آیا تصورش از آن زیبایی تهوع‌آور فقط به مادرش محدود می‌شد؟ آیا می‌توانست پس از آن به زن دیگری اعتماد کند و دل ببندد؟

بله، ازدواج کرده بود. اما تصمیمش به خودکشی ربطی به ازدواجش نداشت. قطعاً تصدیق می‌کنید پرسیدن چنین چیزی، آن هم از یک غریبه، کار ساده‌ای نیست. دل به دریا زده و پرسیده بودم آیا در پهنای زندگی‌اش هیچ‌گاه مساحت تختش را با کسی شریک

شده است؟ خندیده بود. گفته بود فقط یک نویسنده می‌تواند موضوع را این گونه بپرسد. خنده‌اش طعم تلخی به خود گرفته بود. گفته بود مساحت تختش را گاهی با کسی به اشتراک گذاشته است. اما محصور در محیط همان تخت. از طلاق عاطفی گفته بود. گفته بود آنگاه که عاطفه در میان نباشد، خانه بی‌عاطفه می‌شود. زندگی بی‌عاطفه می‌شود. گفته بود طلاق عاطفی به اشتراک گذاشتن مساحت خانه است و نه ساحت زندگی.

در آپارتمانش، به‌رغم پاکیزگی و نظم، چیزی وجود نداشت که ردپای زنی را در زندگی‌اش نشان بدهد. به استثنای چند شاخه گل رز سفید، گل و گلدان دیگری در اتاق پذیرایی‌اش دیده نمی‌شد. در ویترین اتاقش فقط شیشه‌های مشروب و لیوان‌های بزرگ و کوچک صف کشیده بودند. حتی اگر چند مجسمه کوچک تزئینی هم در آن ویترین وجود می‌داشت، به مرور زمان به پشت شیشه‌های مشروب تبعید شده بودند. او تنها زندگی می‌کرد و ابایی از اعتراف به آن نداشت.

در پاسخ به پرسشم چیزی گفت که غافل‌گیرم کرد. بله، بار نخستش نبود. خوب می‌دانست چگونه و با چه زبانی می‌تواند بقیه را به حیرت وادارد و غافل‌گیر کند. در همان سال نخست زندگی‌اش در تبعید با یک رهگذر پیوند زناشویی بسته بود. توضیحی درباره‌ی همسرش نداد. گفت لزومی به دانستن نام و هویت رهگذران وجود ندارد. من هم تمایلی به دانستن آن نداشتم. این موضوع برایم در آن لحظه اهمیتی نداشت. گفت رهگذران فقط بر حاشیه‌ی سرنوشت انسان‌ها طرح می‌زنند و اغلب از راه نرسیده، شال و کلاه می‌کنند و می‌روند.

ازدواج با یک رهگذر؟ بله. دقیقاً عین آن چیزی بود که درباره‌ی همسرش گفت. در زندگی فقط با رهگذران نشست و برخاست داشت. با کسانی که یا برای لحظه‌ای از پهنای زندگی‌اش عبور کرده و یا چند صباحی کنارش نشسته و با هم شاهد تغییر فصل‌های سال بوده‌اند. گفت رهگذران زندگی‌اش بیگانه‌هایی بوده‌اند که به‌رغم آشنایی، بی‌آنکه ردپای محسوسی از خود بر جای نهاده باشند، روزی در غبار و مه، محو شده‌اند. همیشه تنها زندگی کرده بود. خواه در خلوت خود، خواه در کنار دیگری و یا حتی در آغوش کسی. در بلندی‌های جولان تنها می‌نشست و در محیط کار یا مراسم فرهنگی چنان در لاک تنهایی‌اش فرو می‌رفت که دیگران برایش تبدیل به سایه می‌شدند. گفت انکار سایه‌ها ساده‌تر از آدم‌هاست. پس از گریز از خانه‌ی پدری‌اش، همیشه با سایه‌ها معاشرت داشت.

زندگی در جمع رهگذران مانع از نزدیک شدن به دیگری می‌شود. با هیچ رهگذری نمی‌شود پیوند مودت بست. نمی‌شود عاشق او شد. برای دوستی، برای عاشق شدن باید دیوارهای باغ فروبریزند، پرده‌ها کنار بروند، پنجره‌ها و درها باز بشوند و باید نور به درون خانه بتابد. باید خیلی چیزها روشن و شفاف باشند تا دوستی، تا عشق پدید آید، عمق بیابد، ماندگار بشود. در تاریکی به هیچ سایه‌ای نمی‌شود اعتماد کرد. در تاریکی تشخیص دوست از دشمن ناممکن می‌شود. اعتماد که نباشد، همه تبدیل به رهگذر می‌شوند. تبدیل به سایه. او تا آخرین غروب زندگی‌اش، حتی تا آن لحظه‌ی که قرص ششم را از روی صفحه‌ی بازی مرگ برداشت و در دهانش گذاشت، تنها بود.

پس از آن ضیافت لعنتی واژه‌ی رهگذر از ذهنم پاک نشد. آن روز نتوانستم به طور دقیق متوجه منظورش بشوم. اما حال دیگر فهمش برایم دشوار نیست. ما در زندگی اغلب با اعضای دائمی انجمن رهگذران سروکار داریم. نکته‌ای که آن شب متوجه نشده بودم این بود که اگر کسی در جمع رهگذران بنشیند و با آنان زندگی بکند، دیر یا زود خود او نیز برای دیگران تبدیل به رهگذر می‌شود. اعتماد نمی‌تواند تا ابد جاده‌ای یک‌طرفه بماند. وقتی دستت را به سوی کسی دراز می‌کنی، باید دست دیگری باشد که آن را گرم بفشارد. اعتماد که نباشد، همه در جاده‌ی زندگی از کنار هم عبور می‌کنند. فقط گردوغبارشان می‌ماند. زندگی تبدیل به ترمینال می‌شود. پر از تردد، خالی از سکنه.

پیوندشان دوامی نداشت. زمستان چهارم بود که از هم جدا شدند. انگیزه‌اش برای ازدواج، یافتن دارو و درمانی برای زخم‌های روحش بود. گمان می‌کرد اگر روزی رهگذری را به خانه‌اش راه بدهد، تنهایی‌اش تمام می‌شود. زندگی در تبعید را آغاز جدیدی می‌دانست. گمان می‌کرد تغییر محل زندگی می‌تواند خط سیاه گذشت زمان را به مسیر دیگری بکشاند. از خود پرسیده بود چرا باید آن خط سیاه به دایره‌ی مرگ منتهی شود؟ به خود می‌گفت امروز، روز دیگری است! تولدی دوباره. گمان می‌کرد فرد دیگری شده است. بی‌شباهت به فردی که لحظه‌ای پیش در آینه دیده بود!

خاک ایران را که پشت سر می‌گذاشت، فکر می‌کرد خاطرات تلخش پشت مرز می‌مانند. دلش می‌خواست فقط چیزهایی را که لازم داشت به تبعیدگاه ببرد. خاطراتش را نمی‌خواست. از دست‌شان می‌گریخت. امید داشت به یاری آغازی جدید بتواند فصل‌های گذشته را بایگانی کند. نمی‌دانم چه چیزی در سرش می‌گذشت. شاید خود را پروانه‌ای

می‌پنداشت که قرار بود با پر کشیدن از پیله‌ی گذشته‌اش، شهد فرح‌بخش حال را در باغ نوپدید زندگی بچشد. شاید گمان می‌کرد که در هم‌بستر شدن با یک رهگذر می‌تواند بسترش را از تراوش آن کابوس تکراری خلاص کند و نطفه‌ی آرامشی ناشناخته را در زهدان شب‌هایش بنشاند. طولی نکشید که متوجه شد روزگار خاطرات ما را بی‌اعتنا به تقدم و تاخرشان، دست‌چین می‌کند و در آلبوم ذهنی‌مان، روی ریسمان بین گذشته و حال، درهم‌برهم می‌آویزد. نه قلاده‌ی یادها دست ماست و نه افسار فراموشی‌ها.

برای زندگی کردن در جمع، برای نشستن در بزم دوستان و خفتن در خیمه‌ی عاشقان، اعتماد به دیگری حرف اول و آخر را می‌زند. او اما به هیچ کس، به هیچ چیز اعتماد نداشت. همه چیز برایش موقتی و زودگذر بود. به فرجام سرنوشت آنچه موقت و زودگذر است نمی‌توان اعتماد کرد. نمی‌توان دل بست. از این رو، نه دل‌دادگی را می‌شناخت و نه دل‌بستگی را. عشق مثل ازدواج، از جنس قباله نیست. نوعی پرکشیدن از قاب خود است. گم شدن در آن دیگری است به امید یافتنِ خودِ دگرشده در آن دیگری. شاید نوعی برکشیدن آدم است از سطح سخت سنگ‌فرش، به جایی معلق بین زمین و آسمان. کسی که روی زمین میخ‌کوب شده باشد، نمی‌تواند آسمانی شود. نمی‌تواند پرواز کند. مگر نه آنکه گفته بود دلش می‌خواهد همیشه روی زمین بماند، سفتی زمین را زیر پاهایش حس کند. چنین کسی چگونه می‌تواند دل ببندد، عاشق شود؟

آن قدر صداقت داشت که به رفتار ناشایستش در قبال همسرش اعتراف کند. حتی به یاد دارم که از واژه‌ی شکنجه استفاده کرده بود. همسرش را هر روز با پرسش‌هایش شکنجه می‌کرد. بی‌آنکه بخواهد آزارش می‌داد. پرسش‌هایی که همچون دودی سیاه از کوره‌ی بی‌اعتمادی و بدگمانی برمی‌خاستند. همسرش در مسیر بازگشت به خانه همیشه تپش قلب می‌گرفت. خود را برای دور جدیدی از بازجویی آماده می‌کرد. سوگند می‌خورد. بی‌فایده بود. با مهر، با مهربانی تلاش داشت دیوار سوءظن را درهم شکند. بی‌نتیجه بود. به آن امید بسته بود که گذشت زمان، زمانی به یاری‌اش بشتابد. بر خاک بدگمانی او بذر عشق بپاشد، از گرمای آن عشق نهال اعتماد برویاند. بی‌حاصل بود. شکنجه، هر روز شدیدتر می‌شد. پرسش‌های آزار دهنده همسرش را کلافه کرده بود. برپایی آن آزمون بی‌پایان، آن بدگمانی‌ها و سوءظن‌های بی‌اساس، و آن خوره‌ی مالیخولیای که به جانش افتاده بود، همه و همه ابزارهای آن شکنجه‌ی روحی بودند. گاهی شکنجه شدگان تبدیل به شکنجه‌گران

بدی می‌شوند.

گفت عاقبت آن روز رسید. روزی که طاقت آن رهگذرِ سمج هم طاق شد. چند سالی دوام آورده بود. زخم‌های روحش را دیده بود، بی‌آنکه چیزی درباره‌ی رازش بداند. گرچه آن بیگانه نتوانسته بود نفرت از مادرش را پنهان کند، اما از افشای دلیلش سر باز زده بود. به او فهمانده بود تمایلی به گپ‌وگفت پیرامون خاطرات کودکی‌اش ندارد. اگر احیاناً آن رهگذر از سر غفلت، پرسشی درباره‌ی گذشته مدفون شده‌اش پیش می‌کشید، با غضبش روبه‌رو می‌شد. همسرش به زندگی با کسی تن داده بود که سایه‌اش را انکار می‌کرد. می‌دانستید گذشته عین سایه، در همراهی با آدم، لحظه‌ها را می‌دود؟ گاهی جلوتر، گاهی پشت سر. وقتی از آدم سبقت می‌گیرد، زهرش بر سطح لحظه‌هایی که هنوز در راهند، می‌نشیند و کام زمان پیش‌رو را، پیش از آنکه لحظه‌هایش از مجرای تنگ حال بگذرند، تلخ می‌کند. انکار گذشته یعنی محو کردن سایه. کشتن آن در خود. کسی که با سایه‌اش یکی شود، باد می‌کند، قوز می‌کند، کوتوله می‌شود. گزش زخم‌های روح را نباید دست‌کم گرفت.

به‌رغم تداوم بی‌وقفه‌ی نامهربانی‌هایش، آن رهگذر صبور و شکیبا، بارها تلاش کرده بود، دل او را به دست بیاورد و مهرش را برانگیزد. به واقعیت تلخ زندگی کردن با فردی بی‌گذشته تن داده بود. رنج می‌برد، درد می‌کشید، بی‌آنکه درمانی بشناسد. برای او دلبری می‌کرد. پس از نوشیدن چند جرعه شراب، چهره‌اش را بیش از پیش می‌آراست. لباس خواب توری وسوسه‌کننده‌ای می‌پوشید. با عشوه و غمزه سعی می‌کرد از میان صخره‌های روحش راهی به دلش بگشاید. سعی داشت آن پروانه را از پیله‌ی خفقان‌آورش برهاند. غافل از اینکه، روح همسرش در برابر چنین رفتارهایی غل‌وزنجیر شده است. از تاثیر مخرب آراستن چهره یا عشوه‌گری بی‌اطلاع بود. بی‌آنکه خود بداند با آن رفتارش بر زخم‌های روح او نمک می‌پاشید. او را به یاد مادرش می‌انداخت. خواب خاطرات شوم گذشته‌اش را پریشان می‌کرد. خشم همسرش را برمی‌انگیخت. بی‌آنکه علتش را بداند. نمی‌دانست آراستن چهره‌اش پیش از خروج از خانه، باعث پروار شدن بی‌اعتمادی و شک همسرش می‌شود و در خانه را روی بدگمانی به فراخی می‌گشاید. تلاش‌های آن رهگذر بی‌نتیجه ماندند. قطره‌های آبی را می‌مانستند، غلتیده بر سطح خشک و سوزان کویر سوءظن.

آن روز، در روزی که فرارسیدنش از پیش در گوشه‌ای از تقویم زندگی مشترک‌شان

ثبت شده بود، از سر ناگزیری، چمدانش را بست و خود را برای وداع، برای رفتن آماده کرد. بیگانه در آن لحظه کجا بود؟ بی‌حرکت روی صندلی آشپزخانه به انتظار نشسته بود تا همسرش وسائلش را جمع کرده، چمدانش را ببندد و پشت در ناپدید شود. لحظه‌ی سفر فرارسیده بود. فاصله‌شان کم نبود، از آشپزخانه تا راهرو. به‌رغم آن، می‌توانست درخشش قطره‌های اشک را بر گونه‌ی همسرش ببیند. جالب اینجاست که از جای خود جنب نخورد. حتی در لحظه‌ی وداع. نیامد تا پشت در. با او دست نداد. بوسه‌ای بر گونه‌اش ننشاند. چیزی نگفت. آرزویی را بدرقه‌ی راهش نکرد. همانجا ماند. مثل یک تماشاچی. می‌دانم، باور کردنش سخت است. ولی واقعیت دارد. این را خود او گفته بود. رهگذر پیش از ترک خانه، برای لحظه‌ای برگشته و نگاهی به او انداخته بود. دیده بود او آنجا، بی‌حرکت، مات و مبهوت، نشسته روی صندلی آشپزخانه به او زل زده است. سرش را به نشانه‌ی عدم تفاهم تکان داده و ناگزیر در را بسته و هق‌هق کنان رفته بود. او اما همانجا بی‌حرکت ماند. همراه با عقربه‌های ساعت کوکی معیوبش.

تماشاچی به عبور یک رهگذر دیگر از حاشیه‌ی زندگی‌اش می‌نگریست. این صحنه‌ای از نمایش‌نامه‌ای بود که برای او از همان کودکی نوشته بودند. باید نقش‌اش را ایفا می‌کرد. نقش یک تماشاچی را. می‌گفت برای تغییر نقش دیر شده است. تا خود بازی مرگ تماشاگر ماند. گاهی از پشت پنجره‌ی اتاق خواب و گاهی از روی صندلی آشپزخانه. می‌دانست اتوبوس هر لحظه ممکن است ترمینال زندگی‌اش را ترک کند. برود و در مه و دود و غبار ناپدید شود. به‌رغم آن، روزها، بلکه ماه‌ها، حتی سال‌ها سپری شده بودند، بی‌آنکه ذره‌ای از جایش تکان بخورد. آن را بخشی از سرنوشت محتومش می‌دانست. انگیزه‌ای برای نجات زندگی در خود نمی‌یافت.

گفت وداع برای رهگذران بی‌معناست. بی‌اعتنا به یکدیگر از کنار هم عبور می‌کنند. از حاشیه و حریم زندگی هم می‌گریزند. او نیز چون یک رهگذر از خانه‌ی پدری‌اش گریخته بود. تماسش را با آن ابله و با آن عفریته قطع کرده بود. پشت پرده‌ی بی‌خبری پنهان شده بود. منتظر مانده بود گذشت زمان روی ردپایش در خانه‌ی پدری غبار فراموشی بنشاند. بدون عذاب وجدان، بی خبر، زادگاهش را ترک کرده و خود را به دامان تلخ تبعید پرتاب کرده بود. والدینش خبر خروجش را پس از مدت‌ها، از عمویش شنیده بودند. گفت شور زندگی در انسان اغلب همراه با مرگ کودکی می‌میرد. او از کودک بودن، از کودکی کردن

منع شده بود.

می‌گویید در او اثری از حس همدردی نمی‌بینید؟ بله، حق با شماست! اما نباید بدون در نظر گرفتن حالات روحی‌اش قضاوت کنیم و حکم بدهیم. فراموش نکنیم که گفته بود در لانه‌ی مارها و کژدم‌ها زندگی کرده است. می‌دانید معنای آن چیست؟ زجری دائمی. خطر دائمی گزیده شدن. اینکه هر لحظه چیزی یا کسی ممکن است به شما آسیب برساند. یعنی بی‌خوابی، کابوس، غرش ببرها و زوزه‌ی گرگ‌ها. در لانه‌ی مارها و کژدم‌ها نمی‌شود به کسی اعتماد کرد. نمی‌شود به حس همدردی کسی امید بست. یک لحظه غفلت، اغلب برای چشیدن مزه‌ی سوزش نیش کفایت می‌کند.

روزگار بار سنگینی روی دوش آن کودک نهاده بود. سنگین بود، به سنگینی یک راز کمرشکن. تراژدی‌اش از همان کودکی آغاز شده بود. کدام راه را باید در پیش می‌گرفت؟ هر بار که پدرش از سفر بازمی‌گشت، خوره‌ی چه‌کنم، چه‌کنم به جانش می‌افتاد. ادامه‌ی سکوت برایش تحمل‌ناپذیر شده بود. در عین حال، از فرجام احتمالی و ناآشنای افشای آن راز، وحشت داشت. اگر زندگی مشترک والدینش از هم می‌پاشید، سرنوشت‌اش چه می‌شد؟ از طرف دیگر، تا کی می‌توانست شاهد عهدشکنی مادرش بماند و دم نزند؟ از خود می‌پرسید که آیا روزگار از او یک شریک و همدست نساخته است.

موضوع مهم دیگری را هنوز به شما نگفته‌ام. فشاری که روزگار به روح لطیف آن کودک وارد می‌کرد، بیش از آن بود. سفرهای کاری پدرش سال‌ها ادامه داشت. در طول این مدت، عمویش، طبق قرار، هر بار به خانه‌شان می‌آمد و هفته‌ها آنجا زندگی می‌کرد. نیازی به حدس و گمان نیست. حضورش در آن خانه یک پیام بیشتر نداشت. ادامه‌ی حکایت گوشه‌ی باز پرده‌ی اتاق خواب بود. اما گذر سال‌ها خیلی چیزها را تغییر داده بود.

کودک، بی‌آنکه کودکی کرده باشد، بالغ شده بود. تماشاچی خیلی چیزها را دیده بود. معصومیت کودکانه‌اش جای خود را به کنجکاوی جوانی نوبالغ وانهاده بود. پای شهوت به ماجرا باز شده بود. از خیلی چیزها سر در می‌آورد. از علت درهم‌پیچش دو پیکر برهنه مدت‌ها پیش رمز گشوده بود. به‌رغم تکرار، وسوسه همچنان پایش را به پشت پنجره می‌کشاند. تبدیل به عادتی زشت شده بود. به ایفای نقش تماشاچی گردن نهاده بود. شاید لذت می‌برد. لذتی که شاید بر رنجش می‌افزود. گفت بارها در آن سال‌ها شاهد هم‌آغوشی مادرش و عمویش بوده است. پرسیدم چند بار؟ صد بار؟ نگاهش را از نگاهم برگرفت و

گفت زیاد. خیلی زیاد. پس از آن نتوانست احساساتش را مهار کند. زار زار همچون یک کودک گریست. می‌پرسید آیا احساس گناه می‌کرد؟ نمی‌دانم. شاید!

موضوعی که پیش‌تر فقط به اشاره گفته بودم، باردار شدن مادرش بود. دو بار در آن مدت باردار شده بود. مطمئن بود که خواهر و برادرش از بستر هم‌خوابگی عفریته و عمویش زاده شده‌اند. از کجا می‌توانست مطمئن باشد؟ به شباهت خواهر و برادرش به عمویش اشاره می‌کرد. می‌گفت شباهت‌شان آن قدر زیاد بود که انکارش نبوغ یا بلاهت خاصی می‌خواهد. وانگهی دانستن این موضوع در این لحظه چه اهمیتی دارد؟ مهم این است که او چنین باوری داشت. می‌گفت پدرش همیشه آنان را با هم مقایسه می‌کرد و اغلب به او، یعنی به یگانه فرزندش سرکوفت می‌زد. از زیبایی خواهرش می‌گفت و هوش برادرش را تحسین می‌کرد. همین موضوع باعث آزار بیشترش شده بود. بارها دلش می‌خواست بر سر پدرش داد بزند و همه چیز را فاش بگوید. اما نگفت. خودش هم نمی‌دانست چرا.

پرسیدم چگونه ممکن است پدرش در آن سال‌ها از پچ‌پچ‌ها، از نگاه‌ها، از ایما و اشاره‌ها بویی نبرده باشد؟ هشت سال زمان کوتاهی نیست. ماهرترین هنرپیشه‌ها نیز نمی‌توانند سال‌ها نقش بازی کنند. یک واژه، یک نگاه، یک رفتار، یک خطا برای پرده برگرفتن از ناگفته‌ها کفایت می‌کند. سرش را به نشانه‌ی تایید تکان داد. پس از آن، خاطره عجیبی را روایت کرد. گفت یک روز صبح زود، پدرش از سفر برگشته بود. او در لحظه‌ی آمدن پدرش بیدار بود و سرگرم انجام تکالیف مدرسه. پدر به اتاق‌شان رفت و در را پشت سر خودش بست. گفت سر شب برف سنگینی باریده بود. جای پای عمویش روی برف دیده می‌شد. گفت بارها و سال‌ها از خود پرسیده بود که چگونه ممکن است پدرش متوجه‌ی آن ردپا نشده باشد؟ نه، نمی‌توانست رد پای مادرش بوده باشد. برف هم آثار رفت را ثبت کرده بود و هم رد بازگشت را. این پرسش فقط دو پاسخ داشت: یا پدرش بیش از حد ابله بود یا متوجه شده و به‌رغم آن سکوت کرده بود. گفت پدرش ابله بود، اما احمق نبود. به باور او پدرش از آن ماجرا خبر داشت.

پرسیدم اگر می‌دانست، پس چرا و به چه علت سکوت کرده بود؟ پاسخ روشنی برای این پرسش نداشت. به خودزنی پدرش اشاره کرد. گفت خودزنی جلوه‌های گوناگونی دارد. خودزنی فقط برداشتن تیغ و کشیدن بر رخسار یا کوبیدن مشت بر سر و صورت نیست. خودآزاری مقدمه‌ی آزارخواهی آدم است. اینکه فرد خود را شایسته شکنجه بداند، و

بخواهد از خود انتقام بگیرد. گفت پرده‌ی نیمه‌باز شکنجه کردن پسر با انگیزه انتقام گرفتن از همسر بود و سرکوفت پدر به پسر، آن شماتت دائمی‌اش، جلوه‌ای از خودزنی خود پدر.

می‌پرسید آیا رهگذر آن شب خودکشی کرد؟ پرسش خوبی است! در پاسخ باید بگویم، مطمئن نیستم. شاید به همین دلیل بود که غروب فردای آن روز بار دیگر به کافه لوتا رفتم. آنجا نبود. پشت همان میز، در بلندی‌های جولان نشستم. به آن امید که شاید بیاید. عاشق دل‌خسته‌ی کافه لوتا بی‌آنکه منتظر سفارشم بماند، یک لیوان شراب، از نوع همان شراب شب پیش و یک بشقاب پنیر تکه شده روی میز گذاشت. سربازان دشمن، در همان آرایش جنگی شب گذشته، پشت پیشخوان سنگر گرفته بودند. مرا می‌پاییدند. صاحب کافه لوتا گفت آمدنش ساعت خاصی ندارد. گاهی سرشب می‌آید، گاهی ساعتی پیش از تعطیلی کافه. سه لیوان شراب نوشیدم. سخاوتمندانه انعام دادم. نه به سخاوتمندی کسی که آخرین غروب زندگی‌اش را جشن می‌گیرد.

از کافه بیرون آمدم. بی‌اختیار به طرف آپارتمانش رفتم. چراغ اتاقش روشن بود. از دیدن نور چراغ احساس عجیبی به من دست داد. دو امکان بیشتر وجود نداشت. شاید از شب پیش روشن مانده بود. مگر نه آنکه در لحظه‌ی خودکشی مضمون زمان را چیزهای دیگری پر می‌کنند؟ چراغ می‌تواند تا آن لحظه‌ای که همسایه‌ها یا پستچی محله‌شان از احتمال مرگش بویی ببرند، روشن بماند. پرداخت صورت‌حساب برق در آن لحظه، دغدغه‌ی ذهنی چه کسی است؟ امکان دوم؟ خطاب به خود گفتم شاید از اجرای برنامه‌اش منصرف شده باشد. شاید خط سیاه زندگی پیش از رسیدن به دایره‌ی مرگ، پیش از فرو رفتن در دره‌ی فنا، راهش را کج کرده و مسیر دیگری در پیش گرفته باشد. از حاشیه‌ی کاغذ بیرون زده باشد. نوعی گریز، نوعی بازگشت. به صحت داشتن امکان دوم امید بسته بودم. مگر خودش نگفته بود که هزار بار در زندگی وسوسه‌ی خودکشی به سراغش آمده است؟ کسی که هزار بار خودکشی نکرده باشد، شاید برای بار هزار و یکم نیز از اجرای برنامه‌اش تن بزند. کسی چه می‌داند.

زنگ زدم؟ نه! شهامتش را نداشتم. از شما می‌پرسم، اگر زنگ می‌زدم و کسی در را باز نمی‌کرد، چه اتفاقی می‌افتاد؟ پیامش چه می‌توانست باشد؟ فقط به امکان نخست مجال سرکشی می‌داد. من توهم امکان دوم را به واقعیت امکان نخست ترجیح دادم. پرده‌ی اتاقم؟ بله، آن را چه روز باشد و چه شب، همیشه می‌کشم. برای آقای نویسنده باور به

توهم تابش خورشید جذاب‌تر از دیدن واقعیت یک آسمان ابری است.

آیا هیچ‌گاه پس از آن به کافه لوتا رفتم؟ بله. بارها. پیش از باز شدن پایم به بیمارستان، تقریبا هر شب ساعت‌ها در بلندی‌های جولان می‌نشستم و جهان را با همه‌ی دار و ندارش در لیوان شرابم غرق می‌کردم. اما او پس از آن شب، هرگز به کافه لوتا نیامد. شاید مشروب را ترک کرده بود. گفته بود از بیمار شدن می‌هراسد. شاید هم خوش داشت به کافه دیگری برود. آیا باز هم به در خانه‌اش رفتم؟ بله، بارها. گفته بودم خانه‌ام در همان نزدیکی است. چراغ اتاقش گاهی روشن بود، گاهی خاموش. نمی‌دانم چه کسی آنجا زندگی می‌کرد. می‌توانست مستاجر جدیدی باشد. اما من به آن امید بسته بودم که ساکن امکان دوم همچنان آنجا شب‌وروز می‌گذراند.

تیر آخر؟ می‌دانم به خطا رفته بود. ببر برای دریدن شکارچی، خرامان خرامان پیش آمده بود. در این سال‌ها خیلی درباره‌ی تیر آخر فکر کرده‌ام. بارها از خود پرسیده‌ام که آن شب درباره‌ی مهم‌ترین پرسش زندگی چه می‌توانستم بگویم؟ قطعاً آن دلیل قانع کننده برای ادامه‌ی زندگی می‌بایست چیزی متفاوت از اصرار بر زیبایی رزهای سفید باشد. بیش از دل‌بستن به رایحه سرمست کننده‌شان. پاسخ آن شبم، پاسخ مضحکی بود. حتی نمی‌توانست میل به زندگی را در دل زنبوری مردد بنشاند. قهقهه‌اش بی‌جا نبود. آقای نویسنده با آن پاسخ مبتذلش از تخیل بچگانه‌اش رونمایی کرده بود. میان‌مایگی‌اش را به نمایش گذاشته بود.

بارها از خود پرسیده‌ام آن چه چیزی است که می‌تواند به زندگی، ارزش زیستن بدهد؟ از ملال تکرار بکاهد؟ بر حس بیهودگی لگام بزند؟ به یورش کابوس‌های شبانه پایان بدهد؟ آرامش را به بستر آشوب‌زده بازگرداند؟ غبار افسردگی از رخسار گل‌ها برگیرد؟ شرری در دل بنشاند و شوری در سر برانگیزد؟ نه! به‌هیچ‌روی از سعادت و خوش‌بختی سخن نمی‌گویم. حس رضایت گاهی برای اقناع خرد کفایت می‌کند. می‌تواند باعث حرکت عقربه‌های آن ساعت کوکی معیوب بشود. اگر نظرم را خواسته باشید، به اعتقاد من، باید مانع از مرگ امیدها و پژمردگی آرزوها بشویم. حس بیهودگی فرزند خلف پژمردگی آرزوهاست.

می‌دانید خطای آن شبم چه بود؟ راه حل را در دیگری می‌جستم. در زیبایی و عطر سرمست کننده‌ی چند شاخه گل رز. در مهربانی آن دیگری. در اینکه کسی بیاید و به او

مهر بورزد. با نوازش دستانش بر زخم‌های مزمن روحش مرهم بنهد. با کلید عشق قفل روح آزار دیده‌اش را بگشاید. از جانش غبار بزداید و به زندگی‌اش ارزش زیستن ببخشد. اما راه حل واقعی را باید در خود جست و نه در دیگری. باید به دستان خود نوازشگری را آموخت. به لبان خود مهربانی را. در مهر ورزیدن، در مرهم نهادن، در پایان دادن به مشقت‌ها باید پیش‌قدم شد. به‌قول نیچه، باید مثل خورشید خرسند بود که در آن سو، بسیاری به انتظار دریافت نور و گرمایش شب‌ها را سپری می‌کنند. راه‌حل در مهر ورزیدن است، نه در مهرطلبی، نه در تکدی مهربانی. به باور من، باید به‌رغم ملال، به‌رغم این حس فراگیر بیهودگی، به‌رغم آن تراژدی دائمی انسانی، زندگی کرد. شاید شما دلیل بهتری داشته باشید. سراپا گوشم!

با دستمزدم چه کردم؟ چه پرسش به‌موقعی! از لبخندم می‌توانید متوجه‌ی پاسخ احتمالی‌ام بشوید. سکه به سکه‌اش، اسکناس به اسکناسش را نوشیدم. شب به شب، در کافه لوتا. در همان بلندی‌های جولان. سال‌ها به خود واکسن بی‌تفاوتی تزریق کردم. سال‌ها از شر آن جهان بزرگ به جهان کوچک و مانوس خودم گریختم. تبدیل به همان فرد دائم‌الخمر و دائم‌الخماری شدم که او می‌گفت. نویسنده همان شب، همراه با خودکشی او، مرد. مرده زاده شده بود و مدت‌ها نمی‌دانست. هر روز یک برگ از برگ‌های باقی مانده‌ی دفترچه‌ی عمرم را کندم، مچاله کردم و در سطل زباله انداختم. همین‌طور که می‌بینید عاقبت سر از زایشگاه مرگ درآورده‌ام. این کلاغ‌های لعنتی امروز مدام قارقار می‌کنند. فرشته‌ی مرگ، همین جا، پشت در، چادر زده و در کمین شکار بعدی نشسته است. به‌هرحال پس از خالی شدن به‌موقع تخت آن تکه گوشت، انتخاب زیادی ندارد. شاید ابتدا به سراغ جنازه برود. نمی‌دانم. امیدوارم. شاید هم به سراغ من بیاید، به سراغ یک شهید زنده‌ی دیگر.

می‌پرسید سرنوشت پوشه‌ی زرد چه می‌شود؟ می‌خواهید نگاهی به یادداشت‌های پراکنده بیاندازید؟ در کشوی پاتختی‌ام گذاشته‌ام. قصدی برای انتشار شان ندارم. به‌رغم آن اصرار دارید پوشه را ببینید؟ می‌گویید می‌خواهید داوری‌تان را با همان خودنویس قدیمی روی صفحه‌ی نخست آن یادداشت‌ها بنویسید و طبق قرار مرا با فرشته‌ی مرگ تنها بگذارید؟ باید اعتراف کنم که به شما دروغ گفته‌ام. بار نخستی نیست که به کسی دروغ می‌گویم. باید بگویم که پوشه‌ای در کار نیست. هرگز شهامت نوشتن این یادداشت‌ها

را نداشته‌ام. از فرجام آن روزی وحشت داشتم که پیش از ملاقاتم با حضرت، این پوشه به دست کسی بیافتد. این راز، رازی نبود که پس از فاش شدنش بشود در کمال آسایش زندگی کرد.

همسرم؟ چرا یک‌باره به یاد او افتادید؟ بله، قرارمان از همان ابتدا بر صداقت بوده است. باید اعتراف کنم که خیلی‌ها از ترمینال زندگی‌ام عبور کرده‌اند. برخی نیامده رفتند و برخی آمدند بی‌آنکه بمانند. آن رهگذر هم از دستم کلافه شد. از زندگی با فردی دائم‌الخمر و دائم‌الخمار بیزار بود. آن را بارها خودش گفته بود. گاهی در قاب یک التماس، گاهی در پوشش یک تهدید. هیچ کدامشان حاصلی نداشت.

عاقبت آن روز رسید. روزی که به هر حال می‌رسید. روزی که فرارسیدنش در گوشه‌ای از تقویم زندگی‌ام ثبت شده بود. آن روز چمدانش را بست، هق‌هق کنان در را پشت سرش بست و برای همیشه ترکم کرد. می‌دانید نکته‌ی جالب کجاست؟ اینکه من از جایم تکان نخوردم. همانجا، در آشپزخانه، کنار ساعت کوکی معیوبم، بی‌حرکت نشستم. حتی در لحظه‌ی وداع!

آلمان، تابستان ۲۰۲۳

درباره ی نویسنده

جمشید فاروقی دانش‌آموخته‌ی رشته‌ی اقتصاد از دانشگاه ملی ایران است. او پس از مهاجرت به آلمان در رشته‌های فلسفه، تاریخ اروپا و اسلام‌شناسی تحصیلات خود را در دانشگاه کلن (آلمان) دنبال کرد و پس از کسب مدرک فوق‌لیسانس از این دانشگاه، با نوشتن پایان‌نامه‌ای درباره‌ی "دولت، مشروعیت و کاریسما در ایران مدرن"، موفق به اخذ مدرک دکتری از دانشگاه اوترخت (هلند) شد.

فاروقی کار خبرنگاری و نویسندگی را از همان دوران جوانی آغاز کرد. کتاب‌های "کلاس درس ما" و "خون پای نخل" در شمار نخستین تجربه‌های ادبی او در ایران است. او سپس با نام مستعار "جمشید مساوات" چند کتاب سیاسی و از جمله یک کتاب دو جلدی پیرامون علل ناظر بر وقوع انقلاب اسلامی منتشر کرد.

در مهاجرت نیز به نوشتن مقالات سیاسی و ادبی ادامه داد. سلسله مقالاتی درباره‌ی "بازخوانی انقلاب اسلامی" و همچنین "انقلاب و سیاست‌زدگی" از جمله کارهای او در دوران مهاجرت به‌شمار می‌آید. فاروقی از سال ۱۳۷۵ کار خود را رسماً با رادیو دویچه وله آغاز کرد و سال‌ها مدیریت بخش رادیو و آنلاین این فرستنده بین‌المللی را بر عهده داشت.

آخرین کار ادبی او، رمان "ملاقات با یک معما" است که در سال ۲۰۱۹ توسط نشر فروغ در شهر کلن منتشر شده است. پیش از آن نیز از او، رمان "انقلاب و کیک توت فرنگی" (۲۰۱۸، نشر فروغ) و داستان بلند "ویواه، یک ازدواج کاغذی" (۱۳۸۶، نشر ثالث) منتشر شده بود.

تماس مستقیم با نویسنده:

Jamsheed.faroughi@outlook.de

از دیگر آثار ادبی این نویسنده:

کلاس درس ما، نشر نیما، تهران، ۱۳۵۸
خون پای نخل، نشر شباهنگ، تهران، ۱۳۵۸
ویواه، ازدواج کاغذی، نشر ثالث، تهران ۱۳۸۶
انقلاب و کیک توت فرنگی، نشر فروغ، کلن، ۲۰۱۸
ملاقات با یک معما، نشر فروغ، کلن، ۲۰۱۹